GEOGRAPHUS JE-
NENSIS:
Abbildung
Der Jehnischen Ge-
gend / Grund und Bodens /
Das ist:

Die Stadt Jena

Nach ihrem Nahmen / Lobe /Uhrsprung / Al-
ter / Unfällen / Patronen / Lage / angräntzenden Län-
dern /
Städten / Markflekken / Schlössern / Dörffern / Was-
sern / Brunnen / Bächen / Strömen / Brükken /
Bergen / Thälern / Hainen / Hölzzern / För-
sten / Weidigten / Feldern / Wiesen
Ahräkkern / Wein / Obst- und
Kraut-Gärten /
Entworffen von aller derselben
Liebhaber und Genieser
M. Adrian Beiern / der Kirchen
In Jena Predigern von A. C. 1626.
13. October.
Zum andern mahl Gedrukt und vermehrt
JENA /
Bey Matthæus Birknern / Jehn- und
Helstätischen Buchhändler /
Gedrukt bey Johann Gollnern. 1673.

Bibliografische Information der Deutschen Nationalbibliothek:
Die Deutsche Nationalbibliothek verzeichnet diese Publikation in
der Deutschen Nationalbibliografie; detaillierte bibliografische Daten
sind im Internet über http://dnb.dnb.de abrufbar.

2019 pitdejene

Dieses Buch ist eine Reproduktion des Originals aus dem Jahr 1673. Durch das
neu gesetzte Layout stimmen die Seitenzahlen nicht mehr mit dem Original überein.
Zum Nachschlagen und zum Nutzen des Registers/Inhaltsverzeichnisses (am Ende
des Buches) sind an den äußeren Rändern die genauen Stellen der originalen Seiten-
umbrüche dargestellt.

Herstellung und Verlag: BoD – Books on Demand, Norderstedt

ISBN: 978-3-7448-1928-2

In unser Teuschen Mutter-Sprache, Großgünstige Herren und Freunde sind weiland viel fremde und ausländische Wörter und Nahmen allmählig eingeschlichen welche ihren Ursprung haben in andern Sprachen: Entweder in der Hebræischen, als da ist das Wort Amen, darmit wir unser Beten und Danken zu Gott schliessen, und als mit einem Ja-Worte, das ist, Glaubens- und Hoffens-Worte, versiegeln : oder in der Griegischen, als da ist das Wort Catechisnus, welches in gemein heisset eine Wiederschallende-Lehre, welche vor zeiten von dem Catecheta oder Kirchenlehrer laut vor- und von den Catechumenis oder Zuhörern laut nach-gesprochen wurdt : oder in der Lateinischen, als da ist unter andern das Wort Predigt, welches herkömmet vom prædicare, und heisset etwas öffentlich ausruffen. Denn ein Prediger ruffet die auf des Herren Jesu Christi Verdienst und Fürbitte gegründete und bedingte Gnade Gottes aus: Oder in andern neuen sonderlich aus der Lateinischen entsprungenen Sprachen, als da sind: die Italiänische, die Frantzösische, die Spanische, daraus unsere Neulinge ihre Rede-Art und Weise entlehnen, und darmit ihre Muttersprache nicht zieren und schmükken, wie sie doch denken; sondern vielmehr schänden und ihr schaden. Von diesen leztern schändlichen und schädlichen Sprach-Verwirrern hat sich unlängst abgesondert die Fruchtbringende Gesellschafft, als eine sonderliche Liebhaberin und Beförderin, Beschützerin und Erhalterin der reinen Teutschen Sprach, unter ihren Uranheber und Aufbringer Fürst Ludwig zu Anhalt, Anno Christi 1617. daran die Christ-Lutherische Kirche ihr Jubel- und Dank-Fest hochfeyerlich begienge. (dieser ist gebohren A.C. 1579. 17.Junii, und gestorben 1650. 7. Jan.)

Unter solche in unsereine und feine Teutsche Sprach heimlich und allmählig eingeschlichene und eingerissene Fremde und ausländische Wörter und Nahmen ist auch zu zehlen und zurechnen das Wort und der Nahme Chronicke: das ist zwar nach dem Gebrauch Teutsch, nach dem Uhrsprung aber Griegisch, den Chronicon heiset ein Zeitbuch; welches in sich begreifft solche Geschichte, die sich von einer Zeit zur andern, vom Anfang der Welt biß auff Christi Jesu unseres einigen Heilandes Gebuhrt, und von dannen bis auf iezzige Zeit begeben haben. Ein solches Chronicon und Zeit-Buch hat unter andern beschrieben Matthæus Dresser P. P. zu Leipzig in seinen VI. Millenariis, und nach ihm

Philippus Pareus. Ein solches Chronicon und Zeit-Buch, ist unterschieden von andern Historien- und Geschicht-Büchern, in welchen die Personen und ihre Thaten ohne Ordnung der Zeit beschrieben sind.

Was die Griechen genennet haben Chronica Zeit-Bücher, das haben die Lateiner genennet Annales, Jahr-Bücher, und Diaria, Tag-Bücher. Annales sind solche Zeit- und Jahr-Bücher, in welchen die Historien und Geschichte einer Stadt und eines gantzen Landes von einem Jahr zu dem andern auffgezeichnet sind, also hat Paulus Friedeborn das Chronicon der Stadt Stetin in Pommern, und M. Martinus Grusius, P. P. zu Tübingen die Annales Suevicos in öffentlichen Trukk herausgegeben. Diaria sind solche Zeit- und Tag-Bücher, in welchen die Historien und Geschichte dieser und jener Personen, oder Dinges von einem Tag zu dem andern beschrieben sind: also hat M. Valentinus Beier, Pfarrer zu Lößnizz Anno C. 1603. heraus gegeben Diarium Historicum, das ist, ein Historisches Zeit- und Tag-Buch, und darinnen allerley Händel und Fälle beschrieben, welche sich auff einen ieden Tag im Jahr zugetragen und begeben haben. Anhero gehöret auch D. Zachariæ Rivandri Bibersteinischen Superintendentens Fest Chronicke Anno C. 1591. Johan. Schmidii Dicographi Noriberg. Diarium Historicum A. C. 1630. und Johan Fabricii, Hemerologia aus des Jacobi Thuani Historien-Büchern.

Solche Diaria Zeit- und Tag-Bücher nennen etliche Gelehrte und Geehrte Leute Calendaria. Zeit-Monath- und Tag-Bücher, also hat in offenen Trukk aus gehen lassen D. Paulus Eberus P. P. und Superintendens zu Wittenberg Calendarium Historicum; einen Zeit-Monath- und Tag-Buch allerhand Geschichten, Händeln und Fällen in Heiden- Jüden- und Christen-Thum, A. C. 1573. So wohl M. Adam Rempius, Pfarrer zu Grunstet bey Weinmar Calendarium Saxonicum, ein Sächisches Zeit-Monath- und Tag-Buch, und darinnen beschrieben, was sich täglich von einer Zeit, Monath, und Tag im Chur- und Fürstlichen Hause zu Sachsen denkwürdig begeben hat Anno Christi 1587. 6. Febr. Es ist auch verhanden Caspar Goldwurms Kirchen Calender.

Solche Jenische Chronica oder Zeit-Bücher; Solche Jenische Annales oder Jahr-Bücher; solche Jenische Calendaria und Diaria oder Monath- und Tag-Bücher sind oft gewünschet und wohl ehemals bey mir (unwürdigen) von gemeinnen, wil nicht sagen von Fürnehmen Leuten, unter andern vom Herren Fridrich

Hordleder JC. und von Hn. Joh. Michael Dilherren Theologo, gesuchet worden, weil sie aus meinen mit ihnen bisweilen gehaltenen Gesprächen, so wohl aus meinen bis anhero in Latein ausgegangenen Historien-Büchern, abnehmen und mutmassen können, daß ich eine Beliebung trüge zu den alten Uhrkunden nicht allein der Wohllöblichen und vor 100. und mehr Jahren gestiffteten Universität, sondern auch der weiland Marg- und Land-Gräflichen, nunmehr aber Fürstl. Sächsischen Residentz-Stadt Jena, die ich achte, halte, ehre, als meine andere Heimath und Vaterland; Sintemahl ich darinnen in der Seeligmachenden Christ-Lutherischen Lehre, und in der Noth- Nutz-bahren Wissenschafft der Freyen Künsten bin unterwiesen nunmehr auch in das 39. Jahr ein ordentlicher Prediger (Gott sey Lob und Dank gesaget!) gewesen bin, und durch Gottes hülffreiche Gnade und gnädige Hülffe, weiter bis an mein herbeynahendes Sterb-Stündlein verbleiben werde, (Aliquandiu Jenæ morari, & aliquando utinam beate! mori, DEO tamen dante cupio.)

Ob gleich solche Jenische Zeit-Jahr- und Tag-Bücher ich in Teutscher Sprache angefangen, und zimlich weit gebracht, auch leichtlich aus meinen in Lateinischer Sprach verfertigten Jenischen Historien und Geschichten, genannt Athenæ Salanæ (VII. Tomis distinctæ,) ergäntzen, und an des Tages-Licht stellen könte; iedoch habe ich bis anhero darmit angestanden und innen gehalten, und nur die Fürnehmen Personen, als die Magnificos Rectores und Professores Publicos bey der Universität, darnach die Richter, und Beisitzer in dem F. S. Hoff-Gerichte, ferner die Ordinarios im Schöppenstuel, endlich die Superintendentes und Diaconos im Predig-Amte, historice & poetice, und zwar in Lateinischer Sprache, abreissen und entwerffen wollen, darneben gehoffet, es werde ein günstlicher Liebhaber der Stadt Jehna, und in ihr der Universität, unter des sich angeben, welcher diese meine Wohlmeinende Kopff- und Hand-Arbeit, sonderlich die in allen vier Faculäten oder vier-Geschikkligkeiten graduirten Personen, genannt Syllabus Promotorum Baccalaureorum-Licentiatorum, Doctorum & Magistrorum, verlegen wolte. weil aber diese meine Hoffnung bey vorigen Kriegszeiten, und neulichen Türken Zug in Brun gefallen, und zu Wasser worden ist, so wil ich unter des nur in Teutscher Sprach heraus geben folgende Schrifften, iedoch wils Gott! und werden in der Ordnung und mit dem Nahmen diese sein:

I. Geographus Jenensis: Die Abbildung der Jenischen Gegend, Grund und Bodens, das ist, die Stadt Jena beschrieben nach ihren Nahmen, Lobe, Vrsprung, Alter, Fällen, Patronen, Lagen, angränzzenden Ländern, Städten, Markflekken, Schlössern, Dörffern, Wassern, Brunnen, Bächen, Strömen, Brükken, Bergen, Thälern, Häinen, Försten, Weidigten, Hölzzern, Feldern, Wiesen, Ahr-Aekkern, Wein-Obst- und Kraut-Gärten.

II. Architectus Jenensis: Die Abbildung der Jenischen Gebeuden: das ist, die Stadt Jehna beschrieben nach ihren Umfange, Mauren, Graben, Fischteichen, Zwingern, Thoren, Pforten, Thürmen, Glokken, Zeigern, oder Vhrwerkken, Vorstäden, Gassen, Pläzzen, Wohnhäusern, Schlosse, Rahthause, Mühlen, Bak-Schlacht-Mahl-Brau-Häusern, Kellern- Garküchen- Gasthöfen-Wirthshäusern-Apotheken, Terminir Hause, Spittalen, Kapellen, Klöstern, Tempeln, oder Kirchen, Leich- und Grab-schriften, Gottesacker, Schulen, Collegien, Auditorien, Consistorium: Bibliothekken, Communität oder Convictorium, Mediciner Garten.

III. Magistratus Jenensis: Die Abbildung der Jenischen Oberkeit, das ist die Stadt Jena beschrieben nach ihren Hohen und Nieder-Obrigkeit im Heiden- und Christen-thum, Freyherren, Grafen, Chur- und Herzzogen zu Sachsen, Bürgermeistern und Richtern.

IV. Ecclesiastes Jenensis: Die Abbildung des Jenischen Predigampts, das ist, die Stadt Jena beschrieben nach ihren Religion und Gottesdienst Kirchen-Lehrern, Superintendenten und Diaconen, mit eingeschlossen die Rectores, Cantores und Collegen in der Stadt- und Raht-Schulen.

V. Plantator Universitatis Jenensis: Die Abbildung der vier haupt Vhrsachen, der unterschiedenen Einführungen, der Keiserlichen Privilegien und Freyheiten so wol der Fürstlichen Statuten und Ordnungen der über die 120. Jahr berühmten Universität in Jena.

VI. Rector Universitatis Jenensis: Die Abbildung der Herren Magnificorum Rectorum auf der Universität oder Hohen Schule in der Stadt Jena, mit eingeschlossen das Verzeichnüß der Rectoren uff den zwei andern Chur- und Fürstl. Sächs. Universitäten Leipzig und Wittenberg.

VII. Professor Universitatis Jenensis: Die Abbildung der Herrn Professorum Publicorum in allen vier Facultäten oder Ober-

Geschikklichkeiten auf der Universität der Hohen Schulen in der Stadt Jena.

IIX. Promotor Universitatis Jenensis: Die Abbildung derer in allen vier Facultäten Promovirten oder öffentlich gemachten und aus geruffenen Baccalaurien, Licentiaten, Doctoren, Magistern, auf der Hohen Schulen in der Stadt Jena.

IX. Chronologus seu Chronographus Jenensis: Chronicon seu Annales Jenensis: Jenisches Jahr-Buch von Jährlichen Geschichten, Fällen und Händeln der Jenischen, und derer Nachtbaren und anderer Völker, so mit den Ein- und An-Wohnern in Jena gelebet und gegränzzet, gehandelt und gewandelt haben vom Anfang ihres Vrsprungs und Alters. Dessen Prodromus und Vorläuffer sein sol Thuringia Antiquo nova: die Abbildung des alten und neuen Thürinigischen Landes und Völker, jenes nach seinen Wapen, Lagen, Gränzen, dieses nach seinen Vrsprung, Lobe, Sizze, Beider nach ihren Namen und Einwohnern, Königen und Herzogen, Mark- Pfalz- Landgrafen, andern Grafen und Herren, Edlen Rittern, und Junkern, Erbaren Männern und Edlen Knechten hin und wieder aus alten Vrkunden zusammen gelesen und gleichsam gestoppelt.

X. Calendarium seu Diarium Jenense: Jenisches Tag-Buch, von täglichen Geschichten, Fällen und Händeln, die sich in und ümb Jena begeben und zugetragen haben.

Auf dieses mahl lesset sich in öffentlichen Drukk sehen und hören Geographus Jenensis, Das ist, der Jenische Land- Feld- und Stadt-Messer.

Daß aber Euch solchen ich zuschreibe und zueigne, darzu treibet und leitet mich nicht allein die nahe Blut-Freund- und Gevatter-schafft, sondern auch ihre grosse Gunst, die Sie alle zu mir haben, und meine Liebe, die zu ihnen allen ich trage, zugeschweigen das vor 39. Jahren, (nehmlich A.C. 1626. 13 Octobr.) von Ihren Wohllöblichen Vorfahren, als Patronen und Advocaten der Kirchen alhier ich zu einen Diacono und Mit-Prediger ordentlich bin beruffen, darauff ordiniret und investiret, das ist, geordnet und eingeführet, auch biß anhero von Euch andächtig gehöret, gebührlich geehret, nothtürfftig genehret, oftmahl mit diesem und jenem Geschenke, nach alten wohllöblichen Herkommen verehret worden.

Bitte demnach gantz Freundlich, Sie wollen diesen Geographum Jenensem, als ein Kennzeichen und Merkmahl meines dankbahren Gemüths von mir annehmen, und darauf mehr auf mein treues Herz, als auff die Papierne Gabe schauen.

Gott, der da ist einig im Wesen, gedrit in Personen, namentlich Vater, Sohn und H. Geist, beschert, verehre und vermehre Euch heiligen Muht, guten Raht und rechte Werke; erhalte Euch alle, Eure und eure Stadt in Friede und Ruhe. Denn, wenn es Euch und euer Stadt wohl gehet, so gehet es auch allen den Jenigen wohl, die bey und mit Euch darinnen wohnen, darunter gehöre ich auch mit allen den lieben Meinigen, die dein Waren. Ewigen, Dreyeinigen Gott in meinem Gebeth, und Euch in dieser meiner Zuschrifft ich befehle. Gegeben in Jena A. C. 1665. 25. Januari.

Eure Wohl-Ehrenv. Wohlweisheit und Vorachtbarkeit Gebetflissener und Dienstw.
M. Adrianus Beier Archidiaconus daselbst.

Epistolæ aliquot ad Autorem missæ,
& memoriæ ergo hic positæ.

I. MAGNIFICI DN. FRIDERICI HORTLEDERI,
JC. & Historici famigeratissimi, Consiliarrii
Saxo-Vinariensis, &c.

Reverendo & Clariſſimo Viro

DN. M. A D R I A N O B E I E R O, Eccelsiæ hujus oppidanæ Diacono solertissimo, Domino & Amico meo singulari.

Salutem & officia. Reverende & Clarissime Vir. Domine & Amice colende: pergratum, mihi fuit, te mecum liberaliter comunicante, vidisse. quos desideraveram, fontis purissimi versiculos: At vidisse tuam in hoc oppido (Jena) describendo & clarificando insignem cedroque dignam operam, id vero mihi accidit longè gratissimum. Et quamvis tuum hoc in me officium recompensare quôdam simili aut æquè gratô studiorum genere hôc tempore non postum: dabo tamen operam, ut conferre aliquando hac in parte nostram industriam, atque ego me vicissim cùm adjuvando, tùm monendo, memorem gratumque exhibere possim. Benè ac feliciter vale, Vir Clarissime: Scribebam 31. Maji, 1634.

Amantissimus atque studiosissimus Tui
FRID. HORTLEDERUS.

II. Ejusdem.
Viro Reverendo, Clarissimo & Excellentissimo
Dn. M. ADRIANO BEJERR,
Parochiæ Jen. primariæ Archidiacono, & cele-
berrimæ Facultatis Phil. Adjuncto, Domino
& Amico inter primos cùm amando,
tùm colendo.

Salutem & promtissima studia. Reverende, Clarissime, Excellen-
tissime Vir, Domine & Amice singulari studiô colende: In libello tuo
Magnificentissimorum & Magnificorum Academiæ hujus Rectorum
video Epistolam Stigelii de solenni Salanæ introductione ad J. Mariuni
Scævolam nonis Martii, ann. 1558. missam, à Rev. dign tua allegari.
Quæ cum mihi in negotio (a)quodam ab illustrissimo Principe ac Dn.
nostro Clementissimo, Dn. ERNESTO, Duce Sax. Jul. Cliv. Mont. & c.
meis hoc tempore humeris imposito, singulari esse possit usui: idcircò
à Rev. Dign. Tua peramanter peto, ut eam ad pauxillum temporis vel
utendam mihi mittat, vel quia nunc jam diu nihil mihi colloquiô tuô
fuit desideratius & exoptabilius, quocunque libuerit die & quacunque
hora, ipsa me conveniat. Benè ac feliciter Vale, Vir Reverende, scribebam Jenæ Febr. d. 6. anni 1640.
Rever. dign. T. amantissimus & observantissimus
HORTLEDERUS
(a) illud negotium concernebst Elogia Historica, quibus decor-
audæ erant Icones Electorum ac Ducum Sax in Bibliis, ut vocant,
Ernestinis seu Vinariensibus, anno 1640. 25 Jun. publicatis obviæ,
cognominantur autem ideo, quia auspiciô & subsidiô Serenissimi
Principis ac Dn. Dn. ERNESTI, Duc. Sax tunc Vinariæ, hodie Gothæ
etiamnum residentis munificentissimo prodierunt.

III. Venerabilis DN. JOHANNIS MICHAELIS Dillherr,
Theologi & Philosophi olim in Salana, jam Ec-
clesiastæ in Noriberga famigerabilis.
Viro Reverendo & Clarissimo
DN M ADRIANO BEJERR, Ecclesiæ Jenensis
Archidiacono, & c. Compatri & Amico meo
honorando.

Quem in luctum, Reverende & Clarissime Dn. Collega Archidiacone hujus Ecclesiæ meritissime, Amice honoratissime Costæ νυν εναγιοις και ερανιοις abitus dilectissimæ te conjecerit, ego quamquam αγαμ☺, facile video, si, quibus verbis Scripture sacra conjugum copulam exprimat, considero: Attamen dubium mihi nullum est, quin, quibus verbis moestos hactenus refocillasti, iisdem te quoque fortiter commascularis, &, velut heliotropium Solis illius coelestis ductum fueris secutus:

Elysios habitat Tua dilectissima campos,
Et pro te fundit vota tuisque Deo.
Ipse, Jehova de in Nutrix atque altera Mater
Filiolis, Matrem qui lacrymantur, erit
Idem erit & columen (quod lapsa familia quærit)
Rerum, atque infirmo firma columna Viro.
Addet ei, uxori quos dempsit & abstulit, annos:
Serviat ut sacris floridus, atque suis.

Perlegi non absque singulari voluptate atque utilitate tuum de Ordinariis libellum, nec unius diei, nec unius mensis laborem, Tuam in hisce talibus diligentiam, quam cum paucis habes communem, demiratus sum. Rogo, hortorque, pergas, prohibeasque, ne in ipsius nostræ ætatis agnoratione versemur, paucissima notavi quæ animôtuô, hoc est, infucatô interpretaberis. Pro honorifica mei mentione, quæ meam tenuitatem longissime supergreditur maximas ago gratias, relaturus sicubi potero. Vale in Domino optimè. Dabam pridie Cal. Sept. 1636,

R. T. C. officio sissimus Collega

M. J. M. DILHERRUS,

Gehöret auff das erste Blat dieses Buchs, versehen
von dem Setz- und Drukker desselben: von *Autore*
aber pflichtschuldig anhero gesetzet.
Denen Wohl-Ehrenvesten, Wohlweisen, respective
Rechtsgelahrrten,
Hn. Georgio Pascasio, Not. Pub. Cæs.
Eltesten und anietzo Regierenden Bürgermeister,
und treufleißigen Syndico
Hn. Michaeli Tannenbergern, unlängst
in Regiment gewesenen Bürgermeister:
Hn. Christophoro Neubergern, itzt sitzen
den Richtern.
Hn. Blasio Lobensteinen, Richtern:
Hn. Friedrich Schorchten, Richtern:
Hn. Georgio Pascasio, dem Jüngern,
N.P.C. Wohl verordneten Stadtschreibern:
Auch denen
Weisen, Ehrenvesten, und Ehrsamen Rathsherren:
Hn. Christoph Spenglern,
Hn. Johann Hoffmannen,
Hn. Johann Herwigen,
Hn. Philipp Müllern,
Hn. Johann Burcharden,
Hn. Michaeli Wiedemannen,
Hn. Johann Adam Masern,
Meinen großgünstigen Herrn Patronen, respective
Eydam, Schwägern, Gevattern und viel
werthen Freunden.

„Andere Zuschrift,

Denen Wohl-Ehrenvesten: Großachtbaren Wohl-
weisen, und Rechtsgelarten:
Herren Bürgermeistern in der nunmehr
F.S. *RESIDENZ* Stadt JENA
Herrn Michael Tannenbergern, Eltesten
und anitzo noch Regierenden:
Herrn Christophoro Neubergern:
Herrn. Heinrich Gottfried Marquarden
U. J. C.
so wohl
Herrn Georgio Pascasio N. P. C. des
F. S. gesambten Hoffgerichtes *Actuario*
und Stadtschreibern:
über das
Allen und Jeden
Raths Verwanden und Beisitzern in den
dreien trewen Räthen:
Meinen allerseits großgünstigen Herren *Patronen*:
Schwägern : Gevattern und Freunden :
Wüntsche ich Endesbenandter von GOTT, dem Treieinigen
GOTT, Vater, Sohne und Heiligen Geiste, GOTTES Gnade und
Hulde: Schutz und Schirm, Friede und Freude: Gesundheit und
alles Wohlergehen an Seel und an Leib, hier zeitlich und dort
ewiglich. Von Hertzens Grunde: mit Dankbaren Munde: Vermit-
tels meiner Hand und Schreibfeder in diesen öffentlichen Trukke.

Nach dem alle zum erstenmahl aufgelegte und Gedrukte Exemplaria meines GEOGRAPHI JENENSIS vorlängst verhandelt, und von nicht wenigen Liebhabern der Stadt Jena und der Jenischen Gegend darnach offt und vielmahl gefraget worden ist: als wird nunmehr derselbe zum Andern mahl in etwas vermehret und verbessert auffgelegt und gedruckt: und Euch abermahl von mir aufs neu zugeeignet: nicht ohne Ursache:

I. Aus schuldiger Dankbarkeit: Den Ein WohlEhrenvester, Großachtbar, Wohlweiser Rath vor die Dedication oder Zuschrift durch ihre abgeordnete eine vornehme Verehrung mir thun lassen, und damit an Tag gegen nicht allein Ihre Beliebung zur Wissenschafft der Historien und Geschichten: sondern auch Ihre großgünstige Wohlgewogenheit gegen mir, als ihren nunmehr in die Sechs und Vierzig Jahr hero gewesenen Prediger und Seelsorger.

GOTT der HERR, welcher Eure Hertzen zu einer solchen __18__ milden Verehrung beweget, wird solche Gutthätigkeit und Freigebigkeit aus Gnaden schon vergolten haben, und noch ferner mit seinen Gnadenreichen Regen und Segen an Seel und Leib: an Haab und Gut: an glüklicher Regierung und gewöhnlichen Einkunften vergelten.

II. Aus wohlmeinender Erinnerung. Es sind noch nicht Acht Jahr verflossen, als einem WohlEhrenvesten, Großachtbaren, Wohlweisen Rath, Ich meinen Geographum Jenensem: das ist: die Abbildung der Jenischen Gegend, Grund und Bodens zugeschrieben habe. Unter des sind gestorben Ein Bürgermeister Herr Georgius Pascsius der Eltere N.P.C. A.C. 1667. 18. Decembr. zweene damals noch gebräuchliche StadtRichter, Herr Friderich Schurcht AC. 1668. den 8. Decembr. und Herr Blasius Lobenstein A.C. 1667. 18. Julii: Auch zweene Rathsverwanden Herr Johann Burchart: A.C. 1671. 12. Febr. und Herr Melchior Frantz __19__ A.C. 1672. 6. April.

Diese, wie wir aus Christlicher Liebe Hoffen, seelig verstorbene Personen sind Memorabilia Memorialia oder Denkzettel und Merkmahl unser allgemeinen Sterbligkeit: Wie den ? 1. welche uns errinnern des Finals und Endes unsers zeitlichen Lebens, webens und Wesens in dem Jammer- und Threnenthal dieser öden schnöden· alten kalten· argen kargen Welt: Es ist der alte Bund, du must sterben. Gestern wars an mir: heute ists an dir. (Sir. 14.v.18.c.38.23.) welche uns heisen bei zeiten, in der Gnadenzeit, schikken und bereiten zu einen seeligen Abschied unserer lieben Seelen aus Ihrer Herberge und Werkstat, den siechem Leibe, bestelle dein Hauß: den du must sterben, und nicht lebendig bleiben. (Jes. 38.v.1.) 3. welche uns vorgegangen sein mit Ihren Christlichen beständigen Glauben und Liebe, Gedult und Hoffnung ein zukommen in dem Fried- und FreudenSaal des noch zukünfftigen ‚ewigen seeligen Lebens und Wesens in Himmel. Gedenke an Ihn, wie er gestorben ist, so mustu auch sterben (Sir. 38. 23.)

III. Aus hertzlicher Glükwüntschung. Bei der ersten Zuschrifft meines Geographi Jenensis waren nur zweene Burgermeister am Leben, nehmlich Herr Georgius Pascasius der Eltere, zugleich Syndicus, hernach A.C. 1666. 10. Jul aufs neue erster Stadt Schultze, und Herr Michael Tannenberger, vorhergewesener, und auch noch anitzo Regierender: Den an des A.C. 1663. 15. Decembr. seelig verstorbenen Bürgermeisters Herr Martin Koppens Stelle war noch keiner erwehlet. Es ist aber an seine verledigte Ehrenstelle A.C. 1666. 1. Septembr. an Tage Aegidii einmütig erwehlet und gewöhlich bestetiget worden Herr Christophorus Neuberger damahls Stadt Richter, und anstat des A.C. 1667. 18. Decembr. seelig verstorbenen Hn. Georgii Pascasii des Eltern Hr. Heinrich Gottfried Marquart von Soest aus Westphalen U. I. C. A. C. 1670. 1. Septembr. auf gnädigster Fürstl. Bestätigung auff: und eingeführet worden.

Ist demnach heute zu tage die Zahl der neuen dreien Bürgermeister wieder ersetzet und ergäntzet worden.

Alhier kan ich mit stillschweigen nicht über gehen die wohllöbliche und liebliche Ordnung des Stadt Regiments, welches bestehet aus dreyen Räthen, und derer Jeder hat ein gewisses Haupt und gewisse Glieder.

In ersten, anitzo noch sitzenden und regierenden Rath ist das Haupt der Bürgermeister Herr Michael Tannenberger: der Schulen und des Gotteskastens Inspector Politicus perpetuus, welcher Amptsnam und Ehre dem Eltesten Bürgermeister allzeit zukömmet, so wohl des Fisci publici oder der Stadt Einkunfft Auffseher. Seine Rathsglieder aber sein die Beisitzer:

Aus den Rahtstand: 1. Hr. Joh. Hoffman unlängst gewesener Stadt Rechter: 2. ‚Herr Wolff Christoff Kohler, Vorsteher der

Maltz- und Brauhäuser. 3. Hr. Friderich Schrek. 4. Herr Johan Aedler Vorsteher des Rathskellers: 5. Hr. Johan Wolfeld Vorsteher des Gotteskastens. 6. Herr Johan Gräfe Cämmerer oder Vorsteher der Intraden und Einkommen der Stadt. 7. Herr Johan Grau Commissarius der Witben und Weisen: so wol Auffseher auf die Handlung. 8. Hr. Sebastian Spanahn Wachmeister.

Aus den Zünfften.

1. Herr Andreas Stehlin Wachmeister 2. Hr. Andreas Jacob Hertel Auffseher auff die Handlung: 3. Herr Christoff Richter Beisitzer auff der Cammerei. 4. Herr Joh. Caspar Koppisch.

In andern und zwar auf denn nechst instehenden Tag Aegidii antretenden und Regierenden Rath ist das Haupt der Bürgermeister Herr Christoff Neuberger in diesen 1672. Jahr verordneter Inspector des Burk- oder Rathskellers: Seine Rathsglieder sein die Beisitzer:

Aus dem Rathsstand.　　　　　　　　23

1. Hr. Martin Scheide. 2. Hr. Johann Winther: 3. Nicolaus Herold: 4. Herr Johann Nisius. 5. Hr. Matthæus Birkner. 6. Hr. Martin Gruner. 7. und 8. N.N. diese beide zur Zeit mir ungenande und unbekande sein an der zweien verstorbenen Raths Herren Stelle noch zuwehlen.

Aus den Zünfften.

1. Hr. Michael Siegfrid. 2. H. Matthias Hahn. 3. H. Johan Kanold. 4. H. Christoff Talitzsch.

In dritten, wilß GOTT und walds GOTT! A.C. 1673. nachfolgenden Rath ist das Häupt der Bürgermeister H. Heinrich Gottfried Marquart U.J.C. Auffseher der Fürstl. Landsteuer, so wol der zweien Raths- und Brükken Dörffer JehnaLöbniz und Osmeritz. Seine Raths Glieder sein die Beisitzer:

Aus dem Rathsstande:

1. Hr. Christoff Spengler. 2. Hr. Philippus Müller. 3. Hr. Johan Herwig. 4. Hr. Michael Wiedeman, Vorsteher des Gotteskastens: 5. Hr. Johan Adam Maser Baumeister. 6. Hr. Georg Hakkebeil. 7. und 8. N. N. Diese Letzten Anonymi sein an der Verstorbenen Stelle noch zuerwehlen.　　24

Aus den Zünfften.

1. Hr. Joh. Mayer: 2. Hr. Johan Zellroth. 3. Hr. Glorius oder Hilarius Henttschel. 4. Hr. Johan. Christian Hoffman.

Es kommen mir aber diese drei Raths Häupter und Bürgermeister vor als die drei Charites oder Gratiæ, vom welchem die

Poeten und Sinnreichen Tichter im Heidenthumb gedichtet und gesungen haben, das sie weren Göttin der Liebe: der Hulde: der Gunst: sowol der Miltigkeit, der Dankbarkeit: der Freigebigkeit.

Johannes Gerhardus der H. Schrifft D. und P.P. alhier, welchen D. Matthias Hoe Churf. S. Oberhoffprediger in öffendlichen Schrifften einen Archi-Theologum zu nennen pflegte, hat die
25 — drei Herren Burgermeister in der Weltberümbten Stad Leipzig in der Zuschrifft des ersten Theils seiner A.C. 1624. Cal. Sept. in octavo ausgegangenen Disputationum Theol. als drei Charites oder Gratias auf und eingeführet, gleich in Reden: in geberden: in Werkken.

Ich trete billig und willig in die Löblichen Fustappen meines auch ümb mich Wolverdienten Herren Lehrmeisters, und Fure auch euch drei Herren Bürgermeister, als drei Liebe Charites oder Gratias in dieser andern Zuschrifft meines Geographi Jenensis auff und ein. Von Gott Kindlich bittende und Gewiß hoffende: Das ihr Triumviri, drei Männer und treue Raths Heupter, möget nicht allein Euch selbst, sondern auch Ewer Mitglieder und Bürgerschafft alle Liebe: Alle Hulde: alle Gunst erzeigen und erweisen.

Daraus werden sie und Jedermänniglich erkennen und bekennen Ewere Gottseeligkeit und Auffrichtigkeit: so wol dardurch zur nachfolge in solchen Löblichen und Lieblichen Tugen-
26 — den: auch zur Unterthännigen Pflicht und Dankbarkeit bewogen werden.

In GOTTES Gnaden Schutz und Schirm euch alle und die gantze Ersame Bürgerschafft unter des befehlende. Gegeben in Jena A.C. 1672. 9. Aug. daran Ich zu Glauchau an der Mulda vor 72. Jahren GOTT Lob und GOTT Dank, geboren, und von A.C. 1626. 13. Octobr. Ewer Kirchenlerer bis anhero gewesen.

M. ADRIANUS Beier,
Archidiaconus

VIRORUM
Venerandorum & Clariss: ad me, Georgraphô
meò Jenensi primâ tunc vice publicatô, eô,
quô tempore & ordine missæ, etiam
huc memoriæ causâ, positæ.
I. PETRI OTTONIS
Ecclesiæ in oppido Culmbachio, (Colle Bacchi)
Archidiaconi.

18

Desideras, Honoratissime, Affinis, Filiorum Principis nostri Illustrissimi DN. GEORGII ALBERTI Marchionis Brandenburg, nomina: Cui bono? nonne ad continuandas Meditationes tuas Jenenses, quarumprimam partem, Geographum nempe Jenensem, ego non tantum vidi & mihi comparavi: sed & ferme non sine delectatione singulari perlegi. Perge in nomiue D E l. Haut te pœnitebit, Calamô sic etiam 27 trivisse la bellum. & c. Culmbaci A. Salutis 1665. 19. May.

II. DN. GEORGII CRAUSERI
Superintendentis tunc Apolledæ,
nunc Eisenbergæ.

Postquàm accepi, vidi, legi Jenensen tuum Geographum, toto pectore lætatus sum, quô delitias & divitias Coeli Salani aperuisti. Gratias tibi magnas, si non præsens ætas, quæ, ut Venusina lyra canit, doctrinam incolumen odit, sublatam queritur, quæritq::sera tamen posteritas exolvet Supeditet Jehova vires, ut paralipomena & homo genea Geographi feliciter absolvat.

Cæterum T. Per-Rev. Claritati debeo gratias immortales pro immortali meæ tenuitatis promotæ τγ θεγ εψε λοντ ☉ και τελουντοσ nec non totius oppiduli nostratis memoria. Vilis ανκδωρου χιριν mitto hasce breves Theses in futura Svnodo carminandas, & tuæ instructissimæ Bibliothecæ dono meum Libellum Scholasticum: scilicet scintillas Tullianas, futuri Thesauri Ciceroniani specimen breve & leve: Judica quæso & indica, quid de hac opella sentias, Vir honoratissime & c. datæ Apolledæ A.C. 1665. 20. Maii.

III. DN. M. NICOLAI GREFII,
Templi Cathedralis in Freiberga Misniæ, Ecclesiastis.

Plurimum Reverende atque Præcellentissime DN. M. BEYERE, Domine Patrone, Eautor atque Pater in Christo devenerande & c. Continuationem Chronici Jenensis indies expecto. Est enimLabor lectu 28 dignissimus, jucundissimus, laboriosissimus. Numensummum addat vires, addat annos plures Autori-Editori. quem eruditionis varietas & Fama jam dudum celebrem fecit. & c. Salve & vale in Christo, devenerande Pater ac Confessionarie olim devotissime, cum Clarissimia tua familia, Filio, Genero, Viris Clarissimis. Datæ Freibergæ Hermunderorum A.C. 1667 11. April

IV. DN. GEORGII GOEZII,

Philos. Mag. in Salana Philos: practicæ PP. fami.
migeratissimi, hodie SS. Theol. Licentiati,
& Erfurti ad Mercat. Ecclesiastæ.

Admodum Reverende & præclarissime Vir Dn. Fautor & Amice observande: En! tibi, quæ ex me scire desiderasti, quæso pro humanitate tua excuses moram. Non ignoras labores, qui ut Alios actu docentes: ita me inprimis premunt. Omnem dabo operam, ut si qua alia in re tuæ admodum Reverendæ Dignitati gratificari valeam, promptitudine & celeritate eam moram compenseni. De reliquo tibi immensas agendas esse gratias duco pro laboribus, quos in Antiquitates Salanæ insumis. Nostræ Aetas vix intelligit, quantum tibi debeat. Utinam intelligat & faciat suum olim futura offucium ! ut ut fecerit neutra, constabit tibi pulchre factorum Conscientia; ast quàm ampsum præmium ! Vale senex Venerande. Theologi χαζιεστατου Socer: Cti celeberrimi Pater. Pastoris item & Medici felicissime Genitor. Fave vero tui præclarissimi nominis Cultori M. G. Gœzio. A.C. 1669. 6. Maii.

V. DN. GEORGII RUMPELII,

Præfecti anteà Tondorfi Posteà Cameræ Saxo Jenensis Administratoris, hodie Quæstoris
in Reinhartsbrunna.

Vir plurimum Reverende, Domine Compater honoratissime, utrique tuæ petitioni quas literæ tuæ me docuerunt, deesse & officii seu Spartæ meæ ratio & summa in te observantia & Studium meum prohibet.

Fabrum illum Golmsdorfensem lignarium ad perficiendum laborem conductum, proximè accersam & ut veniat, compellam.

Libros tuos, qui me mirum in modum exhilararunt, & suaviores sunt Nectare ac lacte Gany medis, remitto, gratias agens summas ac ingentes Utinam gratam hanc obsationem ullô unquam officio redhostire vaserem gratum interim animum promitto, polliceor Dat. Jenæ A C. 1669. 18. Septembr. plur. Rev dignit. Studiosissimus.

VI. DN. PHILIPPI MUELLERI,

Oratoriæ & Pœseos in Salana PP. & Fac.
Phil. DECANI.

Perquàm Reverende Vir: mitto honorarium ob amorem in defunctum Gobelium. Id pro præsenti Superstitum fortuna boni consules. Meo nomino & pro me officiose peto consignationem summariam eorum, quæ Jenæ à seculo uno altero memorabilia evenerunt. Ipse noto Ducis Johanni Wilhelmi (Saxoniæ) adventum cum privilegio nostræ Academiæ. Alia scies ipse, ceu optimus Promus rerum nostrarum & Condus. Usus eorum mihi erit in proxima Panagyri <u>30</u> promotionis, ut αρματονζα dicam & nostris hominibus idonea. Merebor, si quid hoc nomine impertis sed opus foret, ut hodie aut summum cras talia schedulæ manuque tua consignata accipiam. B. V. & fave Tui perquàm reverendi nominis Studiosissimo P.M.A.C. 1672. 12. Februarii.

Das erste Capitel
Von der Stadt Jena
Nahmen.

JENA ist eine uhralte Grentz-Stadt am Ende des West- und im Anfange des Ost-Thüringen, Heider. Vol. 2. orat. 19. P. 811. liegt länglich ins gevierdte, zwischen dem Saalstrohm und den Läuterbach, mit einem tieffen Graben, und hohen, anitzo baufälligen Mauren befestiget, mit vier Volkreichen Vorstädten umbgeben, weiland unterworffen erblich den Marggrafen zu Thüringen und Meissen: den Grafen zu Arnshaug, Herren in Leuchtenburg, Lobdeburg, Elsterburg und Bergau: nunmehro den Hertzogen zu Sachsen, Jülich, Cleve und Bergen, Landgrafen in Thüringen, Marggrafen zu Meissen, Gefürsteten Grafen zu Henneberg, Grafen zu der Mark und Ravensburg, Herren zu Ravenstein. Ist heut zu Tage berühmet wegen der wahren und reinen Christ-Lutherischen Religion, Schöpfenstuhls, Hofgerichts und Universität oder Hohen Schulen, auf welcher über hundert und mehr Jahren in allen vier Facultäten die Lectiones und Promotiones der Baccalarien und Magistern, Licentiaten und Doctoren sind gehalten worden.

Diese Stadt Jena soll forthin von mir entworfen und abgebildet werden nach ihrem Nahmen, Lobe, Ursprung, Alter, Patron, Lage, angräntzenden Ländern, Städten, Markflekken, Schlössern, Dörffern, Wassern, Brunnen, Bächen, Strömen, Brükken, Bergen, Thälern, Hainen, Höltzern, Forsten, Weidigten, Feldern, Wiesen, Art-Aekkern, Wein- Obst- Krautgärten, so wol nach ihren Umfange, Mauren, Graben, Fischteichen, Zwingern, Thoren, Thür- men, Glokken, Zeigern, Vorstädten, Gassen, Plätzen, Wohnhäusern, Schlosse, Rathhause, Mühlen, Bakk- Schlacht- Maltz- Brauhäusern, Kellern, Garküchen, Gasthöfen, Amtshäussern, Herbergen, Apotheken, Terminien-Häusern, Spittälen, Kapellen, Klöstern, Tempeln, Leich- und Grabschrifften, Schulen, Collegien, Auditorien, Bibliotheken, Communität oder Consistorio, Medicinergarten, über das nach ihren Einwohnern, Obrigkeiten, Bürgermeistern, Superintendenten, Diaconen, Schuldienern, Magnificen Rectoren, Professoren, und daselbst in allen vier Facultäten promovirten Baccalarien, Magistern, Licentiaten und Doctoren.

Der ewige wahre dreyeinige Gott, Vater Sohn, und heiliger Geist beschehre mir darzu seinen Gnaden-Regen und spreche darüber seinen Gnadensegen, zu seinen Ehren, und zu meinem, so wol aller Leser und aller Hörer besten Amen!

Nach dem Nahmen ist die Stadt
JENA zu betrachten:
Der Nahme die Stadt Jena wird von etzlichen gelehrten und _34_ geehrten Personen geschrieben mit den Buchstaben G, als Gena, nahmentlich von Petro Apiano in Cosmographia part. 2. von M. Philippo Melanchthone in vol. Epist ad Camerarium fol. 258. von M. Johanne Stigelio, welcher sie Genua nennet lib. 5. Eleg. 45. von Georgio Groitschio in descriptione Salæ fluvii: von D. Gervasio Marstallerô, Med. P.P. in einem zu Jena A. C. 1570. angeschlagenen Programmate: von D. Joh. Friderico Schrötern in Epistola ad Mart. Mylium in Horto Philosoph. p. 44. 46.

Zuwider den alten Urkunden und den Insiegeln, so wol des Klosters zu S. Michael, als der Stadt, in welchen diese Worte zu finden und zulesen sein: Sigillum Abbatissæ & Conventûs in Jene. Sigillum Civitatis de Jene.

Man findet auch noch zwei Dörffer nahebey unser Stadt Jena, als wenigen Jene und Jene-Löbnitz: Jenes gehöret ins Ampt _35_ Jena, dieses ins Raths-Brükkenhoff: Über das sind zwei Dörffer dieses Nahmens im nechsten Stifft Naumburg, nicht weit von der Stadt Freyburg gelegen, welche gleicher Gestalt nicht mit einem G, sondern mit einem J geschrieben werden. Denn in einem alten Teutschen Original und Brieffe Marggraf Dietrrichs zu Meissen und Landsberg, (der ein Bruder Albrechts der Unartigen ist gewesen) werden solche beide Dörffer dem Kloster S. Georgen bey der Naumburg am dato in Groitz A.C. 1271. 6. Id. Decembr. zugeeignet, und das eine genennet Teutschen Jehne, das andere Windischen Jehne. Entweder von ihren ersten Erbauern und Einwohnern, dieweil jenes die Teutschen, dieses die Wenden, (Hunnen und Sorben) erbauet und bewohnet haben; Zu geschweigen einer Gassen in unserm Jena, die wird genennet die Jehnergasse, und eines Berges nahe bey Jena, der wird genennet _36_ Jenzic, beyde Wörter werden in den alten Urkunden nicht mit einen G, sondern mit einem J geschrieben.

Der Nahme Gena oder Gana: Jena oder Jana wird von den Geschicht-Schreibern gegeben und zugeeignet unterschiedenen örtern:

1. Einen Flusse in Meissen, von Ditmaro lib. 7. und von M. Petro Albino in Meißnischer Land- und Berg-Chronico. tit. 8. fol. 95. in Appendice fol. 434.

2. Etzlichen Dörffern: (1) als Dütschen Jehne, und Windischen Jehne an der Unstrut in Thüringen. Welche A.C. 1271. 10. Octobr. an das S. Georgen Kloster bei der Stadt Naumburg kommen sein von Marggraf Dieterichen zu Meissen. (2) Wenigen Jehne am Saalstrohm gegen unser Stadt Jena über, und Jene-Löbnitz, unweit der Stadt Jena, hinter dem Berg Jenzig gelegen.

37 (3) Jene-Brißnitz zum Unterscheid Frauen Brißnitz, jenes ist ein Dorff ins unter Ampt Jena, dieses ist ein Städlein und Sitz der Herren Schenkken zu Tautenburg und Trebra. Der letzte dieses Stams in Thüringen Christianus stirbt A. C. 1640. 3. Aug.

3. Einer Burgwart gelegen am Wasser Gena oder Jana. Der Burg Gana oder Jana wird gedacht in einer Verschreibung Marggraf Conrads zu Meissen A.C. 1150. und hat darzu gehöret das Dorff Zekkwitz. Tilemannus Stella versichet dadurch die Stadt Geiten, weiland Gietana und Kieta genant.

4. Einer Stadt (1) in Meissen: Gana oder Jana wird von Witekinden dem Münche zu Corbey in Sachsen, und von M. Cyriaco Spangenberg gehalten vor die Vestung und feste Stadt Gruna der Sorben-Wenden, gelegen an dem Wasser Mulda unter der Stadt 38 Eulenberg. M. Petrus Albinus in Meißnischer Land- und Berg-Chronico tit. 7. fol. 78. tit. 8. fol. 95. gebrauchet sich einer Zwikkmühlen, und machet einen Zweiffelsknoten, in dem er durch den Nahmen Gana oder Jana verstehet die zerstörte Vestung der Sorben, oder das noch heut zu Tage stehende Städlein Geiten. (2) In Thüringen, und ist eben unsere liebe Stadt Jena, die uns und unsere Vorfahren, neben andern Ausländern, so viel Jahr her hat aufgenommen, geherberget, und bewirthet.

5. Einem Geschlechte: Von dem Nahmen Jena führen etliche Geschlechter ihren Zunahmen. In einem Schreiben Landgraff Friederichs zu Thüringen, Admorsus oder mit dem gebissenen Bakken genant, werden als Zeugen auf- und eingeführt Heidenreich und Heinrich, genannt von Jehne, sonst Wolffram, Gevettere und Einwohner zu Jena, umbs Jahr Christi 1301.

39 In Erffurt hat weiland gelebet Ludwig von Jena, und ist A. C. 1546. der dritte Rahtsmeister gewesen, wie seiner gedenket Joh. Hundorff in Encomio Erfurtiensi A. C. 1652.

In Zerbst, einer Stad im Anhaltischen Lande, ist noch ein Geschlecht derer von Jena, daraus ist bürtig Fridericus von Jena, welcher A.C. 1640. 26. Sept. allhier auf der Universität in Jena de mutuo öffentlich disputirte, unter dem Præsidio und Schutze D. Erasmi Ungebauers P. P. Sein Vater oder sein Groß-Vater vielleicht ist gewesen Bürgermeister Jacob von Jehn, dessen gedenket Gregorius Bersmannus part. Poëmat. 2. l. Paralipomenon 2. p. 103. Ist A.C. 1658. mit gewesen auf dem Wahltage Keisers Leopold I. zu Frankfurth am Mayn, als ein geheimer Raht Churfürst Friederich-Wilhelms zu Brandenburg.

Den Ursprung des Nahmens der Stadt Jena suchen die Ge- 40 lehrten und geehrten Leute in unterschiedenen Sprachen.

Etzliche in Ebraeischer Sprache, vom Worte Jayn, das ist, Wein. Welchen die aus dem gelobten Lande vertriebenen Ebraeer oder Jüden derer Oerter sollen angebauet haben. In dieser Meinung ist gewesen M. Joh. Stigelius Vol. Poemat. 2. lib. 3. eleg. 21. p. 184. Matthæus Dresserus Isag. histor. lib. 5. de Urbibus Germ. p. 273. D. Nicolaus Reußner Vol. 2. Orat. 15. p. 200. Abraham Sauer in Minore Theatro Urbium p. 225. Petrus Petri Winstrupius lib. 2. Epigr. P. 369. M Hieron. Henninges tom. 2. Geneal. fol. 108. schreibet, daß die Thüringische Stadt Jaina und Wimaria von dem Ebraeischen Worte Jayn ihren Nahmen hätte. Wenn ich so den Nahmen Jena oder Jehn aus und von der Ebraeischen Sprache herführen solte, so wolte ich ihn herführen von Ebraeischen Wort Johannes: den die Johannes Kirche, so an itzo in der Vor- 41 stadt beim Johannes Kirchhoffe, und Gottesakker ligt, ist die elteste Kirche gewesen, darbei anfangs, etzliche Leute aus Andacht ihre kleine Hütten und Wohnhäuser gebauet, daraus allmählich ein Dörfflein und entlich eine Stadt worden ist; genand Jehn: oder Johannes-Stadt: den der Gemeine man die Lateinischen, Ebraeischen und andere frembden Wörter zusammen zeucht und kurtz ausspricht. Wie den die Stadt Jena in alten Urkunden und briefen genennet wird Jehn. Suche meinen Architectum Jenensem Cap. 13.

Etzliche in Griechischer Sprache, vom Worte oinus das ist, Wein. Abraham Sauer d.I. p. 226. redet die Stadt Jena also an:

Jena eine berühmte Stadt du bist,
Von Wein dein Nahm gemacht ist.

Ihme fället bey Gerhardus Mercator in Atlante Minore de Thu- 42 ringia, und Jacobus Hundius sub Icone Jenæ.

25

Etzliche in Lateinischer Sprache, vom Worte Janus. In der Meinung ist gewesen Georg Aemylius, sonst Oemler genand: P.L.C. Superintendens zu Stolberg am Hartze, welchen aber widerleget hat M. Joh. Stigel Vol. Poëmat. 2. I. 3. eleg. 22. p. 184. Es ist aber Janus niemand anders, als der Ertz-Vater Noah, welchen die sinnreichen Leute, die Poeten und Mahler, im Heidenthum mit zweien Angesichtern auf- und eingeführet haben, anzudeuten, das er vor- und nach der Sündfluth gelebet, vor- und hinterwarts gesehen, aus der ersten alten Welt, in die andere neue Welt, vermitelst des Schiffkastens, gegangen sey. Dieser Ertz-Vater Noah ist der erste Weinbauer nach der Sündfluth gewesen, wie zu lesen Gen. 9/29. und deswegen als ein Wein-Gott von den Abgöttischen Heiden verehret worden.

43 ⎯ Etzliche in Wendischer Sprache, vom Worte Jeden, das ist, Eins. Denn die alten Heneti und Wenden thun zwar das Wort Jeden gantz ausschreiben, aber im Ausreden lassen sie den mittlern Buchstaben (d) aussen, und sprechen nicht wie wir Jeden, sondern Jeen, wie davon schreibt M. Wolfg. Heider Vol. 1. Orat. 6. p. 360. 369. Demnach hiesse Jene so viel als Einsdrey, oder Dreieins, und Dreystadt. Denn aus dreyen nahe beysammen gelegenen Dörffern soll die itzige Stadt Jene endlichen zu einer Stadt worden seyn. Dahin weisen uns die Archiva und Urkunden des Klosters zu S. Michael allhier, in welchen A.C. 1327. geschrieben stehet: Nos Proconsules totaq; Universitas Civium in Ieenis. A. C. 1412. ist uf der Universität in Leipzig gewesen L. Jacob Radewitz von Jenis. A.C. 1518. am 3. Adventsonntage hat D. M. Luther ein

44 ⎯ Schreiben an M. Georgen Spalatinem geschikt und vermeldet darinnen, das Churfürst Friederich zu Sachsen der dritte und weise genand, einen Land-Tag habe wegen der Türkkensteuer in Jenis, wie zu finden Tom 1. Epistol. Luth. p. 125. 128. suche mein Annales Jenens. A.C. 1327. Die Nahmen derselben drey Dörffer sind noch zur Zeit ungenant, und deswegen unbekant, daraus die Stadt Jena innerhalb der Ringmauer ihren ersten Anfang soll bekommen und genommen haben. Die vier Vorstädte sind auch Anfangs Dörffer gewesen, und haben gelegen Nollendorff vor der Schloßpforten: Schottelsdorf auf dem Sande vor dem Saal-Thor: Zwieffelbach oder Zweiffelbach vor dem Lobder-Thor: Krot- oder Krautdorff und Schetzilsdorff vor dem Johannes Thor.

Im Lande Mauritania ligt die Stadt Mentesa, und wird anitzo Jaen, auff Teutsch ein Schatz, genennet: In dem Worte Jaen ist bedekket und verstekket der Name unser Stadt Jena. Jaen per anagramma Iena, suche auf Caspar Ens in deliciis Apodemicis Hispan. p. 43. 45

Etzliche in Teutscher Sprache, und zwar auf unterschiedene Arten und Weisen:

1. Vom Worte Gahn: Wenn die Weinleser oder Schnitter bey uns einen gewissen Gang und Strich in der Weinlese und in der Korn-Erndte vor sich nehmen, so pflegen sie einander also anzuredt: Wir wollen an Gahn gehen, oder, wer führet den Gahn?

2. Vom Worte gähnen: Denn wenn das Uhrwerk oder Zeiger zu Jena am Rahthause schläget, und die Stunden anzeiget, so sperret ein aus Ertz gegossener Mann daran das Maul auf. Dahero hat der Herr D. Martinus Lutherus seeliger Gedächtnüs die Art zu reden genommen, und von Maul-Affen und Gaffen gesaget: Hans von Jena. Seine Worte lauten also in der Haus-Postille in der dritten Predigt am 20. Sontag nach Trinitatis: Wenn ein großmächtiger König auf Erden Hochzeit machete hätte die Mahlzeit herrlich bereitet, und lüde viel darzu, da wurde ein Zulauffen werden von allen Orten, und Hanß von Jehna wurde auf allen Gassen seyn, und sehen wollen den Königlichen Schmuk und Pracht. Es kömmet aber das teutsche Wort Gaffen her von Ebraeischen Wort Ogaff, das ist ein lieblich Instrument und Seitenspiel, das mit Lust und Liebe gehöret, und darnach gegaffet und gesehen wird, suche D. Georg Weinreich im Leipziger Gesangbuch præf. A.C. 1606. 12. Maii. 46

3. Vom Worte Gegen- und Jene Auen. Den die Stadt Jene lieget an einer schönen langen Auen, daran sich weiland etliche Pilgram und Wandersleute verliebet und einer zu dem andern gesaget: Jene Au wolln wir einnehmen, uns allda niederlassen, eine Wohnstad anbauen, und soll diese Gegen und Jene Aue unser aller eine gemeine Aue seyn. Wie dafür hält D. Joh. Frid. Schröter in einer Epistel oder Sendbrieffe in Horto Philosophico Martini Mylii pag. 44. 49. 47

4. Von Wort geniß. Weil die An- und Einwohner dieser Gegend alles ingemein genossen und gebrauchet haben. A. C. 1327. sind die Briefe also geendet worden. Geben in Jehnis.

5. Von Wort Jehn und Jehnis, und Jahn, und alle drei Ebraeischen Namen Johannes, welchen der Lateinische man

verkurtzet, und unterschiedlich der Gelarte oder Ungelarte, der Bürger oder Bauer ausspricht. Denn die elteste Pfarr Kirche vor der Stadt gewesen ist, die Johanniskirche, daran Leute Anfangs ihre Hütten und Häuser angehauet, und den Ort, mit der zeit das

<u>48</u> Dorff und die Stadt Jehn, Jenis, oder Jahn genennet haben, wie den der Name dieser unser Stad in ältesten Archiven und Urkunden also geschrieben ist wie schon gesagt cap. 1. p. 41.

Das Andere Capitel
Von der Stadt Jena Lobe.
Nach dem Lobe ist die Stadt Jena zu
betrachten

Ihr Lob hat die Stadt Jena von viel und mancherleyen Gütern und Gaben, damit Gott der einige Schöpffer und mildreiche Geber alles Guten sie vor andern vielen in Thüringen, was sage ich in Thüringen? in Teutschland: Was sage ich von Teutschland? in Europen, in Asien, in Africen, in Americen, als in den vier itzigen Theilen des Erdkreises, begnadet, begabet, und beseeliget hat.

Es ist aber ihr Lobspruch, so wohl der Stadt Jena, als in derselben der Universität zufinden in Teutschen und in Lateinischen

<u>49</u> Schrifften. Beider wollen wir gedenken, doch also, daß wir die Lateinischen Lobsprüche nur kurtz anziehen, und der selben Inhalt in unsere Muttersprache noch kürtzer übersetzen wollen.

In Teutschen Schrifften: Hertzog Johann Friederich zu Sachsen, genannt der II. und Mitlere, in seiner Oration und Rede, gehalten zu Jena A. C. 1558. 2. Febr. nennet die Universität in Jehna einen gemeinen Landschatz, Officin und Werkstadt aller guten Künsten, vid. Sleid. contin. part. 1. l. 3. §. 8. Confer Fried. Hortleder de causis Belli Germ. libr. 3.c.88. fol. 732. in print.

Matthæus Dresserus part. Isag. histor. 5. de Urbibus Germaniæ pag. 213. Jena, eine Stadt am Wasser Sale, in Thüringen gelegen, ist so gar beruffen nicht gewesen, eher denn sie angefangen hat mit den Musis und Freyen Künsten sich zu nähren.

<u>50</u> Abraham Sauer in Theatro Vrbium minore p. 226. Jena, eine Stadt in Thüringen, in einem Thal gelegen, mit Mauren und Thürmen befestiget, hat eine Brükke über die Saale, ist rings ümbher mit lustigen Bergen und Weingärten ümbgeben.

M. Joh. Frentzel in Synops. Geograph. part. 1. pag. 83. 84. Auch lieget in Döringen in einem Thal Jena, welche dem Hochlöbl. Hause zu Sachsen im andern Stamm (nicht der Albertischen, sondern Ernestischen Linea) zuständig, und die mit Mauren und Wällen wol befestiget, bey welcher über die Saale eine Brükke gebet, sie soll den Nahmen von einem Hebraeischen Wörtlein Jayn, zu Teutsch, Wein, haben. Andere hingegen meinen, man habe sie nach dem Jano, den die Einwohner für einen Abgott geehret, genennet. Sonsten ist Jehna allenthalben mit lustigen Bergen, Auen, Aekkern, Wiesen und Weinbergen ümbgeben, und hat sonderlich die Universität, welche A.C. 1558. allda aufgerichtet worden, in hohen Wehrt gehalten. 51

In Lateinischen Schrifften, welche in öffentlichen Drukk haben ausgehen lassen theils Universitäten, theils Facultäten, theils Theologen, theils Juristen, theils Medici, theils Philosophi, theils Poeten, theils Historici.

Universitäten. Helmstädische: Jena, das ädle Emporium, Mark und Kauff-Stadt der Göttlichen und Menschlichen Weisheit. Autor Programmatis in Exequiis D. Georgii Calixti Theol. Prof. Publ. A.C. 1656. 19. Mart. defuncti.

Jehnische: Bittet Gott, daß er diese Schule (in Jehna) lasse lange Zeit seyn ein lauter Brünlein, von daraus die wahre Lehre von Gott, und von den Diensten der Gottseligkeit könne geschöpffet, und weit und breit fortgepflanzet werden. Autor Programmatis in Exequiis D. Erhardi Schnepfii, Theol. P. P. affixi A.C. 1558. 2. Novemb. nomine D. Philippi Comitis Nassoviæ, Rectoris Salanæ. 52

Facultäten. Philosophische: Jena, und in derselben die Universität, ist ein Hofpistium, Wirthshaus, und Herberge des heiligen Evangelii und der Musen, das ist, der wahren Lehre von Gottes Gnade in Jesu Christo und der Freyen Künsten. Autor Statutorum Facult. Philos. in Salana, in fallor M. Victorinus Strigelius in Lege IV. oder mit ihm M. Johann Stigelius: beide P.P. und zwar die allerersten.

Theologen. D. Joh. Wigandus, Professor zu Jena, in einem Sendbrieffe an M. Andream Corvinus Superint. zu Wißmar, A.C. 1569: Ich werde hier grau und alt: Ich sehe, daß andere Universitäten sich neigen zum Fall: Es ist ein Wunder werk, daß noch eine Hoffnung der reinen Schule allhier herfür schimmert, vid. Conr. Schlüsselburg in literis posthumis p. 213.

53 Idem ad eundem, ejusdemque Collegas. p. 219. Bittet Gott, daß er diese Universität segne, auf daß der Brun des heilsamen Wassers daraus entspringe.

D. David Chytræus in Chron. Sax. libr. 9. fol. 558: Under D. Erhard Schnepfen, M. Victorino Strigelio, und M. Johanne Stigelio hat die Universität zu Jena A. C. 1558. so zugenommen, daß sie vielen andern ist worden ζηλωτι, ein Zunder der eiferigen Nachfolge.

D. Johannes Gerhardus, Professor zu Jehna, in Præf. part. 1. Disp. Theol. ad Senatum Lips. Vergleichet die Universitäten, und insonderheit die Jenische, mit den von Gott erschaffenen Lustgarten, genannt daß Paradiß. Vor ihm hat Petrus Ravennas, wegen seiner Beredsamkeit Chrysologus, daß ist, Gold Redner genannt, die Schulen genennet das Paradiß der Welt. Nach ihm hat D. Jos. Stegman in Paradiso Ernestino, und M. Joh. Michael Dil
54 herr in Dedicatione Apparatus Philosophici, und D. Joh. Giesenius part. 1. de vita Academica, Disp. 1. thes. 27. p. 8. 9. eben diese Gleichnüß-Reden gefüret.

M. Balthasar Walther, Anfangs zu Jehna P.P. hernach Superintendens zu Gotha, und entlich zu Braunschweig, in Programmmate Jenæ A.C. 1623. 1. Aug. affixo: Jena ist ein Land der Zierde: Terra decoris. Eben mit diesen Nahmen würdiget die H. Schrifft das gelobte Land, das Jüdische Land, das Land Canaan, welches ein Vorbild des Himlischen Vaterlandes im ewigen Leben ist gewesen.

Juristen. D. Nicolaus Reusnerus IC. zu Jena, Vol. 2. Orat. 14. p. 191. Jena ist eine schöne Officina und Werkstadt, nicht allein der wahren Religion und der guten Künsten, sondern auch der Jurisprudenz, das ist, der Erfahrenheit im Rechten, und der Klugheit in Bürgerlichen Händeln.

Idem ibid. p. 199. 200. Ob gleich Jena keine weite, reiche,
55 prächtige Stadt ist iedoch ist sie lustig, gesund, und zimlich gebauet, in welcher die Lebensmittel, an Getreide und Wein, ümb einen billichen Wehrt zu bekommen sind.

Medici. D. Gervasius Marstaller, Friburgö-Brisgojus, Professor, in Progr. Jenæ A.C. 1570. 6. Id. Aug. affixo: Jena ist das Thal am Saalstrohm, in welchem die Liebhaber der Gottesfurcht, als ein Thau in einem schattigten Thal, zwischen gegen über gelegenen Bergen, welche die Sonnenstrahlen erwärmen und austrokknen, gesamlet und erhalten werden.

D. Andreas Eilinger, der ältere Professor zu Leipzig und zu Jena, in Programmate Lect. A.C. 1569. 8. Id. Quincti: Sareptula Thuringiæ, das ist, die Stadt Jena, und in derselben die Universität, ist eine geistliche Schmölz- und Glashütte. Zielet hirmit auf die alte Bergstadt Sarepta oder Zarpath, zwischen Tyrus und Sidon am Meer gelegen, acht und zwantzig Meilen von Jerusalem. __56 Dahin flohe auf GOTTES Befehl der Prophet Elias, und wurde neben ihm die arme Witwe zur Zeit der Theurung versorget, 1. Reg. 17, 9. Luc. 4, 26.

D. Zacharias Brendel, der ältere P.P. zu Jena, in Programmate Exeq. A.C. 1618. 21. Decemb. Jehn, ein Hospitium, Herberge und Wohnung der Musen, so wohl ein fruchtbarer Boden, von tapfern Leuten, denen nichts mangelt, was die Gaben des Verstandes, die grösse des Leibes, und die schöne Gestalt des Gesichtes betrifft.

D. Guernerus Rolfinkk, P.P. zu Jena, in Programmate, A.C. 1638. 23. Jul. Wir sind zu Jena, als auf einem andern Athen, und in einer solchen erleuchten Stadt, in welcher die Pallas, als eine Tochter Jovis, ihren Sitz erwehlet, und die zahrte Jugend den Willen ihres Gottes lehret.

Philosophi. M. Justus Lipsius, Jscanis. Belga, in Orat. habita A.C. 1572. In der Universität halten sich auf solche Männer, wel- __57 che die Zierde und den Namen des gantzen Teutschlandes vertreten können, und scheinet, als hätten die Musæ und Freyen Künste das Welsche Gebürge und den Berg Parnassum verlassen, und sich nach Jena begeben.

M. Wolfg. Heider, P.P. zu Jena, Vol. Orat. 13. p. 653. Jena ist ein solcher Ort, der nicht allein zu Freyen Künsten und Tugenden, zur Weisheit und Beredsamkeit gleichsam erdacht und gemacht ist, sondern, welcher wegen seiner frischen Luft, gesunden Wassers, hohen Bergen, tieffen Thälern, schattigten Wäldern, fischreichen Saalstrom, lustigen Feldern, grünen Wiesen, frölichen Weingebürgen, Menge der Vögel und Thieren, allerley Nothdurfft und Vorraht, auch mit der Perser Paradiß, und blühenden Handel- und Kauff-Städten kan verglichen werden.

Joh. Fridericus Saltzman in Oratione Encomiastica, habita __58 Jenæ A. C. 1619. 1. Aug. quam Ocium vocat Siriacum: Jena ist eine schöne Behausung der Musen, eine lustige Kauff-Stadt der Tugenden, ein ausgebutztes Athen und Sitz der Chariten.

Poeten M. Joh. Stigelius, P.P. zu Wittenberg und Jena, Vol. 2. Poemat. l. 1. Eclog. 6. p. 24. Die Stadt Jena ist nicht prächtig von Mauren, nicht verhaßt wegen Schwelgerey, sondern eine Hüterin des alten Glaubens, und ein Ort, da Gott sein Feuer und Herd hat, (Jes. 31, 9.)

Idem ibidem Vol. 2. lib. 1. Eclog. 7. p. 31. Die Stadt Jena, und in derselben die Hohe Schule ist eine erfreuliche Gefertin der Musen, das ist, der Freyen Künsten, und ein H. Wald, daraus die Musæ die Lorbeerzweiglein nehmen, und die Kräntze und Krohnen der Ehren davon machen.

Idem ibidem Vol. 2. lib. 3. Eclog. 184. Die Stadt Jena hat
<u>59</u> schöne Felder, Wälder, Brunnquellen, und den Musen so „bequehme und angenehme örter, als wohl Wittenberg an dem Elbstrom haben mag.

Jdem in lib. 5. Poematum a D. Jobo Fincelio collectorum et A.C. 1568. editorum. Die Stadt Jena ist mit natürlichem Weinbau ümbgeben, und wird dardurch erinnert, daß sie soll seyn ein geistlicher Weinberg, ja eine geistliche Rebe an dem geistlichem Weinstokk Jesu Christo, welche Gott der Vater mit dem Thau seiner Gnaden befeuchtet, und mit der Sonne der Gaben des heiligen Geistes erwärmet. Joh. 15. v. 1. 5.

M. Wolf. Heiden lib. 3. Poematum p. 290. 291. Zu Jena hat die Frömmigkeit und Weisheit ihren Sitz. Und nach dem die Musen die Stadt Athen verlassen haben, sind sie dahin gezogen. O du von Gott geliebte, und den Musen geweihete Stadt Jehna, du bist wohl glükkseelig, wenn du nur solche deine empfangene Güter und Gaben lernest kennen und verstehen!

<u>60</u> M. Laurentius Rhodomannus P.P. zu Jehna und Wittenberg, in fine libri de Theologiæ Christianæ Tyrocintis pag. 309. Dieses Werk habe ich vollbracht in Thüringen, am Saalstrohm der Stadt Jena, in welcher die Musen blühen, und das Licht des Göttlichen Worts seine Strahlen von sich wirfft.

M. Joh. Ursinus Jena-Thuring. in Panegyri Acad. Salanæ A.C. 1558. 2. Febr. Ob Jena gleich eine kleine Stad, und der Bergstadt Sareptæ ähnlich ist, iedoch ist sie ohne Grobheit, voller Höflichkeit.

D. Joh. Hofer J.C P.P. in Jena, in Epitaphio D. Erhardi Schnepfii A.C. 1558. defuncti: Jehna liegt in einem tieffen Thal am fischreichen Saalstrohm, umbgeben mit Weinwachs.

M. Balthasar Mencius, P.P. zu Wittenberg, lib. 2. Epitaph. p. 108. Davon werden, O Saalstrohm, zeugen deine den Musen geheiligte Schule, und deine dem wahren Gott geweihete Tempel, (Kirchen oder Gotteshäuser.)

D. Joh. Frieder. Salfeld, von Darmstadt aus Hessen, in Interealaribus seu horarum succisrvarum Melicis A.C. 1606. 27. Febr. Jena ist mit Weinträchtigen Hügeln ümbgeben, und fleust neben ihr hin der Saalstrom.

Salomon Küsel, von Hekkstät am Hartze, in suo Itinerario: Ich bin nach Jena kommen, da die Camönen oder Freyen Künste ein Haus gebauet haben, werth, daß es auf die Nachkommen im baulichen Wesen erhalten werde.

M. Samuel Walther Pfarr zu Teichröden in einem Rectorat Carmine nennet Jene einem Tantz-Boden, an welchen die Musæ und die Charites oder Gratiæ das ist die Göttin der Freyen Künsten und die Göttin der guten Sitten mit ein ander reiseten.

Historici. Gregorius Groitzschius, von Grimma aus Meissen, in Libello de Salæ fluvii descriptione: Jena ist allenthalben mit Weingebürge ümbgeben, und Kan deswegen ein Sitz Bacchi, das ist, ein Weinkeller, genennet werden.

Philippus Cluverus in Geogr. lib. 3. c. 16. p. 183. Jena ist ein Domicilium oder Wohnung der Musen, das ist, der Freyen Künsten.

Caspar Ens in diliciis Apodemicis Germanicis, Strozzio Ciconiæ Vicentino IC Colon. Agrip. A.C. 1609. inscriptis. Jena liegt in einem tieffen Thale, von festen Mauren und Thürmen, ist eine blühende Stadt in Thüringen, welche die Musæ, Freyen Künste und Weingebürge zieren.

M. Sebastianus Schröter, Tom. 1. Histor. Geogr. libr. 1. p. 150. Jena am Saalstrom gelegen, hat eine Universität, voller gelehrter Leute, von Hertzogen zu Sachsen gestifftet A.C. 1555. (Es irret aber dieser Scribent an der Jahr-Zahl, dann die Hohe Schule ist eingeführet worden als ein Gymnasium A.C. 1548. 19. Mertzen und als eine Universität A.C. 1558. 2. Hornung.)

„Das Dritte Capitel
Von der Stadt Jena
Ursprung
Nach dem Ursprunge ist die Stadt Jena
zu betrachten:

Der Ursprung der Stadt Jena wird unterschiedenen Völkern, als ersten Erbauern und Einwohnern zugesprochen.

I. Die Hebraeer oder Jüden werden von etzlichen gehalten vor die ersten Erbauer und Einwohner der Stadt Jena. Ihr Beweiß ist dieser, weil nicht allein in derselben eine Gasse, und in dieser eine Mühle von den Jüden den Nahmen hat, und und jene das Judengäßlein, diese aber die Jüden-Mühle, weiland die Joeden-Mützke Franken-Mühle genennet worden, sondern auch weil der Nahme der Stadt Jena aus der Hebraeischen oder Jüdischen Sprache ihren Nahmen habe, denn Jena sey der Hebraeische oder Jüdische Nahme Jayn. In der Meinung ist M. Joh. Stigelius. Professor allhier, Vol. 2. Poemat. lib. 3. eleg. 22 p. 184. und Matth. Dresser millen. 2. p. 76. Idem de Urbibus German. p. 273. da er also schreibet: Jena, wie sichs ansehen lässet, hat den Nahmen von Wein, welcher auf Hebraeisch heisset Jayn, wie in diesem disticho (welches itzt gemelter Stigelius gemacht hat) gemeldet wird:

Hinc placet Hebræô nobis hanc nomine dicia & vetus à lain nomen Jena renet.

Ist nun diese Herführung des Nahmens war, so hat Jena von niemend anders, als von Jüden diesen Nahmen, welche nach der Verheerung ihres Landes, und nach der Zerstörung ihres Regiments, in alle Winkel des Erdkreyses sind zerstreuet worden, und demnach auch an diese Oerter kommen, und wo sie sich hin und wieder niedergelassen, da haben sie Synagogen und Schulen aufgerichtet, und die Weinberge besser zu bauen angefangen. Ist derhalben wol gläublich, daß sie an der Saalen sich niedergelassen, und mit dem Weinwachse sich genähret haben. Den Wein haben sie hernach in die nechste Stadt Weinmar zu Marke geschaffet, und dieselbe Stadt davon den Nahmen bekommen, und ist genennet worden Wein-Mark: uff Griegisch Methone und oenagore: zu Lathein in Vinarium Forum oder Vinaria.

Beider, des Stigelii und des Dresseri, Meinung verwirfft mein ümb mich wohlverdienter Præceptor, M. Wolfgang Heider. Professor allhier, Vol. 1. Orat. 6. p. 366. und spricht: Daß den Jüden in ihrer Dienstbarkeit, damit sie davon beschwehret gewesen, niemals gebühret habe, entweder aufs neue Städte zu bauen, oder den schon erbaueten einen Nahmen aufzuerlegen. Das Regale und Baurecht behielten ihnen vor die Landes-Fürsten und Herren: Und ihrer beider Beweiß, genommen von dem Jüdengäßlein und in derselben von der Juden-Mühle, haben nicht viel Nachdrukks Denn es folget nicht: In der Stadt Jehṇa hat ein Gaß- __66 lein, und darinnen eine Mühle, aus Jüdischer Sprache oder von Jüden den Nahmen, derowegen ist die Stadt Jena von den Jüden erst erbauet und bewohnet worden. Wie viel Städte in Teutschland wurden auf diese Weise die Jüden vor ihre erste Erbauer und Einwohner erkennen und bekennen müssen?

Es kan wol sein, daß auch die Jüden in die vor diesem von andern Völkern erbaueten und bewohnten Stadt Jena gezogen, eine Gasselein bekommen, und darinnen Wohnhäuser und andere Gebäude angerichtet, und beyden die Nahmen von ihnen selbst aufgeleget, aber nicht lange darinnen gehauset und gewohnet haben. Denn A.C. 1350. sind die Jüden, wegen der von ihnen in Erffurt vergiffteten Brunnen, daselbst und in gantz Thüringen, und also auch in der Stadt Jehna getödtet worden, vid Dresser de Urbibus German. p. 194. Ferner A.C. 1431 sind sie gäntzlich aus __67 Thüringen und aus Meissen wegen verdächtiger und überzeugter Verrätherey mit den Hussiten vertrieben, vid. Fabricius lib. 7. Orig. Sax. fol. 746. und sind seithero von der Lands-Fürstlichen Obrigkeit niemals wieder eingenommen worden. Welches Gericht und Gewohnheit dem Chur- und Fürstl. Hause zu Sachsen hochrühmlich nachschreibet D. Joh. Gerhard, P.P. allhier, Tom 6. Loc. Theol. de Magistr. Polit. § 233. p. 892. ausser der Stadt Altenburg in Meissen und Kahla, zur zeit der Kupfermüntze, darinnen sie doch nehrlich erwarmet und bald daraus A.C. 1621 vertrieben sind. Davon M. Jopseph Clauder, damahls Rector, hernach Diaconus zu Altenburg, dieses ετεολογικον oder Zeitspruch gemacht hat.

IMpII IV Dæl ALDenpVrgo pVLsI, at
IVDæl baptIzatI aDhVC resIDVI.
Das ist:
Die gebornen Jüden sind vertrieben,
Die wugerischen aber verblieben.

II. Die Wenden und Sorben werden von etzlichen gehalten __68 vor die ersten Erbauer und Einwohner der Stadt Jena. Ihr Urhe-

35

ber ist mein wohlverdienter Præceptor, M. Wolfgang Heider, allhier Professor, der spricht, das dieselben aus dreien nahe beysammen gelegenen Dörfern eine Stadt gebauet, und in ihrer Muttersprache Jeden, das ist, Eins genennet. Sie Schreiben zwar Jeden, aber sie sprechen nur Jeen, vol. 1. orat. 6. p. 368. und vol. 2. orat. 26. p. 1120. setztet er die Ursache ihrer Ankunfft in dieser Gegend, und ist diese: Weil die uralten Teutschen gegen Morgen mit Heereskrafft in Franreich, Welschland und Hispanien gezogen waren, hätten unterdeß die Wenden und Sorben ihr leer Land eingenommen, darinnen Hütten und Häuser, Dörffer und Städte aufs neue erbauet, und aus ihrer angebohrner Muttersprache zugenahmet. Wie denn das Dorf Serbe, unweit Jena, zwischen den Städten Bürgel und Eisenberg, von ihnen erbauet und den Nahmen bekommen haben. Idem ibid. vol. 2. orat. 26. p. 1122. Albinus Meisner Land- und Berg Chronick tit. 7. fol. 78. tit. 8. fol. 95.

69

Wenn diese Muhtmassung gelten solte, so wurde vor 1000. Jahren die Stadt Jena innerhalb der Ring-Mauer aus dreyen Dörffern eine Stadt worden seyn, sintemahl die vier Vorstädte in derselben vorhin schon Dörfflein gewesen sind, und eine Zeitlang ihre uralte Zunahmen behalten haben. Albrecht der Ritter, und Friederich, Gebrüdere, Herren zu Helderung, vermachten A.C. 1344. dem Kloster Frauen zu S. Michael in Jena das Dorf Zwieffelbach, das Zweiffelsbach und Zwiebelbach auch sonst genennet wird, gelegen vor unserm Löber- oder Lobter-Thor. Ein Dorff dieses Namens Zweiffelbach liegt nicht weit von der Stadt Kahla: in welchem, so wol in Goymperda, Ratwitz und Zwabiz A.C. 1612. Pfarr gewesen ist Basilius Fertschius. Desgleichen A.C. 1346. vermachten itzt gemeldte Herren Brüdere ihnen das Nollendorff vor der Schloß- oder ZwetzenPforte. Im Jenischen Schoßbuche, welches Herr Friderich der Streitbare und Herr Wilhelm, Brüdere, Landgraffen in Thüringen und Marggraffen zu Meissen A.C. 1406 erneuern und der Stadt Jena übergeben lassen, wird gedacht des Schoteldorffs auf dem Sande vor dem Saalthor, so wohl des Krotdorfs in der Krautgassen, und des Schetzelsdorff in der Wagner- oder Obergasse vor den Johannes Thore.

70

III. Die Thüringer werden von etzlichen gehalten vor die Erbauer und Einwohner der Stadt Jehna. Denn als die Schwaben von M. Lullio überwunden, und von Caio Druso jenseit des Rheins und Donau versetzet worden, haben die Thüringer, welche vor diesem an dem Balthischen Meer und Elbstrom gewohnet, aus Noht über den Hartzwalt sich gemachet, in das itzige Thüringer- 71 Land, und den Königlichen Sitz nach Scheiding an dem Fluß Unstrut versetzet, der auch daselbst verblieben ist biß A.C. 524 1. Octobr. daran der letzte einheimische König Hermanfried zu Thüringen vom Dieterichen, dem ersten Fränkischen Könige in Westreich und Metz, in gehaltener Feldschlacht zu Ronneburg im Osterlande überwunden, von Beernwald, einem Heerführer der Sachsen, aus der eingenommenen Vestung Scheiding vertrieben, und endlich den 14. Octobr. zu Tollbach von jenen über die Mauer gestürtzet, und vom Ritter Iring, seinem meineidigen Hof-diener, erstochen worden.

IV. Die Schwaben und Hermunder werden von etzlichen ge-halten vor die ersten Erbauer und Einwohner der Stadt Jena, wie zu sehen in der Mappa oder Tafel des Thüringer-Lands, welche Adolarius Erichius, Pfarrer zu Andersleben, weiland in öffentli-chem Drukk hat herausgegeben, und von mir in der Jehnischen, 72 Plünderung A.C. 1637. Dominica Septuagesimæ 5. Febr. Johann Adolff von Startzhausen, der Römischen Kaiserlichen Majestat, und Churfl. Durchl. in Beiern Reichs Armee General-Quartier- und Oberster-Wachmeister, bescheidenlich begehrte, und auch bekahme. Anfangs haben in itzigem Thüringen gewohnet die Ascanier, also genant von Ascena, dem Sohne Gomers, dem Enkel Japhets, biß auf die Zeit des Ertzvaters Abraham: Als diese anderswo hingezogen, sind ankommen die Suevi oder Schwaben, unter welchen etzliche genant die Hermundier oder Hermünder, einen Strich Meißnerlands und den Saalstrand bis an Hall einge-nommen haben. Denen sind kurtz vor Christi Geburt gefolget die Thüringer, welche von den Geten oder Gothen, den tapfern Hel-den, ihren Ursprung haben.

Es kan wohl sein, daß alle itzt nach der Reihe erwehnte Völ-ker etwas an Jehna gebauet haben, sindemahl aus etzlichen Hüt- 73 ten und Häusern ein Dorf, aus einem Dorffe aber eine Stadt mit der Zeit wird. Und wenn Jena so viel ist und heisset als jene Au, wie Lobde, Lobdau, so ist vermuthlich, daß die Schwaben und Hermundier den Grund zum Dorf- und Stadt Jehna geleget ha-ben. Denn sie nehmen das Maul zimlich voll, wenn sie etwas aussprechen, und dehnen das Wort Jehne oder Jene Au etwas länger, als andere Völker.

Das Vierdte Capitel.
Von der Stadt Jena Alter.
Nach dem Alter ist die Stadt Jena zu
betrachten:
Die ersten Erbeuer und Einwohner der Stadt Jehna kan niemand unfehlbar sagen, darauf folget auch, daß niemand das Jahr kan wissen, darin die Stadt Jehna erstlich erbauet und bewohnet worden sey.

Friederich der Freudige, und mit dem gebissenen Bakken,
74 Landgraff in Thüringen, und Marggraff zu Meissen, ehelichet
A.C. 1301. ümb Bartholomei, Fräulein Elisabeth, die Jüngere, Graff Ottonis von Marusan und Arnshag, und Elisabeth, Gräffin zu Kastel, Tochter, und bekömmt mit ihr zur Mitgifft und Ehesteuer ein Viertheil der Stadt Jena; Dannenhero nennet er Jena seine Stadt in einem Ausschreiben, gegeben zu Weissenfels A.C. 1316. Daraus folget, daß unser Jena vor 360. und mehr Jahren eine Stadt gewesen ist.

Eccardus, dieses Nahmens der Erste und von seinen Ohme, Kaiser Ottone, der getreue Eccard genant, Marggraff zu Meissen und Thüringen, wird A.C. 1004. in der Stadt Poleda (vieleicht Apolleda, nicht weit von Jena) von Graff Sigfried zu Northeim erschlagen, und in seine Stadt Jena begraben, vid. Reisner. in familia Witikindea fol. 270. Heiderus, vol. 1. orat. 6. p. 357. Sein Sohn
75 Eccardus II. erbeut sich die Adeliche Aptey in seiner Stadt Jehna dem Stiffte Merseburg ein zuverleiben, wo ferne ihm der Bischoff aushändigen werde seinen Feind Heinco von Amsleben, vid. Georg. Fabric. l. 3. Orig Sax. fol. 403. Daraus folget, daß unser Jena vor 660. und mehr Jahren eine berühmte Stadt wegen der Fürstlichen Begräbnüß, und Adelichen Nonnenkloster gewesen ist.

Die Wenden und Sorben sind aus dem Thüringerlande, und sonderlich von dem Saalstrande A.C. 640. vertrieben worden, mit Hülffe der Thüringer, und sonderlich der Sachsen. Denn diesen versprach König Dagobertus (Degenbrech) in Franken den Jährlichen Tribut, Steuer, Schatzung der 500. Ochsen deswegen zu erlassen. Wenn nun diese Wenden und Sorben die Stadt Jena erstlich erbauet und zugenahmet hätten, so folgete daraus, daß unser Jena vor tausend Jahren wäre eine Stadt gewesen. Heiderus
76 vol. 1. orat. 26. p. 368. Dresserus in Buch von Städten in

Teutschland p. 509. setzet zwar Weinmar und Jena uff eine Seiten Ihres Alters: aber Ersetzet keine gewisse Zeit und Jahr.

Die Schwaben sind Kurz vor Christi Geburt von den Römischen Kriegs-Obersten Marco Lullio überwunden, hernach von Cajo Druso aus den Lande welches heut zutage Thüringen genennet wird, vorsetzet worden an dem Rhein und Donau-Strom. Wenn nun diese Schwaben den Grundt des Dorffs oder der Stadt Jenau geleget hetten, so were sie vor 1670. ein Dorff oder ein Städtlein gewesen.

Das Fünffte Capitel
Von der Stadt Jena
Unfällen.
Nach den Unfällen ist die Stad Jena
zu betrachten:

Was vor Unfälle, und unter denselben vor Feuer-Wasser-Wetter-Theurung-Hunger-Sterben- und Kriegs-Noht die Stadt 77 Jena hat erfahren, davon reden meine Annales Germano Thuringo-Jenensis, die Cronik, Zeit- und Jahrbuch, und in denselben die aufgezeichneten Geschichte in Teutschland, in Thüringen, und sonderlich in Jena, und seiner Gegend. Darauf beruffe ich mich allhier, und wil unter deß nur etzliche wenig allhier vermelden.

In Feuers-Noht. In der Ringmauer der Stadt Jena ist kein Feuer in viertzig Jahren aufgangen, ausgenommen unter dem Markte, welches die Kaiserlichen und Beierischen Völker A.C. 1637. den 5. Febr. verwahrloseten. Sonsten hat er gebrand auf den Steinwege A.C. 1623. Vor dem Löber-Thor brandte A.C. 1630. den 17. Febr. das Wirthshaus oder die Herberge zum grünen Hechte abe, und A.C. 1637. den 6. Febr. die daranstossenden Häuser in der Neugassen und unter denselben der Sandstein. Vor 78 den Schloß- oder Zwetzen-Pforte stakkten die Wolfframsdorffischen Reiter A.C. 1642. den 6. May, etzliche Scheunen an. Und neulich A.C. 1658. 25. Julii am 7. Sontag SS. Trinitatis, des Nachts, kam ein Feuer aus in Hans Klinkharts, eines Bekkers, Hause, vor dem Johannesthor, und verzehrete vier Wohnhäuser.

In Wassers Noht. In der Thüringischen-Weinmarischen-Sünd- und Wasserfluht A.C. 1613. den 29. May am Sonnabend vor Trinitatis, hat zwar die Läuter, welcher Bach dieser Stadt vor alters her ein groß Unglükk drohet, sich dermassen ergossen, der gleichen kein Mann gedenket, also daß sie grosse mächtige Bau-

höltzer aufgehoben, mitgeführet, zerbrochen, und schwere Lastwägen fortgetrieben und zerscheitert, auch an Häusern, Wasserröhren und Wänden ziemliche Risse gethan hat, aber doch ist
keine Leibs-Seel von Menschen im Wasser allhier ümkommen,
und ausser dreyen stükken, kein Vieh.

79   Der Saalstrom wächset im Frühling, wenn der Waldschnee
geschwinde zerschmöltzet, und sonsten von vielen Regen, auch
Wolkenbrüsten, offtermahl so sehr, daß die Ober- und Under-
Aue, auch der Steinweg, im Wasser stehet, und das Wasser in die
Saalgasse, zum Schlosse und breiten Stein wohl ehemahls getreten
ist, als A.C. 1610. den 13. Jan. A.C. 1633. den 15. Jan. A.C. 1643.
den 31. Aug. A.C. 1658. den 17. Decemb. damahls hat das Wasser ein Haus zu Wenigen Jehna weggeführet, und Curt Müllers
Mast-Schweine im Stalle auf den Steinwege ersäuffet. A.C. 1661.
den 6. Aug. ist der Saalstrom durch zweitägliches Regenwetter
also an- und ausgeloffen, daß er den Wiesen-Wachs in der Ober-
und Unter-Aue überschwemmet, darauf das noch stehende Graß
gäntzlich verderbet, die Heuschober und Garben weggeführet,
die Wände an Häusern, Scheunen, Gärten in der Krietgassen und

80 auf dem Steinwege ein geweichet und durchrissen hat. Das Wasser ist aus dem Paradiß oder von dem neuen Wassergebäude
durch die Krietgasse, neben den Schlachthäusern, so stark geflossen, und so hoch gestiegen, daß es über das zimlich hoch gemachte Mäurlein vom Saal-Thor an gegen die Zugbrükke des
Schlosses geflossen, und den weiten tieffen Stadtgraben daselbst
erfüllet hat. Dergleichen Ausfluß des Saalstroms bey Mannes
Gedenken nicht gesehen worden ist. Denn das Wasser des
Saalstroms, seines rechten und linken Arms, war über und über
der Ober- und Unter-Aue, und man sahe nichts als lauter Woge-
wasser, und dasselbe gieng von einem Fusse des Berges zum
andern, vom Steinborn bey Wenigen-Jena zu dem Hundesbühl,
im Campo Philos. und in Lerchenfelde. Mehr und Eltere Exempel
suche unten in 26. und 29. Cap.

81   In Wettersnoht A.C. 1577. den 16. Jul. war ein groß Ungewit-
ter zu Jena und schlug unter der Frühpredigt in den Michaelis-
Thurm, und durch das Kirchdach an dreien Orten, Item durch
das steierne Gewölbe in die Orgel, Item den Draat am Zeiger
etlichemahl entzwey vid. Valent. Rudol. Zeitbuch, und M. Adam
Rempius in Calend. Sax. p. 197. Infolgenden 1578. Jahr wurde die
Academia wegen der Peste nach Salfeld gelegt. A.C. 1605. am XI.

Sontag Trinitatis, 6. Aug. Frühe zwischen 5. und 6. Uhren schlug das Wetter in die Collegen Kirche durchs Dach gegen den Predigstuhl, GOTT Lob ohne Anzündung, hernach A.C. 1617. 19. May. schlegt das Wetter die Spitze mit den Knopfe und Wetterdach von dieser Collegen Kirchen.

In Theurung- und Hungers-Noth. Mangel ist wohl ehemahls eingerissen, und hat eine grosse Theurung- und Hungersnoth versursachet. In Cupreo Seculo: Da die Kipper und Wipper oben schwebeten, ist A.C. 1622. ein Pfund Fleisch ümb einen Kupffer- ___82 Gülden verkauffet worden. A.C. 1623. da schon im vorigen Jahre das Kupffer-Geld war abgesetzet worden, galt ein Jenischer Scheffel Korn acht Meißnische Gülden, ieden fl. zu 21. Groschen gerechnet. A.C. 1640. wurde fast aller Vorraht an Korn und Wein theils von den Schwedischen und Frantzösischen Völkern ümbsonst genommen, theils von ihren Marketändern üms Geld abgeholet, also, daß nach ihrem Aufbruch bei Salfeld, der Scheffel Korn zu Jehna ümb 6. fl. und der Eimmer Landwein ümb 10. fl. und drüber, ist verkauffet worden.

Hingegen ist in dem 1658. Jahr, vor und hernach, eine wohlfeile Zeit gewesen, also daß der Jenische Scheffel Korn ümb 16. 17. 18. 20. Groschen, Weitzen aber ümb 26. 30. Groschen ist verkauffet worden. A.C. 1671. hat der Jehner Weizen 28. Groschen, das Korn 18. Groschen, die Gersten 13. Groschen, Hafer 11. Groschen gegolten.

In Pest- und Sterbens-Noht. Ob gleich eine gesunde Lufft ___83 die Stadt Jena anwehet, und natürlicherweise die bösen Dünste vertreibet, dennoch durch Gottes Verhängnüß haben die hitzigen anstekkenden Fieber und flekkenden Seuchen etzliche mahl eine grosse Pest und Sterben verursache, nehmlich A.C. 1603. 1612. 1626. 1630. 1636. in diesem Jahre sind 691. Einwohner, ohne die armen fremden Pilgrim und vertriebenen Leute aus Franken, allhier gestorben. Sonderlich A.C. 1578. daran die Universität aus Jena nach Saalfeld ist versetzet worden, und daselbst verblieben vom 1. Aug. biß A.C. 1579. 9. Martii.

In Kriegsnot. Was von 1618. bis 1650. (denn so lang hat das im Königreich Böhmen entsponnene Kriegswesen gewäret und getobet in Teutschland) vor einen unüberwindlichen Schaden von Durchzügen, von Einquartirung, von Brandschatzung, von ___84 Steurn die armen Leute, wie auch wir alhier erfahren und erlidten, das ist Stadt-ja Weltkündig, und ist zu beklagen, daß A.C. 1637.

den 5. Febr. am Sontage Septuagesimæ, die in Kaiserl. Fridens-
schlusse auf- und angenommene, von Schwedischen Troppen
unter Stahlhansen verlassene, und angelweit offenstehende Stadt
Jehna, von Graff Johann Götzen, Kaiserlichen und Beierischen
Feldherrn, überfallen, fast biß in dritten Tag preißgegeben und
geplündert, auch der Kirchenvorraht, an Getreide und Wein,
weggenommen wurde.

Das Sechste Capitel.
Von der Stadt Jena Patronen.
Nach den Patronen ist die Stad Jena
zu betrachten:

Und zwar unter dem verfinsterten und wieder erleuchteten
Christenthum.

Under dem verfinsterten Christenthum oder Pabstthum ist
85   neben dem wahren, ewigen, dreyeinigen Gott bald ein erschaffe-
ner Engel oder Frongeist, bald ein verstorbener heiliger Mensch
zum Patron und Schirmer der Stadt Jena aufgeworffen, und ihm
ein Altar, eine Capelle, ein Kloster, eine Kirche zu Ehren erbauet,
und er darinnen üm seinen Schutz und Schirm angesprochen und
angeruffen worden.

In der Ringmauer sind zwey Klöster, und darben zwey Kirchen oder Tempel, ein Münchs-Kloster in der Brüdergassen, und
ein Nonnen-Kloster auf dem Kreutze noch anzutreffen: Jenes ist
von undenklichen Jahren erbauet in der Ehre der H. Jungfer und
Gottes gebehrerin Maria, des Apostels Pauli, und Dominici, eines
vermeinten Heiligen und Stifter des Prediger-Ordens, und hernach A.C. 1286. von Graff Albrechten zu Arnshag, Herrn zu
Luchtenberg erneuret worden: Dieses aber ist erbauet worden in
86   der Ehre Michaelis, des heiligen Ertz-Engels, von Graf Herman
und Albrechten, Gebrüdern zu Arnshag, Herren zu Lobdeburg,
genant von Luchtenburg, mit Willen LandGraff Albrechts zu
Thüringen, welcher A.C. 1287. in die Regierung getretten ist, oder
vielmehr erneueret und erweitert, denn, wie oben im Vierden
Capitel ermeldet, ist schon A.C. 1004. p. 59. in Jena berühmt
gewesen die Adeliche Aptey und Nonnen-Kloster zu S. Michal in
Jena.

In den Vorstädten sind ein Kloster, eine Kirche oder Tempel,
und drei Capellen gewesen, und theils auch noch.

Das Kloster vor dem Lobderthor, so weiland A.C. 1382. gerechnet worden ist zum Johannesthor, ist in der Ehre des heiligen Creutzes und aller Heiligen A.C. 1214. erbauet worden. Dieses hat Mathæus von Moncado, Kaiserlicher Kriegsoberster und Commendant in Jena A.C. 1462. 12. April lasen einreissen und von Bauholtze Pallissaten machen. Aber A.C. 1669. hat der Rath zu Jehna das Mauerwerk zum Theil abgetragen lassen, und davon einem Gasthoff angeleget, Zum gelben Engel genant. 87

Die Kirche oder Tempel vor dem Johannesthor ist berühmet von undenklichen Jahren, und in der Ehre Johannis des Täuffers erbauet, und darinnen der Altar Andreæ, Bartholomæi, und Frohnleichnams des H. Christi, mit Seelmessen vor die noch lebenden, und vor die schon Verstorbenen versehen worden.

Die erste Capelle vor dem Saalthore bei den Brüder- und Studenten-Spittel ist in der Ehre des H. Geister, und aller Heiligen, insonderheit des Nicolai, vom Rath zu Jena A.C. 1319. gestifftet worden.

Die andere Capelle vor dem Zwetzenthore bei dem Siech-Spittel ist in der Ehre des H. Apostels Jacobi des grössern, von Nicolao Theurkauffen, einen Jenischen Bürger, gestifftet und Er nach seinem Todte darein begraben worden. 1482.

Die dritte Capelle vor dem Saalthore, bei dem Weiber-Spittal und Schlachthause, ist in der Ehre der H. Jungfrau und Mutter Gottes Maria, der beiden Aposteln, Petri und Pauli, und Marien Magdelenen, von Conrad Steinen, beider Rechten Doctoren, Domherren zu S. Marien und S. Seuern in Erfurt, bürtig auß Jena, A.C. 1505. gestifftet worden. 88

Aus den Stifftungen dieser Klöster, dieser Kirchen, dieser Capellen erscheinet Sonnenclar und war, daß die Patronen und Schutzherren der Stadt Jena vor alters und unter dem verfinsterten Christenthum, oder Pabstthum, dem umbgekehrten Heidenthum, sind unterschiedne verstorbene Heiligen, von Mannes und Weibes-Bildern gewesen: insonderheit der H. Ertz-Engel Michael, dessen Bildnüß der Rath in Ihren Insiegel führen. Suche mein Annales A.C. 1496. nach dem Exempel und Beispil der Stadt Ordruff in Thüringen, welche auch den H. Ertz-Engel Michael zum Patron und Wapen erwehlet hat, so wol des Ordens, genannt Ordo militiæ Jesu, welche zum Ordens-Zeichen fület das Bild Michaelis in einem grünen Mantel, über dem Häupte dieser Schrifft: Quis sicut Deus: das ist: Wer ist wie GOTT? an der Brust 89

ein Kreutz, in dessen Mitteln der Nahme Jesus. Und das Michae-
lis-Bild führen nur die grossen Ritter, die andern führen zwey
kreutzweise gelegte Schwerdter, eines mit einer vergüldeten, das
andere mit einer versilberten Handhabe, darüber eine Hand mit
einer güldenen Krone oder Krantze, und darüber diese Schrifft:
Legitime certanti das ist: Dem rechtmäßigen Streiter gebühret die
Krone oder Krantz, vid. Joh. Limnæus. Tom. II. Iur Pub. lib. 6. c. 2.
n. 76. p. 83. König Ludwig II. in Frankreich hat A.C. 1469. den 1.
90   Aug. den Ritterorden Michaelis des H. Ertz-Engels eingesetzet
anzudeuten, daß derselbe mit dem H. Dionysio des Reichs und
Landes Patron sein sol. Ibid. num 30. p. 42.

In diesen, wie auch in andern unzehlichen Stükken, sind die
abgöttischen und abergläubischen Leute im Pabstthum gleich
worden den Heiden, welche sonderliche Land-Stadt-Haus-
Patronen erdacht und gemachet haben, als da waren bey den
Atheniensern Apollo und Minerva: bey den Thebanern Liber und
Hercules: bey den Chartaginensern Juno, die sie mit Menschen-
blut verehreten: bey den Cretensern Diana, die sie Britemartem
nenneten: bey den Römern Mars, wiewohl diese für eine Sünde
hielten, wenn sie den Nahmen ihres Patrons, Schirmers und
Schützers solten offenbahren, auf daß derselbe nicht aus gebeten
und ausgeruffen würde von ihren Feinden. Hirvon handelt weitläuffig Alex. ab Alexandro I. 6. Genial. dierum. c. 4. p. 326. 327. In
91   heiliger Schrifft finden wir ein Exempel an den Jebusitern, als sie
vom Könige David hart belägert wurden, satzten sie die Bilder
ihrer Götter und Götzen auf die Mauren, in Meinung und Hoffnung, dieselben würden die Belägerer bald abtreiben, und die
Stadt wider sie beschirmen, 2. Sam. 5. v. 6.

Unter dem erleuchteten Christenthum oder Lutherthum ist
allein der Allmächtige und Allgnädige GOTT der Stadt Jena Patron und Schutz-Herr. Denn ob gleich noch in derselben solche
Klöster, Kirchen und Capellen sind: Jedoch werden in diesen
allen die erschaffenen Engel und verstorbenen Heiligen nicht
angesprochen und angeruffen als Patronen und Schutz-Herren.
Wir sein gleich hierinnen denen von Straßburg, die liesen im Pabstthum eine solche Müntze prägen: auf einer Seiten das Bild S.
Marie, unter Ihren Füssen das Stad Wapen mit der Uberschrifft:
Urbem, virgo, tuam serva: auf der andern Seiten, einen Apfel mit
92   dem Creutze und darbei: diese Schrifft aureus Urbis Argentinæ
nummus. Aber in Christlichen-Lutherthum ist diese Schrifft zule-

44

sen: Urbem, Christe, tuam serva. Limnæus tom. 3. Iur. Publ. 7. c. n. 15. Uber das, ob gleich der Rath allhier in seinem Insiegel führet den ErtzEngel Michael, abgebildet theils mit ausgebreiteten Flügeln, ümbgeben mit Wein-Reben, theils über den Häupte mit einer zwei Thürmichten Kirchen, und unter den Füssen mit einer gekrümmeten Schlangen: Jedoch wird dardurch nicht mehr verstanden der erschaffene Ertzengel Michael, viel weniger derselbe als ein Patron und Schutz Herr der Stadt Jena angeruffen: Sondern der unerschaffene Ertz-Engel Jesus Christus, der ist der Ertz-Engel oder Ertz-Gesandter seines H. Vaters zu uns Menschen, und demselben gleich in Wesen, in Willen, in Werken. Der ist der Engel des grossen Raths. Jes. 9, 6. Der ist der Engel des Bundes, Malach. 3, 2. Der breitet die Flügel seines Gnaden _93_ Schutzes über die Stadt Jena, und beschirmet sie. Der segnet den Weinbau ümb die Stadt Jena, und bescheret darzu die Sonne und Regen, die Wärme und Feuchte seines Seegens, der machet die Stadt Jena und die Christgläubigen Einwohner zu seinen Tempel und Wohnhaus, der zertritt den Satan und seines Helffers-Helffer mit den Füssen seiner Göttlichen Allmacht, daß sie der Stadt Jena nicht schaden können. Kaiser Constantinus M. lies in der eingenommenen Stadt Bizanz, die von Ihm Constantinopel genennet wurde, sein Bildnis auf den Constantinimark aufrichten, das führet in der rechten Hand einen güldenen Apfel mit einem Creutze und darein diese Schrifft: Tibi, Christe, deus verbum hanc urbem commen, das ist: Dir Christe, Gott dem Worte: befehl ich diese Stadt: Ex Nicephoro Middend de Acad. part. 1. lib. 2. p. 379. Wir Wollen die Bettwort auf unser Jena ziehen, und solche dem _94_ HERRN Jesu Christo, Gott und Menschen in seinen Gnadenschutz befehlen.

Aber von der Auslegung des Insiegels der Stadt Jena wollen wir ausführlicher handeln in meinem Buche Magistratus Ienensis genant.

Das Siebende Capitel.
Von der Stadt Jena Lage.
Nach der Lage ist die Stadt Jena
zu betrachten:
Und zwar gegen den Himmel, und gegen der Erden.

Gegen den Himmel zu rechnen, ist die Lage der Stadt Jena die Länge neun und zwantzig, und in die Höhe ein und funffzig

Grad, und ein sechstheil, wie solche Ausrechnung der Lage unlängst mir zuschikkte der seelig verstorbene Mathematum Professor allhier, Herr Heinrich Hoffmann. Mit ihme stimmet überein unter andern M. Wolfg. Heider vol. 2. orat. 27. pag. 1152. M.
Andreas Reiher, in Margarita seu Synopsi Philosophica disp. XI. thes.
193. p. 532.

95

Die Lufft über und ümb die Stadt Jena ist in Winter nicht all-
zufrostig, im Sommer nicht allzuhitzig, im Frühling und im
Herbst nicht allzufeuchte und trokken, sondern temperiret und
fein gemäßiget, heilsam und gesund, daß sie auch übertreffen
solte die berühmte Lufft zu Ecbatana, da die Könige in Persien
Sommern: Wie sie zu Susis Wintern: nach Athenæi aussage, oder
zu Almerino, da die Könige in Portugal, zu Ambaxia, da die Kö-
nige in Frankreich, zu plindenburg, da die Könige in Ungern, zu
Madrit, da die Könige in Hispanien sich pflegen in Sommer auf-
zuhalten, und zu erlustiren, vid. Caspar ENS in deliciis Apodem: per
Hispan. p. 89. per Galliam p. 61. per Germaniam part. pag. 12. Die
Stadt Bloiß sol in gantz Frankreich die gesundeste Lufft haben.
Sigsmund von Birken im Reißbuch Margg. Christian Ernst zu
Brand. cap 5. P. 93.

96

Solche gesunde Lufft verursachen nechst Göttlicher Vorsor-
ge die Winde, welche kreutz- oder querweise die Stadt Jehna an-
wehen, von Morgen gegen Abend, aus dem Bürgelthal gegen das
Mühlthal, von Norden gegen Sud, von Dornberg über Jena nach
Kahle, und deswegen die aus dem Saalstrohm aufsteigende Nebel
und Dünste leicht zertheilen, und die sonst anderswo entstehen-
den flekkenden und anstekkenden Seuchen verhüten können. Sie
wehen und drehen zwar nicht allezeit, sondern zu gewisser Zeit.
Demnach übertrifft die Stadt Jena die Stadt Gonoessa in Aetolia,
welche von stetswehenden Winden angefochten und angefeindet
wird, wie solches von ihr schreibet Seneca in Troade: An carens
nunquam Gonoessa vento. Und die Gegend um die Stadt Vicentia
in Welschland; den A.C. 1560. hat Franciscus Tridenteus in seinen Vorwerk unweit der Stadt lassen Künstliche Winde zuberei-
ten. Georg Gradiz und sein Revisor. Nicolaus Bassæus in Deliciis
Ital. p. 282.

97

Gegen der Erden zurechnen ist die Lage der Stadt Jena lustig
und lieblich, gesund und heilsam, trächtig und fruchtbar. Ob sie
gleich nicht ist wunderbar: wie zu Narnia eine Stadt in Welschland am Fluß Nar. vorzeiten sol daselbst eine Erde zu finden

gewesen sein, welche von der Dürre zu Kohte, und vom Regen zu Staub worden. Sigm. von Birkken in Itinenario C.E.M.B. cap. 8. p. 158.

Lustig und lieblich ist die Gegend ümb Jehna, wegen der Weinberge, wegen der Wiesen, wegen der Gärten, und sonderlich wegen der Spatziergänge oben an den Hügeln, und unten auf der Ebenen, in dem Weidichte der Ober- und Unter-Auen. Als der Römische Kaiser Carolus V. A.C. 1547. den 25. Junii, mit dem in der Schlacht bey Mühlberg an der Elb gefangenen Churfürsten, Herrn Johann-Friederichen zu Sachsen, und mit dem, ich weiß ___98 nicht wie, überkommenen Landgrafen Philipp zu Hessen, bey Jehna vorüber zoge, verwunderte Er sich über die sehrlustige Gegend, und sagte: Sie kähme Ihm vor, wie die anmutige Gegend der Stadt Florenz in Herturia, einer Landschafft in Welschland.

Italia wird genennet das Paradiß in Europa, Aquitania wird genennet das Paradiß in Frankreich, Austria oder Oestereich wird genennet das Paradiß in Teutschland, (vid Thomas Lansius, orat. de principatu German. p. 57. 135. 650.) Padua wird genennet das Paradiß der Welt von Kaiser Constatino Palæologo beim Rhodagino. Turonum wird genennet das Paradiß oder Lustgarten in Frankreich: Petrus Eisenberg in Reißebuch p. 280.

Die Halle in der Domkirchen zu Magdeburg wird genennet das Paradieß. Autor Anonymus in Beschreibung der Domkirch A.C. 1671. getrukt auf Kosten der Costodien daselbst. Unser Jena ___99 kan genennet werden das Paradiß in Thüringen, wie denn das nechste Weidicht und Spaziergang auf dem neuen Bau am Saalstrom vor dem Lobder- und Nau-Thor annoch genennet wird das Paradiß.

Es ist ein gemein Sprichwort: Wen Gott lieb hat, dem bescheret er ein Hauß und Nahrung zu Hispal, oder Sevillen, einer Hauptstadt in Hispanien, vid. Caspar Ens in deliciis Apod. per Hispan. pag. 87.) Dieses Sprichwort ziehe ich auf unser Jehna: Wen Gott lieb hat, dem bescheret er in Jena ein eigenes Haus und Notdürftige Nahrung. Ich hause und wohne, nach Gottes gnädiger Schikkung und Segen, in Jena, und lasse einen hausen und wohnen zu Orgelien, einer Stadt in der Graffschafft Burgund, darbei sind Felder ohne Graß, Flüsse ohne Fische, Berge ohne Holtz Merula part 2. l. 3. c. 47. fol. 500 Mart. Zeiler in Itinerario Gall. c. 6. p. 448. Es sind Sprüchwörter: Wenn Nürnberg mein wäre, so ___100 wolte ichs zu Bamberg verzehren: Wenn Frankfurt mein were, so wolt ichs zu Meinz verzehren: Wenn Leipzig mein were, wolt ichs zu Freiberg verzehren: Wenn Naumburg mein were, so wolt ichs zu Jehna verzehren. vid. Agricola im Buch von Sprüchwörtern num. 345. p. 195.

Gesund und heilsam ist die Gegend ümb Jena, denn wo frische Lufft wehet, wo lustige Spatziergänge sich eignen, wo guter Wein, Getreide, allerlei Obst und Früchte zur Noht und Freude wachsen, da kan nichts anders, als eine gesunde und heilsame Gegen sein, und haben die Ein- und An-Wohner nicht Ursache früe und spät sich inne zuhalten wegen der ungesunden Lufft, wie heute zu Tage die Bürger zu Rom, welchen ihr Artzt Alexander Petronius gerahten, weder allzu frühe, noch allzu späte wegen der ungesunden Lufft, auszugeben. vid. Lansius in Consultat p. 713. Es ist keine gesündere Stadt in Italia als Croton, davon das Sprich-
101 wort gemachdt ist: Crotone salubrius. Vid Erasmus in Chiliadibus. Es ist keine gesündere Lufft in Frankreich als zu Bloiß. Caspar Ens in Deliciis Gall. p. 61. Wir sündigten garnicht, wenn wir gleich sagten: Es were keine gesündere Stadt in gantz Thüringen, als Jena: Dahin die Hertzogen zu Sachsen in Sterbens Leufften Ihre Fürstliche Regierung oft gelegt haben, unlängst A.C. 1635. und Chur-Fürst Johannes zu Sachsen hat die Universität aus Wittenberg nach Jena verlegt. A.C. 1527. so wol Churfürst Johan Friederich, sein Sohn und Nachfolger A.C. 1535. dessen Söhne, Joh. Friederich II. Joh. Wilhelm und Joh. Fried. III. haben hernach A.C. 1548. 19. Mart. ein prædagogium Provinciale oder Landschule, endlichen A.C. 1558. 2. Febr. ein Studium Generale oder Welt-Schule eingeführet.

Trächtig und fruchtbar ist die Gegend ümb Jena, die Ahräk-
102 ker bringe allerley Getreide, die Berge bringen allerley Weintrauben, die Gärten bringen Obst-Früchte, die Länder bringen allerley Kräuter und Wurtzeln, nicht nur zur Nohtdurfft, sondern auch überflißig, und werden von Jehna aus der Wein, der Meerrettig, die Nüsse, die Zwetsche oder Pflaumen weit und breit weggeführet, und viel Geld daraus gelöset. Boterus in Relat. Univ. part. 2. lib. 1. schreibt von Frankreich, daß es vier Magnetes oder Eisensteine habe, welche das Geld aus andern Ländern an sich zögen, als Wein, Saltz, Getreide und Hanff. Dannenhero sagte König Ludwig XI. in Frankreich, mein Reich ist wie eine grünende und blühende Wiesen, welche ich abmäden und genissen kan, so oft ich nur wil. M. Joh. Saubertus part. 2. Simeonswagen, pag, 676. 687.

Ob gleich Jena kein Saltz, kein Getreide, keinen Hanff verkauffen kan, iedoch hat sie andere vier Magneten, daraus sie ihren Noht- und Nehr- ja ihren Zehr- und Ehr-Pfenning lösen kan, als Wein, Meerettig, Nüsse und Zwetschen, und kömmet wöchentlichen <u>103</u> zweymahl auf den Mark so viel Getreide zu verkaufen, daß Jena der Voigt- ObertLänder Scheune und Korn-Markt genennet wird.

Campania wird von Luc. Ann Floro (lib. 1. Cap. 6.) gerühmet, das sie Jährlich zweimal Blumen bringe: und Joh. Mayr in Epitome Chron. p. 21. gedenket einer Insul in America den Hispaniern unterworffen, das darinnen Jährlich dreimal die Erdfruchte und das Baum Obst reiff wurden. Wir zu Jena sind gar wol begnügt mit einer Ernde durch Gottes Seegen.

Das Achte Capitel.
Von der Stadt Jehna angränzenden
Ländern, insonderheit von Thüringen, in
welchem sie lieget.
Nach den Gräntzen ist die Stadt Jena
zu betrachten:

Sie liegt in Europa, welches ist der wolerbauste vierte Theil des Erdkreises: Die andern drei Theil heissen Asia, Africa, Ame- <u>104</u> rica: Sie ligt in Teutschland, welches ist das Hertz und die Seele des Europæ, sie liegt in Thüringen, welches ist das Eiter, Zitz und Schmergrube des Teutschlandes. Sie ist gleich im Mittel und Wechsel des West- und Ost-Thüringen, welche beyde der Saalstrohm und Grund von einander scheidet; Hat weiland gehö- ret in das Marggrafthum Osterland oder Ost-Thüringen, nun- mehro aber in das Landgrafthum Thüringen, nach Anweisung erstlich der Landes Erörterung und Abtheilung von A.C. 1379. 1445. 1485. Ferner der Aufgebot und Muster-Register von A.C. 1482. 1485. Uber das des Beitrags von A.C. 1485. zwischen Chur- fürst Ernsten und Herzog Albrechten zu Sachsen, da es aus dem Osterländischen Meißnischen Haupttheil genommen, und zum Thüringischen Weinmarischen Haupttheil geschlagen worden ist.

Demnach ist Jena eine Stadt in Thüringen, welches Land <u>105</u> gräntzet gegen Ost und Aufgang mit Meissen und Pleissen, gegen Sud und Mittag mit Meran oder Vogtlande, gegen West und Abend mit Francken und Hessen, gegen Nord und Mitternacht mit Sachsen. Derer Länder wir in diesem und nachfolgenden Capiteln ordentlich und kürtzlich gedenken wollen.

Thüringen ist ein gut Land, und die Güte des Thüringerlandes erscheinet aus Ihren Gütern, welche darinnen zu finden, und sich von den Buchstaben W. anfangen: Wachs, Wayd, Wald, Wasser, Weyden, Wein, Werk, Weitzen, Wiesen, Wild, Wolle, Würtze, Thüringen ist vor Alters ein Königreich gewesen, und hat anfangs einen Stern, oder ein Rad, ohne Schienen, umbgeben mit Pfauenfedern, geführet: Hernach als es die Fränkischen Könige unter sich gebracht, sind sein Wappen worden sechs gelbe Lilien im Himmelblauen Felde, und das erwehnte Rad über dem Helm. M. Petrus Albinus in Albo Sax. p. 302. 464.

106   Zu Zeiten der Römischen Kaiser aus dem Witikindischen Sachsen Stam, nemlich Heinrici I. Aucupis, Ottonis I. II. III. und Heinrici II. Sancti oder Claudi, ist Thüringen nach der Sonnen Lauf und der vierhaupt Winden Strich ein- und abgetheilet worden in Ost-Thuringen, in welchem Leipzig, in Sud-Thüringen, in welchen Erfurt, in West-Thüringen, in welchem Cassel, in Nord-Thüringen, in welchem Magdeburg ligt, wie solches vermeldet M. Wolff Heider, vol. I. orat. 6. p. 364. vol. 2. orat. 26. pag. 1119. insonderheit Marcus Wagner im Buche vom alten Königreich Thuringen.

Die Lage des Heutigen Thuringen mahlet Gregorius Schindler in Manuscripto Chronico abe als ein Menschenbild, dessen Haupt ist Wartburg bei Eisenach, die rechte Hand Elgersburg, die linke Hand Ebersburg, das Hertz Weissensee, die Füsse Eccardsberg. Es sol in sich begreifen 12. Graffschafften, und 12. Gefürstete

107 Apteyen, 150. Schlösser, 144. Städte, 144. Markflekken. vid. M. Joh. Frentzel, in Synopsi Geographica part. 1. p. 82. Mich. Neander in Geographia part. I. pag. 68. Beiden ist zu wider Petrus Bertius in Geograph. Tabell. I 2. p. 375. und zehlet nur 140. Städte, hingegen 250. Schlösser, Wandersleben ist das Centrum und der Mittelplatz im heutigen Thüringen, und Erffurt die Hauptstadt, welche der gemeine Mann das gantze Land nennet. Umb dieselbe, auf vier Meilen gerechnet, ligen 26. Städte, und 400. Dörfer, derer Einwohner können auf einen Tage nach Erffurt zu Markte gehen, und wieder anheim kommen. Wie solches ausgerechnet und abgezehlet hat M. Wolffg. Heider. Vol. 2. Orat. 28. p. 1212. Suche mein Thuringiam antiquo-novam lib. 1. cap. 5.

Das Thuringerland hat sich A.C. 220. unter ihrem Könige und Heer-Fürsten Hoier, Hogerle oder Henrole dem Ersten dieses

108 Nahmens, erstrekket vom Hartzwald biß an den Maynstrohm,

und vom Thüringischen Saalstrom biß an den Rhein. Ihr letzter König aus Thüringischem Geschlechte und Geblüte ist gewesen Hermanfried, welcher A.C. 524. umbgekommen ist, wie oben im 3. cap. §. Die Thüringer, p. 71. zu finden und zu lesen ist.

Von A.C. 524. haben die Fränkischen Könige über das Thüringer Land geherrschet, und weil sie auch endlich das Römische Reich oder das Teutsche Kaiserthum darzu erlanget, so haben sie und ihre Nachfolger darüber underschiedene Oberkeiten und Landpfleger gesetzet, und genennet:

Etzliche Hertzogen zu Thüringen: der letzte gewesen Burchard, Hertzog zu Thüringen und Hessen, welcher A.C. 916. in der Schlacht bey Eisenach umkommen ist.

Etzliche Verwalter und Voigte, Vicarios, Vitzthume, Vice-Dominos zu Thüringen, der erste ist gewesen Otte Herzog zu Sachsen, Kaiser Heinrichs des Ersten und Voglers oder Finklers 109 Vater, von seinem Schweher dem Kaiser Arnolff verordnet A.C. 919. zum Verwalter und Schutz-Herren des ThüringerLandes.

Etzliche Margraffen zu Thüringen, darunter ist berühmet Eccardus I. der sich A.C. 987. einen Marggraffen zu Thüringen und Meissen, aus Vergünstigung seines Ohmens des Kaisers Ottonis des dritten, geschrieben, Stad und Schloß Eccardsberg erbauet, und im 80. Jahre seines Alters erstochen, und in unsern Jena begraben ist, A.C. 1002. so wol Ecberdus der Erste, der sich einen Marggraffen zu Sachsen, Thüringen, und Meissen geschrieben, und A.C. 1098. gestorben ist.

Etzliche Pfaltz-Graffen zu Thüringen: Johannes, Pfaltz-Graff zu Thuringen, hat unter Kaiser Heinrich dem ersten, der Feld-Schlacht bei Merseburg wieder die Hungern A.C. 935. so wol dem ersten Thurnier und Ritterspiel zu Magdeburg A.C. 938. 110 beygewohnet. vid. Ruxner in Thurnierbuche, fol. 14. 30. Es ist aber die Pfaltz Thüringen auf Lauchstet und Merseburg gestifftet, die Pfaltz Sachsen aber auf Alstedt. Vid. Wolff. Heider, vol. 2. orat. 26. p. 1129. der Autor oder Meister des Sachsenspiegels lib. 3. Artic. 62. nennet wohl fünff Pfaltz-Städte, 1. Grona. 2. Werlitz. an iezto Goßlar. 3. Walhausen. 4. Alstedt. 5. Merseburg.

Etzliche nur bloß Graffen zu Thüringen. Der Erste ist gewesen Graff Ludwig, wegen seines langen Barts Barbatus genant, zu Thüringen und Hessen, bürtig nicht aus dem Stam der Graffen zu Wethin, wie Cruger in Catalogo Mille Virorump. 180, setzet, sondern aus dem Stam der Herzogen zu Orleans in Frankreich, stirbt

A.C. 1039. Viel gewisser A.C. 1055. Reisner in Geneal. Imp. Roman. fol. 140.

Sein Sohn ist Ludwig der Springer, ein Erbauer des Klosters
111 Reinhartsbrun, stirbt A.C. 1123. Sein Neffe ist Ludwig der dritte
Graff, aber der erste Land-Graff zu Thüringen, und Hessen, wie
itzt folgen wird.

Etzliche Land-Graffen zu Thüringen und Hessen: Kaiser
Lotharius der Sachse und Spieler genant, wegen seiner Heimath
und Liebe zum Bretspiel, dieses Nahmens der Andere, Graff zu
Supplinburg, Edler Herr zu Querfurth, hat A.C. 1130. seinem
Eidam, Ludwig den III. Graffen zu Thüringen und Hessen, zum
ersten Landgraffen in beiden Provincien und Ländern gemacht,
und Ihm zwölff Grafen, als Lehnleute zugegeben: Nehmlich die
Grafen 1. zu Orlamünd, 2. Kefernburg, 3. Brandenberg, 4. Mühlberg, 5. Grumbach, 6. Ziegenhain, 7. Querfurth, 8. Henneberg, 9.
Hohnstein, 10. Anhalt, 11. Schwartzburg, und 12. Stollberg, wie
sie also erzelhet Joh. Binhart. lib. 2. Chron. Thur. p. 124. M. Cyriacus
Spangenberg aber in Chron. Querfurt. lib. 2. cap. 38. p. 222. ge-
112 dencket ihrer nur zehen, und sollen diese seyn, 1. Schwartzburg,
2. Gleichen, 3. Orlamünd, 4. Weinmar, 5. Kefernburg, 6. Mühlberg, 7. Brandenberg, 8. Beichlingen, 9. Linderbich, 10. Lobdeburg. Aber im Adelspiegel part. 1. l. 10. c. 18. fol. 308. sagt Er
zwar von 12. setzet aber ausdrücklich nur 10. als 1. Gleichen, 2.
Kirchberg, 3. Beichlingen, 4. Kevernburg, 5. Brandenberg, 6.
Weinmar, 7. Orlamünda, 8. Schwartzburg, 9. Molberg, 10. Altenberge x. Es ist aber zuwissen, das Weinmar keine eigene Graf-
schafft, sondern nur eine Herrschafft der Orlamündischen
Graffschafft gewesen ist, so wol Altenberga, nur ein abgetheilter
Sitz der Burggrafen zu Kirchberg. Ferner vermeldet er, daß die
Edlen von Vargila zum Schenken, die von Schlottheim zum
Drukkseß, die von Ebersberg zum Marschalk, die von Vanre zum
Kämmerer, die von Kirchberg zum Burggraffen, Ihme, dem neu-
en Landgrafen, wären zugeordnet worden. Es schreibet M. Wag-
113 ner in lib. vom Auszug des Tanglischen Geschlechts lit. X. 1. daß
in Nahmen des Adels damahls das Wort geführet haben Wilhelm
von Varila Schenck, Dieterich von Spitznasen, Friedrich Tangel,
Werner von Seebach.

Ebersberg ist weiland eine Graffschafft gewesen, für der
Rhöne. Und die Ebersberger sind der vier Gränz-Herrn einer,
welche Pipinus Königs Caroli M. Vater zu Schirm-Herrn des

52

Landes zu Hessen gesezet: Ihre Nachkommen führen des wegen in Wapen eine weiße Lilien in braunen Felde. Demnach sind sie unterschieden von den Ebersbergern, in Thüringen, Marschalk genand, die führen zwo Tuchscheren in Ihren Wapen, Spangenberg Adelspigel part. 1. lib. 10. c. 15. fol. 281. Diese vier Grentz-Herrn sein gewesen, die von Wittgenstein, 2. Die von Wallenstein, 3. die von Reichenbach, 4. Die von Ebersberg. Idem ibid. fol. 300. b.

Joh. Becher in Chron. Thur. pag. 230. setzet auch zwölff 114 Lehngraffen, und die sind in solcher Ordnung, 1. Henneberg, 2. Anhalt, 3. Querfurt, 4. Schwartzburg, 5. Orlamünd, 6. Kefernburg, 7. Molberg, 8. Hohnstein, 9. Stollberg, 10. Ziegenhain, 11. Brandenberg, 12. Grumbach.

Der letzte Landgraff zu Thüringen und Hessen aus diesen Geschlechte ist gewesen Heinricus ein Bruder Ludwig des Heiligen, erwehlet zwar zum Römischen Könige, aber vor Ulm in Schwaben erschossen, und ohne männlichen Erben gestorben, A.C. 1248.

Nach seinem Tode hat Marggraff Heinrich zu Meissen, und Hertzog Heinrich zu Braband, umd diese doppelte Landgrafschafft zu Thüringen und Hessen lange Zeit gestritten: Jener war gebohren von Juditha, Landgraff Ludwigs des Heiligen, und Heinrichs des Römischen Königs Schwester: Dieser aber war gebohren von Sophia, Landgraff Ludwigs des Heiligen, und der heiligen Elisabeth, gebohrner Königin zu Ungern, Tochter. Ein 115 ieder wolte der nechste Erbe sein, biß sie sich endlich gütlich darein theilten, und darbey die Erbverbrüderung aufrichteten, und sich unterschiedliche Landgrafen schrieben: Jener einen Landgrafen zu Thüringen: Dieser aber einen Landgraffen zu Hessen.

Von der Erbverbrüderung, erneuert zu Naumburg an der Saale in Thüringen, A.C. 1614. den 30. Märtzen, suche im nachfolgenden X. cap. §. Naumburg.

Von Königen, Hertzogen, Marggraffen, Pfaltzgraffen, Landgraffen zu Thüringen, reden meine Annales Thuringo-germano-Jenenses; insonderheit von denen letztern, Thuringia Antiquo-nova lib. 3. cap. 1. 13. lib. 4. c. 1. 16. und mein Magistratus Jenensis.

Das Neundte Capitel.
Von angräntzenden Ländern, welche
Thüringen, und also auch die Stadt
Jehna umbkreisen.

Gegen Ost oder Morgen der Stadt Jena liegt Meissen und Pleissen.

Meissen: Meissen oder Meißnerland ist anfangs ein eigenes Königreich gewesen, welches die Böhmen und Sorben sehr geschwechet und geängstiget haben, darnach ist es ein Marggraffthumb des Römischen Reichs worden. Der erste Marggraff, so vom Kaiser Heinrich dem Ersten ist eingesetzet worden, hat geheißen Friederich, Graff Friederichs zu Wethin Sohn! Ottgrams Enkel, welcher A.C. 925 in einer Feldschlacht wieder die Wenden ist ümbkommen. Vid Reusnerus in Stirpe WitiKind. fol. 269. Hertzog Christian dem I. zu Sachsen, hernach Churfürsten hat M. Reinerus Reinecci 9 A.C. 1575 15. Aug. einen kurtzen Bericht von der Meisner anfänglichem Herkommen, Geschichten, Thaten, Veränderung der Sitten, mancherlei Herschafften, und wie sie endlich in Teutschland kommen sind, zugeschriben.

Es fleist der Bach Missa oder Meissa zwey Meilwegs unter Dresden in die Elbe, von dem Bach Meissa hat ein Forwerg, von dem Forwerk hat ein Dorff, von dem Dorff hat eine Stadt, und von der Stadt hat ein gantz Land seinen Namen genommen und bekommen.

In dem Meißnerland sind berümte Städte: Dreßden, wegen des Churfürstlichen Sitzes, Freiberg wegen der Churfürstlichen Begräbnüssen und Bergewergs; Meissen wegen der dreyen Schlösser, des Bischöfflichen, des Marggräfflichen, des Burggräflichen, davon alle drey Besitzer, der Bischoff, der Marggraff, der Burggraff, ihre Sessiones im Römischen Reich und uf Reichstagen ihre Stimmen haben. Leipzig wegen der Universität von A.C. 1409. den 4. Decembr. Und wegen der dreyen Kauffmanns-Messen oder Märkten.

Pleissen: Pleissen oder Pleißnerland hat seinen Nahmen von dem darein fliessenden Wasser, die Pleisse. Wird wohl ehemals von den Scribenten und Historicis genennet bald Sorabia, der Sorben- und Wendenland, weil solchen Strich Landes die Sorben und Wenden den Meißnern und den Pleißnern abgeschlagen und zur Wohnung eingenommen hatten, bald Libanotria, Osterlandia,

Ost-Thuringia, weil es gegen Osten und Aufgang der Sonnen gelegen, und weiland zum Königreich Thüringen gehöret hat.

Ist anfangs eine feine Graff- und Herrschaft gewesen, dessen Wapen ein aufgerichter Löwe oben gelb, unten weiß: in blauen Felde. Albinus in Albo Saxon p. 459. und hat Ditgrem Graf zu Wethin, ein Sohn Witikinds II. ein Neffe Witikinds I. Königs zu Sachsen, geehliget Bosennam, eine Gräfin zu Pleissen, und des wegen das Wapen gefüret: und ist gestorben A.C. 933. Es hat hernach A.C. 1209. Rabodus Graff zu Pleissen dem Kaiser Ottoni dem Vierden die Städe Altenburg, Laußnitz und Colditz ümb 500. Mark Silbers verkauft, als aber Albrecht Landgraff zu Thü- _119_ ringen und Marggraff zu Meissen, des Kaisers Friedrich II. Tochter Margaretham eheligte, ist die Graffschafft Pleissen an ihm gefallen, wiewohl sein Vater Heinrich sich schon einen Marggraffen zu Meissen, Lautznitz und Pleissen geschrieben, und hernach sein Sohn Friederich der Erste und Admorsus, der Gebissene genant, solche Länder wider diezwene Kaiser Adolphum Nassovium und Albertum Austriacum verthädiget hat, wie aus nachfolgenden Reimen zu ersehen ist.

> Heut bind ich auf Meissen,
> Thüringen und Pleissen,
> Unda alles was meiner Eltern ie ward,
> Gott helff mir auf dieser Fahrt,
> Als wir vor Gott recht haben,
> So reit ich wieder die Schwaben.

Vid. Chronica Thuringica Rivandri p. 380. Bangensp. 119. Bechers p. 322.

In dem Pleißnerlande sind berühmte Städte, unter andern Altenburg, aus dessen Schlosse A.C. 1455. den 7. Jul. am Kilians- _120_ Tage ChurFürst Friederichs II. und sanfftmütigen oder versöhnlichen zu Sachsen, Ernst und Albrecht, sind entführet worden, von Cunz von Kauffungen, welcher hernach den 13. Julii des wegen zu Freiberg auff den Marke ist enthäuptet worden vid. Andr. Mollerus in Theatro. Chron. Freib. sub hoc anno, p. 93. 101.

Gegen Sud und Mittag der Stadt Jena liegt Meran und Voigtland.

Meran: Merania oder Morinia soll seinen Nahmen führen von denen Völkern, welche Reinerus Reineccius in lib. de Misnis p. 23. 24. nennet Merones, Moeones, Mennes, gleichsam Meerwohner und am Meer gesessene, die mit den Meisnern, ihren alten Nachbahren aus Mysia, einer Landschafft in Asia, in das Teutschland gezogen, und endlich in diese Gegend ankommen sind, und darinnen eine Stad erbauet, und Meran genennet haben. Es ist aber Meran heute zutage eine kleine Stadt in der Herrschafft der Freiherren von Schönburg, zwischen Zwikkau und Altenburg, und kan man aus den Ruderibus und alten Gemäuer noch abnehmen, daß sie weiland eine grosse und feste Stadt mus gewest sein, und hat in der Böhmischen Landtafel vorne angestanden: Den sie ist Böhmischer Lehn.

Der erste Hertzog zu Istria und Merania ist gewesen Rapoldus, Kaisers Arnulphi natürlicher und unächter Sohn, wie es vermeldet D. Christian Matthiæ in Theatro histor. p. 854.

Meran ist weiland gewesen ein langer Strich Landes, von dem Fluß Orla an, durch das heutige Voigtland und Baierland, Tyrol und Hesterreich, welchen der Andechser Fürstenstam besessen, und sich die Herzogen zu Meran, und Marggraffen in Histerreich, oder Ernland geschrieben, und soll der letzte dieses Stams, mit Nahmen Otto, der die Stadt Hoff an der Regnitz A.C. 1230. erbauet, auff der Festung Plasssenburg vor der Stadt Culmbach, oder in dem Schloß Niddena bei der Stadt Weißmain im Stifft Bamberg von einen Edelman Hager genand, dessen Eheweib er genothzüchtiget. A.C. 1248 oder 1294. wie Schreibt Spangenberg im Adelspigel part. 1. libr. 10. cap. 8. fol. 272. sein erstochen worden, ümb dessen Land sich hernach die nechsten Fürsten Graffen und Bischöffe, wie die hunggerigen Geier, Stoß- und Raub-Vögel, gebissen und gerissen haben. M. Wolff. Heider, vol. 1. orat. 6. p. 358. orat. 10. p. 522. Insonderheit die Gefürstete Grafen zu Henneberg: die Burggrafen zu Nürmberg: die Bischoffe zu Bamberg und Würtzburg, und Graf Otto zu Orlamünd, der Groß und Erste genand, welcher des verstorbenen Hertzog Ottens zu Meran und Istria, Grafens zu Andechs Schwester Beatrix geehliget hatte, und ander ebenachtbarte Fürsten, Grafen und Herren mehr. Wie solches vermeldet M. Wolf. Cruger in Catalogo Mille Virorum p. 209. 232.

Davon ist noch übrig die weiland grose, nunmehr kleine Stadt Meran, gehörig dem FreiHerrn von Schönburg, Hr. zu Glaucha und Waldenburg: unter denen Herr Veit von Schönburg Anno Christi 1308. Die Graffschafft Hartenstein von den Burggrafen zu Meissen Erblich erkauft hat: in welcher Graffschafft

Hartenstein Lesnitz die Hauptstadt ist, wie es vermeld Georg Edelman in der Vorrede seiner Predigten über das Büchlein Ruth.

Voigtland: Vogtland ist ein Theil des Hertzogthums Meran und Andechs, und hat seinen Nahmen von den vier Voigteien, darein es sol ein und abgetheilet worden sein. Sebast. Schröter, part. 1. Chronogr. lib. 1. c. 4. p. 150. Es ist nur eine Reichs-Voigtey gewesen, aber offt in unterschiedene Linien und Stam-Häuser vertheilet worden, denn also schreibt Dresser de Urb. German. p. 124 418. Es hat sie (die Stadt Plauen im Voigland und an der Elster) bewohnet Herr Heinrich der reiche und Edle Voigt, welcher sich genennet Herren zu Plauen, Weide, Gerau und Graiz. Derselbe hat vier Söhne gehabt, welche allesammt Heinrich geheissen haben, und hat einer gewohnet zu Gera, der ander zu Plauen, der dritt zu Weida, und der vierde zu Graiz. Davon zeigt das Schloß Voigtsberg oder Voigsberg bey der Stadt Plauen, ist so viel als Blaue-Thal, welche beyde Chur-Fürst Ernst zu Sachsen im Kriege wieder Herren Heinrich zu Plauen eingenommen, und auf sein Geschlecht gebracht hat. Doch hat der Chur-Fürst hernachmals sich mit ihm abgefunden, der gestalt, daß Er, Herr Heinrich eine summa Geldes genommen, und dafür die Herrschafft Drusingen und Engelburg in Böhmen gekaufft hat, A.C. 1466. das Schloß Voigsberg sol Drusus Kaisers Tiberii Bruder gebauet haben, ums 125 Jahr Christi 7. und darauff seinen Advocatum gesetzet, und das Land darumb Voigtland genennet haben. Davon mit mehrern in der Jenischen Chronik unter dem Jahr Christi 7.

Der Nahme Voitg ist entweder Lateinisch, so viel als Advocatus, das ist ein beruffener Beystand, oder ist Griechisch, so viel als βοηδοσ, das ist, ein Helffer, denn ein Voigt wird beruffen zum Beystand und zu helffen. Kaiser Heinrich der Erste hat Cuniconem zum ersten Voigt in die von ihme erweiterte Stadt Zwikka beruffen, von welchem die itzigen Herren zu Plauen, genant die Reussen, herkommen sollen, Dres. de Urb. German. p. 537.

Die Einwohner dieser Landschafft sind weiland genennet worden Varisci, vom Teutschen Wort Wahr, denn sie in einfalt gern war geredet haben. Diesen Ursprung und desselben Ursach haben die Römischen Scribenten und Geschichtschreiber nicht verstanden, und sie deswegen genennet Nariscos, vom teutschen 126 Wort Narr, als wären sie alber und Narren gewesen. Es reden aber Kinder und Narren gern die Warheit. Sie sind schon A.C. 162. unter dem römischen Kaiser Antonino, genant Philosopho, berühmt gewesen, und haben mit andern Teutschen. Bundesgenossen wieder ihn gestritten.

In dem heutigen Meran und Voigtlande liegen die Stadt Gera, Plauen, Schlaitz, Hoff, und andere mehr, derer etzliche sich des Nahmens ihrer Vorältern schämen, und sich lieber zehlen unter die Böhmen und Franken, als unter Meran und Andechser, Nariscer und Variscer, Voigt- und Oberländer.

Gegen West und Abend der Stadt Jena lieget Franken und Hessen.

Franken: Franken hat seinen Nahmen von den dreißig tausend Franken, welche A.C. 326. der Fränkische König Clodomirus und Luitmeier zwischen die, wegen der Beute, streitigen

127 Schwaben und Thüringer, als Schiedsleute verschikket, und seinen Bruder Genebalt zum Ersten Hertzoge der Franken gesetzet, und den willig eingeraumten Strich Landes, Meingau, das ist, meine Aue und mein Land genennet habe. Es kan auch wohl seyn, daß solch Land vorhin geheissen habe Menigaudia, Meingau, von dem Wasserstrohm Meyn und von dem Wort gau oder Au. Es wird heute zu Tage noch Frankenland genennet, zum Unterschied Frankreich, weil die Fränkischen Könige ihre Herschafft aus Germanien biß in Gallien erweitert, und in diesem den Sitz ihres Königreichs versetzet haben.

Es schreibet Eginhardus, und andere, so ihm gefolgt, als Urspergensis, das ein Sprüchwort von ihnen gemacht worden: νον φραψκον φιλον εχης ψειτονα δ ογκ εχη Sihe nur, daß du einen Francken zum Freund hast, aber wüntsche dir ihm nicht zum Nachtbar. Suche mehr beim Albino in Meißnisch: Chronik tit. XII. fol. 170.

128 Heute zu Tage ist der Bischoff zu Würtzburg auch ein Hertzog in Frankenland. Denn Pipinus, der Franken König, hat A.C. 752. auf dem Reichstage zu Frankfurth dem Ersten Bischoffe Burchard, und seinem Nachfolgern, das Hertzogthum verehret, und ihme zugeordnet vier Erbgrafen, den von Henneberg zum Marschalch, den von Reinekk zu Truchseß, den von Castel zum Schenken, den von Wertheim zum Kämmerer. Dannenhero ist der Bischoff zu Würtzburg ein Geistlicher und ein Weltlicher Herr, und hat seines gleichen nicht im Römischen Reiche. Wie er

denn im Siegel führet diesen Vers: Herbipolis sola judicat ense: stolæ und wen Er Messe helt, so hat Er vor sich auf dem Altar liegen ein bloß Schwert. vid. Andr. Goldmayer, in lib. von Erbauung der Stadt Würtzburg, p. 13.

Die Franken aber, Land und Leute, haben ihren Namen von ihren Könige und Herr-Fürsten, Frank, welcher der XVI. König der Sicamber gewesen, und gestorben ist A.M. 3962. neun Jahr vor Christi Geburt. Frank aber hat seinen Nahmen von frey- und Angke: Und heisst so viel als ein freyer Mensch. Wie es vermeldet Franischinus Curtius IC. in Tractatu de feudis die Sicamber und Francken haben aus Liebe zur Freyheit einander also gegrüsset: guten Tag, freyer Frank. Trithemius in Fränkkischer Chronik p. 37. die Sicamber aber haben Ihren Namen vom Cambria Königs Antenoris des II. Gemahlin, Königs Belini in Britannia Tochter, einem schönen und weisen Weibe; Ihr zu Liebe und ehren haben sich die vertriebenen Troianer genennet Sicamber. Reisner in Geneal. Pharamund. f. 1.

Hessen: Hessen ist das West-Thüringen, und weiland mit dem gantzen Thüringen gewesen unter einem Königreiche, her nach unter einer Landgraffschafft, biß A.C. 1248 in welchem Jahr den VII. Februarii Heinricus, der letzte Landgraff zu Thüringen und Hessen, als ein erwehlter Römischer König, vor Ulm in Schwaben ist tödlich geschossen und den 16. Februarii zu Eisenach in Chatharinen-Kirche bei Wartenburg in Thüringen begraben worden. Nach seinen Tode hat Marggraf Heinricus zu Meissen seiner Schwester, Judithen, Sohn das Thüringerland, hingegen Hertzog Heinrich zu Braband, seines Bruders Ludwigs des Heiligen Tochters, Sophien, Sohn das Hessenland bekommen, und ein ieder absonderlich sich davon einen Landgrafen geschrieben. Wie wir oben im 8. cap. p. 114. vermeldet haben.

Das Hessenland ist berühmt nicht allein wegen zweier Universitäten in Marburg und Giessen: Jene hat A.C. 1526 1. Jul. gestifftet, und A.C. 1527. den 30. May eingeführt Philippus. Diese aber A.C. 1605. gestifftet, und A.C. 1607. den 7. Octobr. eingeführt Ludovicus, beide Landgrafen zu Hessen: sondern auch wegen der darinnen liegenden Graffschafften Hanau, Nassau, Isenburg, Solms, Waldekk, Witgenstein, Königstein, Cattenelbogen, Dietz, Ziegenhain, Niddau, und wegen der Herrschafften Epstein, Itter und Plesse. vid. D. Conr. Dieterich in Instit. Orat. cap. 10. p. 89. 94.

Die ein Wohner sind weiland Chatti, die Hessen oder Hetten genennet worden, ist so viel als die Väter. Dresser von Städten des Deutschen Landes p/10.

Gegen Nord und Mitternacht der Stadt Jena liegt Sachsen.

Sachsenland wird heute zu Tage in Ober- und Nieder Sachsenland eingetheilet.

Ober-Sachsen ist eben das Nord-Thüringen, welches jenseit der Unstrut sich anhebet, und biß nach Magdeburg an der Elbe gehet, und schon vor 1134. Jahren, als A.C. 524. daran das Königreich Thüringen von König Dietrichen zu Metz mit Hülffe der

132 Sachsen zerstöret ˏwurde, seinen uralten Nahmen, Nord-Thüringen, verlohren, und von den siegenden Sachsen den neuen Nahmen, Sachsen, bekommen hat. Suche oben das 3. Capitel. p. 71.

Nieder-Sachsen hält in sich Braunschweig und Lüneburg, Engern und Westphalen, Mekklenburg und Holstein, und andere Landschaften mehr, welche alle in den Nieder-Sächsischen Kreiß heute zu Tage gehören, und weiland ihre eigene Könige erwehlet haben, biß auf die Zeit, da sie vom Römischen Kaiser Carolo Magno, wegen ihrer Abgötterey, sind überzogen, und zum Christligen Glauben befördert worden, und ist ihr letzter König gewesen Witikindus der Grosse, von welchem herstammen die Römischen Kaiser Heinricus I. Otto I. Otto II. Otto III. Heinricus II. so wohl die itzigen Könige in Frankreich und Navarra, Dennemark und Norwegen, mit den Hertzogen zu Schleßwig-Holstein,

133 die itzigen Churfürsten und Herzogen zu Sachsen, Jülich, Cleve und Bergen, Landgrafen zu Thüringen, Marggraffen zu Meissen, Ober- und Nieder-Laußnitz, Gefürsteten Grafen zu Henneberg, Burggrafen zu Magdeburg, Grafen zu der Mark und Ravensburg, Herren zu Ravenstein, und andere Fürstliche Geschlechter mehr.

Das Zehende Capitel.
Von angräntzenden Städten und Mark-
flekken, welche die Stadt Jena auf eine
Tagreise umbkreisen.

Die Stadt Jena hat auf eine Tagreise in ihrem Cirkel und ümbkreiß viel benachbarte Städte und Markflekken, Schlösser und Dörffer, welche wir, wo nicht alle und iede, iedoch die meisten, gar kurtz beschreiben, und den Anfang von den Städten und Markflekken machen wollen, und zwar in der Ordnung und Reihe der Buchstaben im Abc-buch, so darff keine mit der andern, wegen des Vorzugs zürnen, und streiten.

Apolleda: Ist eine Stadt anderthalb Meilen von Jehna, gegen Mitternacht, bey tausend Jahren alt, sintemahl der Thüringer Apostel und Bekehrer Bonifacius, sonst Wanfried genant, daselbst geprediget, und einen Brunnen von seinem Nahmen darinnen hinterlassen hat, Fabric. lib. 7. Orig. Sax. fol. 710. ist, wie die alte Sage gehet, weiland eine Herrschafft gewesen, und hat drey Paar rohte Aepffel im weissen Feld zum Wappen geführet, Albinus in Albo Sax. p. 428. Es vermeldet aber Herr Frider. Hortleder in MS. daß sie vor Alters nur drey Aepffel im Schilde, und auf dem Helm einen Stern, ümbgeben mit weissen Federn, geführet habe. Der Raht zu Apolleda führet noch zwey Paar Aepffel in ihrem Stadt-Siegel. Hat demnach ihren Nahmen und Ursprung von Apffeln, und ist Apolleda so viel als Apffelau, weil viel Obst, und sonderlich Aepffel, darüm wachsen. Es kan auch wohl sein, daß sie ihren Nahmen hat bekommen von Apollo, einem Abgott, welchen die Heiden vor einen Erfinder der Artzeney und Freyen Künsten geehret haben. Ist doch nahe bey Wittenberg der Apollensberg, auf welchen des Apollo Tempel gestanden, und von Albrecht, Fürsten zu Anhalt, zerstöret, und an dessen statt eine Kirche, in der Ehre der H. Anna, gebauet, und hernach von Churfürst Johann Friederichen zu Sachsen eingerissen worden, Menzius lib. Epitaph. Witteberg. pag. 4.

Etzliche vermengen Apollo mit Polleda, an welchen Orte Marggraff Eccard der Erste zu Sachsen und Thüringen mit einen Spiese ist erstochen worden, von Graf Siegfried von Northeim A.C. 1002. und zu Jena begraben. Fabric. l. 3. Geneal. Saxon. fol. 390. 397. Suche mein Annales Thuring. Jenens. im Jahr 1002. 1004.

A.C. 1570 am 1. Advents-Sontage branden zu Apollda abe 41. Wohnhäuser, 19. Ställe und etzliche Scheunen. Binhart l. 3. Chron. Thuring. p. 177.

A.C. 1613. den 29. May in der Thüringischen- oder Weinmarischen Sündfluth sind 8-Wohnhäuser mit ihren Scheunen und Stellen eingefallen und weggeführet, und 24. Stück Viehs ertruncken.

A.C. 1660. Dominica Invocavit den 11. Mart. ist zum ersten Superintendenten investiret worden Georgius Craußer, von Eisfeld aus Franken, weiland der Schulen zu Jehna Con-Rector, und zu Altenburg Rector, wird gebohren A.C. 1616. den 4. Jul. Ist un-

längst von D. Christophoro Philippo Richtern, zu Jehna P.P. zum
Poeten gekröhnet worden. Ist in diesen 1672. Jahr noch am Leben und Superintendens zu Eisenberg.

In diesem uralten Städtlein Apolleda oder wie der gemeine
Mann redet, Apolle, haben weiland gewohnet die Schenken und
die Vitzthume.

Die Schenken: A.C. 1268. Heinrich Schenk der ältere, Herr
zu Apolle, ist mit Dam (Damiano) Schenken auf dem Beilager,
welches Graf Berthold IIX. zu Henneberg mit Sophia, Graff
Heinrichs zu Schwartzburg, genant der Hoffärtige, Tochter hat
gehalten zu Eilgersburg A.C. 1268. den 3. Mart. und wird in der
Ehestifftung als ein Zeuge angeführet, und mit ihme Berthold,
Bischoff zu Würtzburg, ein gebohrner Herr zu Sternberg, Hermann II. Heinrich IX. Herman III. Graffen zu Henneberg, Albrecht Graff zu Rabenswald, Günther der ältere Graff zu
Schwartzburg. Spangenberg lib. 5. Chron. Henneb. cap. 1. fol. 188.
189.

A.C. 1287. Heinrich und Dieterich Schenken von Apolda,
des itzt gemelden Heinrich Schenkens Söhne, verkauffen dem
Nonnenkloster zu Capellendorf eine Huffe Landes, um das Dorff
Hohlstät, für funffzehen Mark Silber, und lassen ihnen alsbald
fünff Mark innen, pro redimenda salute patris, zum Behuff der
Seelen ihres verstorbenen Vaters.

A.C. 1294. Heidenreich und Heinrich Schenken, Brüdere, von
Apolla, werden als Zeugen mit Berthold Vitzthum zu Apolla
angezogen in einem Schreiben A.C. 1294. gegeben dem Nonnen-
Kloster in Capellendorff.

Es kommen aber die Schenken her von Herren zu Vargula,
und endet sich der Freyherrliche Stamm in Christian Schenken,
Freyherrn zu Tautenburg, Frauen-Brißnitz und Nieder-Trebra,
welcher zu Tonna gestorben ist A.C. 1640. den 3. Aug. und allererst A.C. 1647. den 20. Sept. zu Frauen-Brißnitz begraben worden.
In dessen Leichpredigt schreibet M. Heinrich Tileman, daß A.C.
1125. Kaiser Lotharius, der Sachs und Spieler genant, ihrer XII zu
Rittern geschlagen, und mit Adelichen Sitzen begabet habe. Darunter sei gewesen Burchart von Lauchau, Herman von Wintzen-
burg, und Johann Schenk von Vargula, welchen Landgraff Ludwig I. zu Thüringen und Hessen zum Erbschenken der Landgraffschafft gemacht habe. Dessen Nachkommen sich hin und
wieder in Thüringen, zu Apolla, Bedern, Debritschen, Drebern,

137

138

139

Dornburg, Ekkstät, Frauen Brißnitz, Kefernburg, Neber, Salekk, Vargel, Utenbach ausgebreitet, und nunmehr alle, was Herren Stands-Personen anlanget, gestorben sind. Davon handelt weitläufftiger mein Stammbuch, Album Academicum genant, in welchem ich erzehle die Fürsten, Graffen, Freyherren, so zu Jehna immatriculiret, und studiret haben.

Vitzthume: A.C. 1265. Theodoricus der ältere, und Berthold Vitzthume zu Apolla, so wohl Heinrich und Dieterich Schenk daselbst, verkauffen dem Nonnen-Kloster zu Capellendorfff eine Huff Landes ümb das Dorff Kötschau, A.C. 1263.

A.C. 1264. Werner und Albrecht Vitzthum zu Apolle, Bruno und Hugo Albrechts Söhne, neben Werner, ihres Vaters Bruder, verkauffen dem Nonnen-Kloster zu Capellendorff eine Huffe Lands. A.C. 1264.

A.C. 1631. Antonius Friederich Vitzthum, der letzte aus der Apollischen Linien, stirbt ümb diese Zeit zu Dreßden, nach seinen Tode fället sein Adeliches Ritter-Gut heim den Hertzogen zu Sachsen, welche dasselbe, neben der Herrschafft Rhemda, der Universität in Jehna an statt dreier Quartal Besoldung einräumen, und zwar A.C. 1633. Jenes den 2. dieses den 4. Märtzen. 140

Es sind aber die Vitzthume uralte von Adel, welche ihren Nahmen bekommen von ihrem Ampte, daß sie Anfangs geführet, und sind Vice-Domini der grossen Potentaten und Herrn gewesen. Wilhelm, Ertz-Bischoff zu Maintz, hat von Kaiser Otto I. seinem Vater bedinglich bekommen Thüringen, Hessen und Wetterau, darüber hat er seine Vice-Dominos, Vicarios, Advocatos, Patronos, Kasten Vögte, Edelvögte, Schirmherren gesetzet. A.C. 1055. stirbt Graf Ludwig zu Thüringen und Hessen, der Bärtige genant, welcher in Thüringischen Chroniken wird genennet der Vitzthum des Ertz-Bischoffs zu Maintz A.C. 1137. hat gelebet Bernhard Vitzthum des Stiffts zu Hildesheim, dessen Söhne sind gewesen Bernhardus, der Jüngere Vitzthum zu Hildesheim, und Conradus, Graff zu Wallede oder Wellede, vid. Henr. Meibomii Chron. Marienthalense p. 10. Etzliche stehen in den Gedanken, als solte die Vitzenburg bei Nebra unfern der Unstrut von ihnen sein gebauet, und den Nahmen bekommen haben. Aber das Schloß hat seinen Nahmen von Vizone, dessen Güter sind kommen an Graf Wipprecht zu Groitsch, so unter dem Kaiser Heinrich IV. A.C. 1070. gelebet hat. Albinus in der Meißnischen Land-Chroniken p. 141

441. Von den Vitzthumen handelt mein Büchlein Bona Fama Nobilitatis genant.

Arnstadt: liegt fünff Meilen von Jehna, gegen Mittag: Die Graffen zu Schwartzburg schreiben sich Herren zu Arnstadt, welche herkommen von Witikindo, dem Schwartzen genant, einem Edlen Ritter und Hauptman unter Edelhard, der Sachsen Könige, wird in der Feldschlacht beim Buchholtze A.C. 779. gefangen, und in Frankreich geführet, nach fünff Jahren getauffet, und vom Königige Ludovico I. aus der Tauffe gehoben, und vom selben Vater Carolo Magno dem Grossen, mit dem Lande an Thüringer-Walde, begabt, ist gestorben A.C. 795. Reusner in Auctuario Genealog. fol. 40. hat seinen Nahmen von Arn oder Adler: Das gleiche Weise, als ein Adler, allein in die Sonne sehen kan, und dieselbe ihm am Gesichte nicht schadet: also sollen alle Menschen Adler sein, und hinauf in den Himmel nach der Sonnen der Gerechtigkeit sehen, welche ist Jesus Christus, so alle in die Welt kommend Menschen erleuchtet: Wenn wir nur solche Adler wären und blieben, und allezeit in diese Sonne mit unsern Glaubens Augen uns schwingen, schreibet Marcus Wagner im Buche vom alten Königreich Thüringen, gedrukt zu Jena, A.C. 1593. bei Tobia Steinman.

A.C. 1581. den 7. Aug. ist zu Arnstadt bei Bürgermeister Johann Nebel, sonst Bone genant, (welcher in Zorn dem Zimermann die neu aufgezogene Rinne hiese in Teuffels Nahmen mit heisen Beche begissen) ein Feuer durch Bechgiesen an einer Dachrinnen auskommen, und sind eingeäschert worden 378. Wohnhäuser, die Kirche, Pfarr-Schul-Raht-Häuser. Davon ist verhanden das distichon und Zeit-Schrifft Wendelin Helbachs, zu lesen in Chron. Thuring. Binhard. lib. 3. p. 193. 194. Bangens v. 189.

AetopoLIs sæVos VastatVr aMœna per IgnoEheV non sentIs, qVanta sIt Ira DeI.

suche meine Annales A.C. 1581.

Berka: ist ein Markflekken, zwey Meilwegs von Jena, gelegen an dem Ilmenstrom, weiland Bercha genennet, und eine Graffschafft gewesen.

Dieterich der ältere, Graff zu Berka hat gelebet A.C. 1210. und ist gestorben A.C. 1251. ein Stiffter des Klosters daselbsten: Welcher mit seiner Gemahlin Heilwig, Freyfrauen von Lobdeburg, genant von Bergau oder Burgau, gezeuget zweene Söhne,

und alle beyde Dieterich genennet hat. Diesen beyden hat Landgraff Albrecht zu Thüringen A.C. 1264. das Schloß Berka mit
Gewalt genommen, und auf Vorbitte der Thüringischen Bundsverwandten wieder eingeräumet. Fabricius lib. 6. Orig. Sax. fol. 592.

Von diesen Graffen ist die Herrschafft Bercha kommen an
Graff Heinrich von Gleichen, Herren zu Blankenhain: Von die-
sen an Graff Friederichen den ältern zu Beichlingen, Herren zu
Wiehe: Von diesen A.C. 1422. an Christian von Witzleben, durch
Kauffrecht: Dessen Nachkommen dieselbe zur Afterlehn ge-
nommen anfangs von Graffen zu Beichlingen: Darnach von den
Graffen zu Gleichen: Von A.C. 1485. biß A.C. 1605. 14. Jan. da <u>145</u>
Hertzog Johannes zu Sachsen den einen halben theil von Caspar,
Wilhelm, und Wolff Eberharden, Gebrüdern, von Witzleben: Die
andere Helffte aber seine acht nachgelassene Söhne eben von
denselben, nach Absterbung Georg Albrecht von Witzleben A.C.
1608. 26. Octob. erkauft haben.

In die Herrschafft oder Ampt Berka gehöret das Städtlein
und Kloster Berka: Das Kloster S. Georgen, zu München genant:
Heylingesburg, sonst Heitingsburg, Heydensburg, Heidelsberg,
heute zu Tage Hetzschberg genant: Sorborn, Sarborn, nunmehr
Sahlborn: Muna: itzo Meuna, welches Dorff die Nonnen zu Berka A.C. 1444. von Herman von Haras ümb hundert Reinische
Gülden erkauffet haben: Bergern, Niedern-Heidelsberg, insonderheit das älteste Schloß Berka an der Ilm, nicht weit vom Städtlein Berka.

In diesem Städtlein Berka ist mein lieber Vater Christian <u>146</u>
Beier gebohren worden A.C. 1539. den 23. Decemb. am Tage des
Apostels Thomæ, seine Eltern sind gewesen Adrianus Beier, ein
Reisiger und Jäger daselbst, und Margaretha Steinmetzin, Thomæ
Steinmetzens daselbst eheleibliche Tochter. Ist gestorben in sei-
nem Gerichtsschreibers-Dinste zu Glauchau an der Mulda, unter
den Freyherren von Schönburg, A.C. 1610. den 16. Martii.

Von der Graffschaft Berka, suche mein Thuring. Antiquo-
Novam lib. 5. cap. 6.

Bürgel: Ein Städtlein, liegt eine grosse Meil von Jena, gegen
Morgen, am Wässerlein Glitza, anitzo Gleisse, davon jat ein Adelich Geschlecht seinen Stamm-Nahmen. Denn A.C. 1348. haben
gelebet Bezold, Wilde, und Titzel von Bürgel. Die Aptey unfern
hat eine Adeliche Frau, mit Nahmen Berchta, in der Ehre der H.
Jungfrau Maria, und des H. Georgii erbauet, und mit Freyheiten <u>147</u>

begabet Kaiser Lotharius II. der Sachse, welcher A.C. 1138. 6. Decemb. gestorben ist, und nennet die Stadt Bürglin.

In Thiergarten des Klosters sind diese hexametri leonini angeschrieben:

Ad portam cœli prior est hæc porta fidelis:
Hæc est ablutis baptism ate porta salutis.

A.C. 1540. Montag nach Dionysii ist bey dem Städtlein Bürgel oder Bürglin ein Mann verbrand, mit einer Kuhe und zweyen Eselin, die seine Buhlschafften gewesen sind.

Buttelstadt: Ein Städtlein hinter dem Eytersberge, drey Meilen von Jehna, gegen Norden, hat weiland gehöret den Graffen zu Orlamünda und Herren zu Weimar, und ist von ihnen A.C. 1346. kommen an Landgraf Friederichen, den Ernsten, zu Thüringen: Ist A.C. 1393. unterworffen gewesen dem Dingestul oder Gericht Vogelsburg, aber A.C. 1446. eine eigene Vogtey worden, und wird von seinem grösten und besten Dorffe offt genennet die Vogtey Brembach. Darzu gehören nach foldende pertinenzstükke; Das abgegangene Schloß Vogelsburg, itzt Vogelsberg und Voilsberk: Spreta mit der Wüstung Kaltenborn: Brambach, itzt Brembach klein und groß, welches Churfürst Johann Friederich zu Sachsen den Kartäusern in Erfurt angewonnen, A.C. 1538 und als sie uff dem Reichstag und als zu Speier A.C. 1558. dasselbe wieder forderten, hat der Keiserliche Hoffrath A.C. 1561. 5. Decembr. es Ihm abgesprochen: Vipach oder Vippach Friedelhausen, oder Fiedelhausen Vippach: Juttenshausen, oder Guthenshausen, Gutmans- oder Edelmanshausen, von Jutta, Graff Heinrichs zu Gleichen Gemahlin: Albrechtslebnn oder Albrechtsleben, itzt Olbersleben, weiland eine Graffschafft: Nieder-Reussen: Nedirnsdoff, itzt Nermsdorff, Rohrbich, itzt Rohrbach.

148

Hertzog Wilhelm III. zu Sachsen hat die Stadt Buttelstadt A.C. 1441. Denen von Erfurt verpfendet auf 18. Jahr, und durch seinen eigenen Ampman ihnen die gelter ausgezahlet. Fabric. I. 7. Orig. Sax. fol. 715.

149

Von diesem Städtlein hat weiland ein Adelich Geschlecht seinen Stamm-Nahmen geführet.

Herman von Botelstad wird A.C. 1356. als ein Zeuge benahmet in einem Brieffe des Klosters zu S. Michael in Jena.

Heinricus und Albertus von Buttelstad, Brüdere, Ihnen verpfändet Landgraff Wilhelm II. das Städtlein Groß Conditz, A.C. 1405. das Conditz wird anitzo genennet Cunitz, an der Saale, und vor ein Dorff gerechnet: Wiewohl die Einwohner sich nicht Bauren, sondern Männer von Cunitz nennen lassen. Es ist aber Albrecht von Buttelstadt gewesen ein Hoffmeister oder Raht bey Landgraff Friederichen, dem Streitbahren, zu Thüringen, und selben Bruder Wilhelm II. und hat unterschriben den Freiheiten der schoßbahren Güter, des Zols, der Bohtmässigkeit im Ampte, 150 welche beide Fürsten dem Raht und der Gemeine zu Jehna gegeben haben, A.C. 1406. am Tage Bonifacii zu Altenburg.

Thomas von Buttelstad ist gewesen Cantzler oder Oberschreiber bey Hertzog Friederich zu Sachsen, Simplex oder der Einfältige genant, und hat A.C. 1435. unterschriben einen Begnadungsbrieff, in welchem gemelder Landes-Fürst XXX. Mark Silber der Stadt Weimar erlässet von der Hauptsumma der LXX Martken, welche sie Jährlich erlegen muste.

Buttstadt: Sol seinen Nahmen haben vom Ochsen oder Büffeln. Demnach were Buttstad so viel als Buff- oder Buffelstadt, von der Wayda oder von Marke der Büffel. Der Rath zu Buttstadt schreibt A.C. 1551. am Tage Galli an Churf. Joh. Firederichen zu Sachsen, durch seinen Land Rentmeister Jacob von Kösenitz, das die Viehdiebe das gestohlene Vieh, unter andern die Ochsen oder Buffel in derselben Gegend getheilet und den Ort davon Buff 151 oder Beutstadt genennet hetten. Ist eine berühmte Stadt, fast vier Meilweges von Jena, gegen Norden, wegen der dreyen Jahr-Märkten, auf Johannis des Täuffers, Michaelis, und Allerheiligen-Tag, darauf wohl ehemals in die achtzehen oder zwantzig tausend Ochsen aus Ungern und Polen sind geführet worden, wie solches Churfürst, Johann Friederich zu Sachsen in einem Schreiben vermeldet, A.C. 1551. 29. Jun.

Als Graff Ernst zu Mansfeld vom Kaiser Maximiliano I. A.C. 1518. 10. Sept. einen Ochsen-Markt in der Stadt Artern auf Kreutz Erhebung, und also 14 Tage vor Michaelis zu halten erlangete, hat Churfürst Friederich III. und Weise genant, und sein Bruder, Hertzog Johannes zu Sachsen, sich darwider gesetzet, als welcher den Märkten in Buttstadt und Eccardsberge schädlich wäre. Und als Graff Hoier zu Mansfeld vom Kaiser Carolo V. A.C. 1521. den 14. Sept. zu Brüssel einen Ochsen Markt in der 152 Stadt Eisleben auf Ægidii zu halten ausbrachte, haben itzt gemeldte Herren Brüder darwider geschrieben, und sonderlich hat Churfürst Augustus zu Sachsen A.C. 1583. seine Rationes und gründliche Ursachen auf- und vorgebracht.

Als der Raht zu Leipzig von Churfürst Johann Georgio I. zu Sachsen A.C. 1625. den 4. Mart. zweene Ochsenmärkte, einen acht Tage vor Michaelis, den andern acht Tage vor Allerheiligen zu halten erlangte, hat der Raht zu Buttstad das Fürstliche Haus zu Sachsen ümb Schutz ihrer Freiheiten angehalten, A.C. 1625. den 6. Jul. und ihrem Schreiben diese Worte einverleibet: Die Stadt Leipzig wolle und solle sich an Churfürstl. Ober-Hofgericht, Ober Consistorio, Schöppenstuhl, Universität, dreyen stattlichen Jahrmärkten, hohen Autorität, fruchtbahren Boden, schönen Gegend und andern begnügen lassen, und ihnen (den Buttstädtern) das eintzige und kleine stüklein Brods gönnen, welches ihnen von Gott, und dem Höchst und Hoch Löblichen Chur- und Fürstl. Hause zu Sachsen, iederzeit, nicht ohne Wissen und Willen der Allerhöchsten von Gott geordneten Oberkeit, des heiligen Römischen Reichs, und anderer benachbarten Chur-Fürstl. Lande, Städte, und Leuten Nutz, bißhero gegönnet worden.

153

Sonsten hat Buttstadt A.C. 1450. im Kriege, welchen die beiden Brüder, Churfürst Friederich, Placidus, und Hertzog Wilhelm zu Sachsen, wider einandern geführet, grosen Feuers-Schaden erfahren, wie auch Eccardsberg, Neehausen, Manstät, und das Schloß in Gotestät, anitzo Gosserstät Fabr. lib. 7. Orig. Sax. fol. 764. Die Kirche ist A.C. 1510 erneuert, und am andern Pfingstfeiertag eingeweihet, über das A.C. 1551. erweitert worden, Johan. Binhard. in Chron. Thur. lib. 3. pag. 60. 130. Die Stadt ist A.C. 1529.

154

bei den Oberthor ümbmauret A.C. 1516. 4. Aug. kommen daselbst zusammen die Chur- und Fürstl. Sächsischen Rähte, und setzen die Märkischen Groschen herunter auf sieben Pfennige, M. Adam Remp. in Calend. Sax. p. 216. A.C. 1533. donners Tag nach Valentini hat Churfürst Johann Friederich zu Sachsen die drey Jahrmärkte bestätiget.

Blankenhain: Ein Städtlein, zwey grosse Meilen von Jehna, gegen Abend, davon sich die Graffen von Gleichen geschrieben, und Herren zu Blankenhain, auch zu Tonna, Rhemda, und Krannnichfeld genennet haben.

Sigismundus wird genennet ein Graff in Blankenhain, und ist mit Graff Erwin von Gleichen gewesen auf dem Thurnier, welchen Marggraf Ridach zu Meissen gehalten hat A.C. 968 in Merseburg an der Saal. Ruxner im Thurnierbuch fol. 48.

Heinrich, Beringer, und Berthold haben zugleich gelebet A.C. 1302. und sind leibliche Brüder gewesen, welche sich geschrieben 155 haben Herrn von Blankenhain, genant von Schauenforst: Die letzten zweene haben sich in einem Brieff A.C. 1326. am Tage der Apostel Theilung also genennet: Nos Beringerus & Bertholdus, Frateres, Domini quondam in Schauenforst. Von Schauenforst suche mein Thuring. Antiquonovam lib. 5. c. 26. §. Schauenforst. Und von Blankkenhain suche lib. 5. c. 8.

Ludwig, Herr zu Blankenhain, hat gelebet A.C. 1315. und wird seiner gedacht in Jenischen Archiven, fol. 91.

Johannes Ludovicus, Graff von Gleichen, und Herr zu Blankenhain, der letzte dieses Geschlechts, ist gestorben A.C. 1631. den 7. oder den 15. Jan. wie Andr. Toppius wil. in beschreibung der Stadt Ordruf.

Es ist Blankenhain A.C. 1442. gäntzlich abgebrand, mit 9. Menschen; A.C. 1450. ist das Schloß zu Blankenhain, zuständig Graff Ludwigen zu Gleichen von Hertzog Wilhelms zu Sachsen Kriegsvolk belägert, eingenommen, und in Brand gestekket wor- 156 den, Fabric. lib. 7. Orig. Sax. fol. 717. nach dem sein Vater Graff Ernst zu Gleichen A.C. 1447. vorhero einen Einfall in Thüringen gethan, das Viehe ümb Dornberg und Camberg weggenommen, und nach Naumburg geführet hatte, Reusner in Auctuario Genealog. fol. 76.

A.C. 1527. ist die Stadt innerhalb der Ringmauer abgebrand, so wohl das eine Gräfliche Schloß, und der forder Theil des andern Sitzes, und ist nur die Kirche mit sieben Häusern stehen blieben, nach 2. Jahren A.C. 1529. hat das Wetter etliche Häuser darinnen angezundet und verbrand.

Cala oder Kalau, suche unten Kahle oder Kahlau.

Camburg: suche Kamburg.

Capellendorf: suche Kapellendorf.

Dornberg: Liegt eine Meile von Jehna, an der Saale, auf einem hohen felsichten Berge, auf welchem ein altes Schloß und ein neues Schlößlein zu sehen, und ist weiland eine vornehmhe Stadt gewesen, in welcher die Römischen Kaiser aus Sachsen- 157 Geblühte offt Hof gehalten haben: Als Otto I. A.C. 965. sechs Jahr vor dem grossen Brande, in welchem der herrliche Tempel in die Asche ist geleget worden, M. Cyriacus Spangenberg ib. I. Chron, Henneb. c. 25. p. 64. Otto II. A.C. 980. hat zu Dornberg beschlossen das Kloster München-Neuburg zu bauen, Rivander in

Chron. Thur. pag. 137. Ottonis III. Muhme, Mathildis, Kaiser Ottonis II. Schwester, und Aptisin zu Quedlinburg, welche A.C. 998. gestorben, hat in Abwesenheit ihres Vettern, Kaiser Ottonis III. die Thüringischen Stände zu Dornberg versammlet, und sich mit ihnen berahtschlaget Fabr. lib. 2. Orig. Sax. fol. 227. Kaiser Heinrich II. hat A.C. 1005. eine Reichsversammlung daselbst gehalten Ibid. fol. 248.

Es ist eine uralte Graffschafft gewesen, wie solches bezeugen nachfolgende Geschichte. Aber unterschieden von der Grafschaft

158 Dornberg in Francken, darzu gehöret ̣hat Onolzbach, anitzo Anspach. Spangberg in Adel Spigel p. 1. lib. 10. c. 15. f. 281.

Wipertus der ältere, Marggraff zu Laußnitz, Burggraff zu Magdeburg und Leißnik, Graff zu Groitsch, Camberg und Dornberg, unter Kaiser Heinrich III. A.C. 1050. also wird er beschrieben von Albino in Meißner Land-Chron. p. 441.

Wolffram, Graff von Dornberg, hat dem Thurnier beygewohnet, welchen Hertzog Herman zu Schwaben A.C. 1080. den 16. Augusti zu Augspurg gehalten hat. Ruxner im Thurnierbuch fol. 64. Etzliche halten diesen Wolffram von Dornberg vor einen Schwaben, als M. Hieron Hennig. tom. 4. Theatri Genealog. part. I. fol. 230. aber unrecht. Denn es folget nicht: Er hat zu Augspurg in Schwaben den Thurnier besucht, darüm ist er ein Schwabe, weil in Schwaben auch ein Dornberg liegt. Folgenden Thurnieren haben beygewohnet nachfolgende Graffen von Dornberg als

159 Heinricus zu Zürch A.C. 1165. Eberhardus zu Nürnberg A.C. 1197. Antonius zu Worms A.C. 1209. Heinricus zu Würtzburg A.C. 1235. Friederich zu Schweinfurt A.C. 1296. Wilhelm zu Bamberg. A.C. 1362. Id. ibid. f. 79. 95. 104. 113. 117. 127. und werden bald Graffen, bald Herren zu Dornberg genennet. Nach ihrem Absterben sind etzliche Güter kommen an die Edlen von Nedilschitz und von Sommerlatten, und an die Freiherren von Vargula, genant Schenken, und hat sich Rudolph Schenke von Dornberg geschrieben A.C. 1301. Dessen Gemahlin gewesen ist Catharina, Freifrau von Lobdeburg, genant von Elsterberg, eine schwester Herrn Burchards des ältern, und Hermans von Elsterberg.

Die Einwohner haben sich beständig erzeiget im Kriege, welchen Hertzog Wilhelm zu Sachsen wider die rebellischen Vitzthume in Thüringen A.C. 1450. geführet; Als sie nun, auf Befehl desselben, eine Freiheit ausbitten solten, baten sie, aus treuer Einfalt, der Fürst wolte sie nur halten vor seine getreuen Unterthanen: Daüber lächelte der Hertzog, und befahl, daß sie forthin die treuen Dornberger solten genennet werden. Dannenhero ist ihnen weiland also geschrieben worden: Unsern lieben Getreuen, den Getreuen zu Dornberg. Wie solches vermeldet Gregorius Groitschius in Beschreibung des Saalstroms, und derer daran liegenden Städte, Schlössern und Dörffern. Dergleichen Exempel der beständigen Treue gegen die Obrigkeit haben wir an der Stadt Brizen in der Mark: Denn als die Marggraffen zu Brandenburg ausser dem Lande wider die Saracenen kriegten, und andere Herren sich des Landes anmasseten, und die meisten Städte denselben sich ergaben, ist sie allein beständig blieben, und wegen solcher Treue genennet worden das treue Britzen. Joh. Jacob Boissardus, part. 4. Icon. 8. p. 25. sub icone D. M Chemnitii, Brixâ-Marchici, & in hujus parentatione, habita a M. Joh. Gasmero, Ecclesiaste Brauns. A.C. 1586. 8. April.

Die Abulenser sind auch mit diesen Ehrentitul begnadet, und die treuer Abulenser genennet worden, nach dem sie den vier Jahr alten König Alphonsum, aus der Tyrannischen Hand Ferdinandi Königs zu Legion seines Vatern Bruders erlösen hatten Mariana und Calvisius unter dem 1187. Jahr.

Eccardsberg: Eine Stad und Schloß dieses Nahmens, liegt 3. Meilen von Jehna, gegen Norden oder Mitternacht, hat seinem Namen von ihren Erbauer, Marggraf Eccarden I. zu Meissen und Thüringen, welcher A.C. 1002. 30. April zu Apoleda von Graf Sigfrid zu Northeim durch dem Halß gestochen, und gestorben, und zu Jena begraben ist, Reusn. in Stirpe Witikind. f. 270.

In diesem Schlosse wird noch gewiesen das mit eisernen Stäben wol verwahrte Zimmer und Capelle, an welchem Orte Hertzog Wilhelm III. zu Sachsen seine Gemahlin Annam, Kaiser Albrechts Tochter, verkebst und verwahret hat: Er hat aber sein Beilager mit ihr gehalten zu Jehna, A.C. 1446. in Junio. Fabr. l. 7. Orig. Sax. fol. 705.

Eisenberg: Eine Stadt und Ampt, zwey Meilen von Jena, gegen Morgen, ist auf eine Zeit mit der Stadt Leipzig umbmauret worden, von Marggraf Ottone zu Meissen, welcher der Reiche ist genennet worden, und gestorben A.C. 1189. die Baukosten sind genommen aus der Ausbeute des Silberbergwerks zu Freiberg.

Ist weiland eine Graffschafft gewesen, und hat zum Wappen geführet drei blaue Streiffe in einem weisen Felde. Albinus in Albo

Sax. p. 232. 459. Johannes, Graff zu Eisenberg, ist gewesen in der Schlacht, die Kaiser Heinrich I. gehalten hat mit den Hunnen bei Merseburg, A.C. 935.

Es ist noch eins und das andere Eisenberg bekand, als das I-senberg in Böhmen, welches Kuntz von Kauffungen, ein Meißnischer Edelman, gekaufft, und dahin die aus Altenburg gestohlne Fürsten, Ernst und Albrecht, Churfürst Friederichs II. Söhne, hat bringen wollen, A.C. 1455. Fabric. lib. 7 Orig. Sax. fol. 770. sowohl das Isenburg im Elsaß, welches König Dagobert der Franken soll gebauet und bewohnet haben, Antonius Albitius in libro de Principum Christian stemmate. p. l.

A.C. 1274. hat Landgraff Albrecht zu Thüringen und Pfaltzgraff zu Sachsen der Stadt Eisenberg das Schultzen-Ampt und die Gräntzen des Weichbildes eigenthumlich übergeben, zu Erhaltung und Besserung ihrer Mauren; Die Zeugen im Brieffe sind angezogen diese: Günther von Predel, Günther von Lungwitz, Otto vor dem Thor im Isenberg Rittere, Otto von Cothuwitz, Günther und Conradus, Gebrüdere, Krämer, Bürger, Heinrich, genant, Vogler, Dieterich vom Wege (de vialibus) und andere mehr. Diese uralte in Lateinischer Sprache beschriebene Freiheit hat Churfürst Friederich III. zu Sachsen, und sein Bruder, Hertzog Johanes, bestätigt, A.C. 1500. am Freitag nach Ægidii. Suche mein Annales Jenenses A.C. 1274.

Erffurt: Die Hauptstadt in Thüringen, liegt fünf Meilen von Jena, gegen Abend, hat vor Zeiten geheissen (1) Merwigsburg, von ihrem Erbauer König Merwig der Franken, umbs Jahr Christi 447. (2) Burenburg, von den Bauersleuten, welche in Kriegszeiten dahin geflohen, und sich gewehret haben. (3) Jerefurt und (4) endlich Erffurt, entweder vom Fluß Gera, der durch die Stadt fleußt, oder vom Müller Erff, der an dem Furth des Flusses Gera gewohnet, und die Leute über geführet hat. Dresser von Städten p. 181.

Die Landgraffen zu Thüringen haben in der Stadt Erffurt ihr Hauptgeleite, und frey Zollhaus.

A.C. 636. soll König Dagobertus I. und Kühne genant, Clotarii II. Sohn aus der Merwigsburg das Peters Kloster, und Dagobrechts-Stadt, itzo Dasserstet, bei Erffurt, erbauet haben, Becher in Chron. Thuring. pag. 83. diesen Bau setzet Dresserus in lib. de Urb. Germ. in das 707. Jahr: aber damahls hat regiret Dagobertus II. ein

Sohn nicht des Clotarii II. sondern des Childeberti II. und ist gestorben A.C. 720. Reusn. in Geneal. Pharamund fol. 15. 16.

A.C. 743. ist die Haupt-Kirche in der Ehre der H. Jungfer Marien vom ersten Ertz-Bischoff Bonifacio zu Maintz gestifftet worden.

A.C. 1163. ist die Stadt Erffurt ümbmauret worden, und hat solche Landgraff Ludwig, der Eiserne genant, zu Thüringen und Hessen, A.C. 1165. wider eingerissen.

A.C. 1232. ist das Paarfüsser-Kloster gestifftet worden.

A.C. 1351. Ist der Chor in der Marien Kirchen zu bawen angefangen, und Kost der Baw 20000. Marck Silbers: damals sein auch die Steinern Gradus oder Stufen angeleget, von unden an biß zum Peters Berge.

A.C. 1289. helt Kaiser Rudolphus I. einen Reichstag uff den <u>166</u> Petersberge in Erfurt, und nennet solche eine Friedestadt, Joh. Hundorf. in Encomio Erfurtino A.C. 1652.

A.C. 1362. ist die Universität vom Pabst Bonifacio, dem IX. dieses Namens, bestätiget worden.

A.C. 1472. hat ein Prediger-Münch aus dem Klosterpforte die Stadt Erffurt mit Feuer angelegt.

A.C. 1494. hat Kaiser Maximilianus I. auf Bitte Ertzbischoffs Berthels zu Meintz gebornen Gefürsteten Graffen zu Henneberg zwei Jahrmärke verliehen, den Ersten auf das Fest Trinitatis, den Andern auf Martini zuhalten. Binhard. lib. 3. Chron. Thuring. p. 28.

A.C. 1479. ist die Cyriaxburg angeleget worden.

A.C. 1497. ist die grosse Glokke von 270. Centnern, im Umkreiß 14. Ellen, und anderthalb Viertel, von Eberhard von Kempen gegossen, von Johanne Bonemilch de Lasphe getauffet, und Susanna genennet worden, Crusius lib. 12. part. 3. Annal. Suev. c. <u>167</u> 22. f. 799. Dieser ihr Glokkentäufer ist vorher zu Erffurt A.C. 1483. den 19. Febr. Doctor der H. Schrifft worden, mit Fr. Nicolao Marquiz de Magdebork, Prediger-Ordens, wie bezeugen die Autumnalia Theol. fructificant in Effur. A.C. 1629. Die Glokken-Tauffe hat erdacht und aufgebracht Pabst Johannes XIII. und die grosse Glokke zu Rom ad Johannem Lateranensem nach seinem Nahmen nennen lassen. Uber der Glokkentauffe hat sich Kaiser Maximilianus I. mit den Ständen beschweret auff dem Reichstag zu Nürnberg, A.C. 1522. cap. I. solten die Päbstler ihre Glokken nicht täuffen, täuffen sie doch aus Aberglauben und aus Geld-

geitz die Kriegsfähnlein, wie zu Gröningen in Frißland geschehen, da sie eines Barbara, das andere Catharina, und so fort an,
bei der Tauffe genennet haben. vid. D. Gerhardus tom. 4. de Bapt.
§. 166.

A.C. 1561. ist aus dem Augustiner Kloster worden das Pæda-
gogium.

168 ⸤A.C. 1664. ist sie von Joh. Philippen, Churfürsten zu Maintz,
gebohrnen von und in Cronenburg, mit Hülffe König Ludwigs
XIV. in Frankreich, belägert, und mit Accord oder gutwillig ergeben worden. Am 21. Octob. des alten Calenders, hat der Ertz-
Bischoff seinen Einzug gehalten, und den 28. desselben die Hul-
digung empfangen, und die Einwohner bei ihrer Religion zu lassen hingegen versprochen.

Gera: eine Stadt im Osterlande, liegt vier Meilen von Jena,
gegen Morgen, gehöret den Freiherren von Plauen, ist von Graff
Wiprechten zu Groitsch A.C. 1086. erbauet, und dessen altes
Schloß Osterstein von den Böhmen A.C. 1450. in Grund verstöret worden, Fabric. lib. 7. Orig. Sax fol. 719. Ist heute zu Tage weit
und breit berümt wegen seiner Handlung mit Wollen und gewirk-
ten Zeugen: sonderlich wegen des wohlangerichteten und bestell-
ten Gymnasii. Die Gegend umb Gera wird von Metbomio im
169 Buche de utriusque Saxoniæ & vicinarum Regionum pagis, p. 93.
genennet Pagus Geraha, das ist Gow: Pflege Refier: Strichlandes.
Spangberg im Adelspiegel p. I. lib. 10. c. 15. fol. 283. nennet Gera
eine Grafschaft, dazu gehöret die Stadt Gera, Schleiz und Lobenstein.

Kahla: Eine Stadt, liegt anderthalb Meilen über Jena, an der
Saale, unter dem hohen Schloß Leuchtenburg. in Assyrien an
Wasser Euphrat ligt Calah oder Calach eine Stadt, und heisset uf
Teutsch Altstät, Altenberg oder burg, von Assur dem Sohne
Sems erbauet. Gen. 10. v. 11. 12. Etwan 100. Stadia von Pariß
liegt ein Dorff oder Flekken Cala, da wird A.C. 586. König Hil-
perich in Frankreich uff Anstiftung seiner Gemahlin Fredegunda
und ihres Buhlen Lendrichs umbgebracht. Crusius part. I. Ann.
Suev. L. 9. c. II. fol. 250. Philippus Ottlerus, bürtig aus der Stadt,
suchet den Nahmen seiner Heimat in dem Lateinischen Wort
Calendæ, wann er also schreibet A.C. 1624.
Haud capis â calvis tibi nomen montibus isthoc,
  Nec nudi colles hocce dedêre tibi:
170 ⸤Collibus à nudis, à calvis montibus urbes.

74

Si suavicinæ nomina jure ferant:
Hinc Calam vocites ut quamlibet, optime Lector
Thuringus Calvas quot numerare potest?
Cala vocare, olim quia fertur Roma Calendas
Isthôc Martipotens instituisse locô,
Et fixisse diu solitô tentoria more
Post Calam fama est nominitasse locum,
Cum bellô Gothicos vellet delere Tyrannos
In Thuringiacis Marte vel arte plagis.

Vielmehr hat diese Stadt ihren Namen von kahlen Bergen, die ümb diese Stadt liegen; Gleich wie das nechste Städtlein über Jena von fruchtbaren Auen, und deswegen Lobdau genennet wird. Welches aber itzt genandter Otler nicht zu giebet. Albinus schreibt in der Meißnischen Land Chronike tit. 15. fol. 198. das sie, als eine Mitgifft, sey kommen an Landgraff Friederich zu Thüringen, genant den Freudigen, welcher A.C. 1301. üm Bartholomei, hat geehliget Fräulein Elisabeth, die Jüngere, Gräffin zu Arnshag, neben der Stad Jena und Neustadt an der Orla, so wohl neben den Schlössern Arnshag und Leuchtenburg. Er ist ihm aber selber zu wider im nachfolgenden fol. 199. und schreibt, daß Landgraf _171_ Friederich zu Thüringen, der Ernste genant, A.C. 1345 die Stad Kala und das Schloß Leuchtenburg, mit Hülffe derer von Erffurt, dem Graffen zu Schwartzburg abgenommen habe. Uber das fol. 204. vermeldet er, daß Landgraf Friederich zu Thüringen, genant der Streitbare, hernach Churfürst zu Sachsen, A.C. 1390. das Schloß Leuchtenburg eingenommen habe, weil Heinrich von Paradiß, ein Erffurtischer Bürger, dem Graff Günther dasselbe verpfändet, einen Bauren habe henken lassen, der im Saalstrom gefischet hatte. Vielleicht haben die Landgraffen zu Thüringen, oder vor ihnen, welches der Warheit ähnlicher scheinet, die Grafen von Arnshag, Herrn zu Elsteburg, Leuchtenburg, und Lobdeburg, solche Stadt und Schloß denen Grafen zu Schwartzburg versetzet und verpfändet.

Kamberg: Kamberg ein Markflekken oder Städtlein, anderthalb Meilen unter Jena, am Saalstrom, hatte weiland ein fest _172_ schloß, darauf sich Apollonius Vitzthum aufgehalten, Landgraff Wilhelms zu Thüringen vornehmster Raht, und Anstiffter des Brüderlichen Kriegs zwischen denselben und Churfürst Friederichen zu Sachsen, genant dem Versühnlichen; Darüm hat A.C.

1447. die Dörffer ümb Kamburg abgebrand Graff Ernst zu Gleichen, Churfürstlicher Oberster.

Ist weiland eine Graffschafft gewesen. Spangenberg im 1.
Theil des Adelspiegels nennet sie in X, Buche 15. cap. am 180.
blate Camberg oder Compurg. Und sezet gar nichts denkwürdiges darbei. Crusius Ann. Suev. part. 2. l. 7. c. 4. fol. 22; gedenket im
Jahr Christi 1070. eines Schlosses bei Hall in Schwaben, welches
die drei Brüder Burkhard, Heinrich und Rugerus Grafen zu
Chomburg in ein Closter für die Benedictiner Münche A.C. 1070.
verwandelt und in nachfolgenden 18. Jahren ausgebauet haben.

173 Wilhelm Graf von Camburg dienet Hertzog Rudolff zu
Schwaben wider Kaiser Heinrich IV. und wird von Evenharto
Barbato einen Fürsten gefangen, welchen er überweldiget, und
kömpt davon in der Schlacht A.C. 1078. 7. Aug. Crusius part. 2.
Annal. Suevic. l. 8. c. l. fol. 242.

Sonst ist noch eine Insul dieses Namens Camberga am
Rhein, dahin hatte Kaiser Rudolf I. von Habsburg beschieden
den Uberwundenen König Premislaum III. in Böhmen, sonst
Othogar oder Odoaker genant, daß er ihme huldigen solte. Als er
nun vor dem Kaiser im Gezelte kniete, und den Eyd der Treue
leistete, so wurden alle vier Theile des Gezeltes durch die darzu
bereiteten Seile allmählich niedergeleget, daß iederman sehen
kunte den König Odoaker in Böhmen kniend vor dem Kaiser
Rudolpho, der vor diesem sein Hofmeister gewesen war. Dieser
ihm, wie er meinete, zugefügter Hohn, hat ihn verursachet, von
dem Kaiser wieder abzufallen, Gerhardus de Roo lib. I. Histor. Austr.
p. 27.

174 Von dem festen Schlosse Camberg an der Saal in Thüringen,
ist heute zu Tage noch übrig ein hoher runder Thurm, und etzliche Mauerwerke, daraus seine Feste und Weite kan abgenommen
werden.

Ist weiland eine besondere Graffschafft gewesen, darvon sich
etzliche Nachkommen des Königs Witekindi der Sachsen geschrieben haben.

Dedo I. Marggraff zu Laußnitz, Burggraff zu Sorbekk, Graff
zu Wethin, Brene, Cylnberg, und Camburg, Fabr. i. 5. orig. Sax. f.
520. Weil er das Thüringerland von Kaiser Heinrich IV. nicht
erlangen, auch Ecberten II. Marggraffen zu Sachsen und Thüringen, nicht abnehmen kunte, ist er des Kaisers Feind worden, und
hat das Schloß Beichlingen in Thüringen mit Gewalt eingenom-

men, ist von seinem eigenen Trabanten erstochen worden, A.C. 1061. Reusner. in Genealog. Witik. fol. 173.

Gero I. itzt gemeldten Dedonis Bruder, Graff zu Brene und Camburg, hat mit seiner Gemahlin gezeuget Bischoff Güntherum _175_ zur Naumburg, der A.C. 1093. gestorben ist, Reusner d. I fol. 274. Sie ist gewesen Bertha, eine Gräffin zu Groitsch, Graffen Popponis zu Orlamünda, und Herrn zu Weinmar und Wiper, Witwe. Wiper ist ein Schloß und Stadt am Hartze bey Hammelburg, Fabr. lib. 5 Orig. Sax. fol. 529.

Wilhelmus Geronis II. Sohn, Graff zu Camburg, hat A.C. 1076. Marggraff Ecberto II. zu Sachsen und Thüringen, geholffen wieder die Böhmen, und sie aus der Stadt Meissen vertrieben. Ist ein Liebhaber der Teutschen Freiheit gewesen, und hat Kaiser Heinrich keinen schrekklichern Feind als diesen empfunden, Fabr. d. I fol. 529. 530.

Wilhelm, Graff zu Kamberg, hat, A.C. 1116. und zur selben Zeit dem Kloster Laußnitz, nicht weit von den zwei Städten Bürgel und Eisenberg gelegen, viel zuwendet.

Rudolff, Graff zu Camberg, wird A.C. 1140. als ein Zeuge _176_ angezogen in Stifftungs-Brieffen des Klosters Pforte, an der Saal, unfern Naumburg, vid. Chron. Portenie Bertuchii ibid Rectoris, lib. I. c. 2. p. 26.

Kapellendorff: Liegt eine Meile von Jehna, und hat seinen Nahmen nicht von einer Kapellen, sondern von einem Mantel, welcher eine Kappe genennet wird. Der H. Bischoff und Ritter Martinus wird abgemahlet auf einen Pferde, seine Kappe oder Mantel theilend mit einem Bettler, und dieser ist der Franken, welche weiland ümb diese Gegend gewohnet, und das nechste Dorff erbauet, und von sich Frankendorff genennet, Patron und Schirmherr gewesen.

Ist weiland eine Stadt gewesen; sintemahl Burggraff Dieterich zu Kirchberg in einem Schreiben A.C. 1216. die Einwohner zu Kapellendorff nennet seine Bürger.

Das Nonnenkloster daselbst, Cistercienser ordens, weiland under dem Schutz des Apts zu Fulda, hat A.C. 1202. gestifftet _177_ gemeldter Burggraff Dieterich zu Kirchberg, Herr zu Kapellendorff, in der Ehre der Heiligen Jungfrauen Maria, und des Heiligen Apostels Bartholomei und hat ihnen vermacht die Dörffer Köttschau: Hohlstet: Franckendorff und Romstet A.C. 1203. Und die, von ihnen am Gäntzig-Berge bei Jena, angelegten Weinberge zehendbar gemacht, A.C. 1237. zur Zeit Bischoffs Engelhards zur Naumburg. In diesem Nonnen Kloster sind Gräfliche, Herrliche, Adeliche Personen erhalten worden, und ist A.C. 1374 Aptißin gewesen Luchardis, Burggräffin zu Kirchberg.

A.C. 1452. hat Apollonius Vitzthum Kapellendorff besessen, und in seinem Nahmen beschützet Bernhard Vitzthum, und Dieterich von Schillenstädt, der Mitlere, hat Hertzog Philipps zu Burgund Gesanden, an die Hertzogen zu Sachsen, überfallen zu Heshusen, und theils Gefangene geschikket nach Kappendorff, welche hernach der Letzte übergeben hat Graff Adolffen zu Gleichen, welcher im Nahmen Hertzog Wilhelms zu Sachsen das Schloß belägerte, und einbekam.

178

Lobedau: Ein Städtlein, liegt eine halbe Meilen von Jena, jenseit der Saale, hat seinen Nahmen von Löblichen Auen: Deswegen wird es von M. Joh. Stigelio lib. 4. Poemat. elegi. 4. genennet Lauda. Die Kirche hat A.C. 1330. in das Stifft Naumburg gehöret, und ist die provision und versorgung einer Capellen aufgetragen und anbefohlen worden Heinrich Medeln. Aus dieser Stadt ist burtig gewesen M. Nicolaus Gröbitz, von Lobdau, welcher zu Leipzig A.C. 1469. Magnificus Rector gewesen ist.

A.C. 1474. ist der Küchenhoff in der Stadt Lobde berühmet gewesen, und haben darzu damahls gehöret 60. Ahräkker, 50. Akker Wiesewachs, 16. Akker Weinwachs, und haben solchen besessen die Edlen Puster in Schlöben; Von ihnen ist er kommen auf Ehrenfried vom Ende, welcher A.C. 1541. Churfürst Johan Friederichs zu Sachsen Küchenmeister gewesen. Zu meiner Zeit haben den Küchenhoff besessen Johannes Charius, Johann Ernst Wüste; D. Christophorus Philippus Richter. P.P. und anitzo der Juristischen Facultät Ordinarius Magnificus, welcher ihn auch von Grund auf neu gebauet hat, nach dem er A.C. 1653. 9. Nov. war abgebrand worden.

179

Von Schlössern, Ober-Mittel, Unter-Lobdeburg, davon sich die Graffen zu Arnshain vor vierhundert Jahren geschrieben, wird unten im 15. Cap. gehandelt werden.

Madela: Ein Markflekken, liegt eine grosse Weilweges von Jena, gegen Abend, hat weiland gehöret den Grafen zu Orlamünd, und Herren zu Weinmar, ist A.C. 1428. von den dreien Brüdern Wilhelm, Sigmund, und Otten Grafen zu Orlamünda, Herren in Lewinstein, Leuchtenberg, und Liechtenthanne vor 4000. reinische Gülden verpfändet worden Graf Heinrichen zu

180

Schwartzburg, und A.C. 1480. von Hertzog Wilhelm III. zu Sachsen ein gelöset worden. Heute zu Tage gehöret es ins Fürstenthum Weinmar, als eine Vogtei, und sind ihr unterworffen die Dörffer. (1) Döbritschen, (2) klein oder windisch Schwabhausen, (3) Ottstät, (4) Göttern, (5) Klein-Lohma, welche in Kriegszeiten zwei Heerwagen schikken, suche inder Jenischen Chronik A.C. 1393. 1395. 1428.

In diesem Madela haben weiland gewohnet Edelleute, und sich davon geschrieben. A.C. 1309. hat gelebet Albrecht von Madela, welcher wird angeführet als ein Zeuge in einem brieffe, darinnen Herman und Albrecht, Gebrüdere, Herren zu Lobdeburg, genant von Lüchtenburg, ihrer Schwester Mechthild, Aptißin zu S. Michael in Jena, das Schul-Regiment, die Schule- und das Glokkengeleute zueignen, das vorhin die Herren zu Lobdeburg, und in ihrem Nahmen die Pfarrer daselbst besessen haben. 181 Das Geschlecht ist verloschen, und ihr Adelich Schloß ist A.C. 1452. geschleifft worden im einheimischen Kriege, welchen Churfürst Friederich II. und Wilhelm, Hertzoge zu Sachsen, Gebrüdere, wider einander geführet haben, Fabric. libr. 7. Orig. Sax. fol. 724.

A.C. 1546 ist die Kirche in Madela erneuert worden, in welchem Jahr auch D. Martin Luther zu Eisleben seelig verschieden ist; Oben an der Dekke oder Gewölbe ist dieser Vers zu lesen, welchen Joh. Stigelius soll gemacht haben, wie Pantaleon Candidus lib. 3. Epitaph. p. 97. anzeigt:

Fortis & extremæ verax ætaris Elias
    Celsa pius cœli tecta Lutherus adit.

An der einen Seiten wird gelesen der Spruch: Verbum Domini manet in æternum: Gottes Wort bleibet ewig. Genommen aus H. Schrifft: Jes. 40.8. Psalm. 119. 96. Luc. 21. v. 33. 1. Petr. 1. 25. A.C. 1580. hat Heinrich Ringler, Bürgermeister daselbst, hernach Richter zu Jehna, mein ander Schweher, die eine Glokke lassen 182 giesen, durch Eccard Küchen, und daran diese Schrifft machen:

    Ich ruf euch all durch meinen Klang,
    Der Geist euch tröst mit seinem Gesang:
    Biß das ihr kommet in Himmel hinein,
    Da ewiger Sabbath und Freud wird sein.

A.C. 1663. 4. Octobr. zwischen 2. und 3. Uhr nach mittage, wil ein Weib nehmlich Hans Pflänzers Frau zugleich Flachs brechen und Holundermuß kochen, zündet darüber ihr Haus an, und brennen in allen 50. Wohnhäuser abe.

Mellingen: Hat weiland Mark-Recht gebraucht, und wird auch ein Städlein genennet von Fabricio lib. 7. Orig. Saxon. fol. 763. welches neben den Dörffern Döbritschen und Lothindorf A.C. 1449. im Brüder-Kriege Herman von Harras abgebrennet hat. Mellingen dieses Namens ist ein Städlein in der Schweitz, zwischen der Stad Baden, und Schloßbrauneck.

Es hat weiland gehöret den Graffen zu Orlamünd, welches-183 neben Buffart, sonst Buchfart genant, Vollersroda, sonst Volradisroda, Kettendorff, und dem zerstörten Schlosse Hertingsburg, Otto und Herman, Graffen zu Orlamünd, und Herren in Löwenstein, A.C. 1363. am Tage Antonii von landgraff Balthasarn zu Thüringen, zur Lehn genommen haben.

In der Thüringischen oder Eisenachischen Chronick, so ein Münch zu Eisenach A.C. 1407. gemacht, wird dieses gelesen: Es bawete Kaiser Carl eine Kirche in dem Lande zu Thüringen: Eine an der Ilmen zu Meldingen, und liß sie weihen in des H. Creutzes Ehre: die andere an der Unstrut zu Vargila, die ließ er weihen in des S. Bonifacii Ehre: die dritte zu Körner, und ließ sie weihen in S. Petri Ehr.

In dem Markflekken Mellingen, sonst Möllingen und Melding genant, haben gewohnet, und sich davon geschrieben vornehme Edelleute.

Hartung von Meldingen, ein weidlicher Ritter, so in Kriegen 184 manche Gefahr ausgestanden, muste doch zu letzt jämmerlich, samt sechs Graffen, in einem heimlichen Gemach verderben, A.C. 1184. Spangenberg Adelspiegel part. 2. lib. I c. 25. fol. 208 Ihm ist zu wider Fabricius Annal. Urb. Misn. lib. 2. fol. 45. und schreibt: Er habe Bellinger geheisen, und sei A.C. 1290 auf dem Reistag zu Erffurt also ümbkommen mit Graff Friederichen von Abensberg, Graff Heinrichen zu Schwartzburg, Graff Germar zu Ziegenhain.

Beringer und Ludwig von Meldingen, Brüdere, werden als Zeugen angezogen in einem Brieffe, A.C. 1194. 16. Jan. in welchem Ertzbischoff Conradus zu Maintz vermeldet, wie daß Otto, Graf zu Orlamünda und Marggraf zu Thüringen in Nahmen Kaiser Heinrichs des Dritten dem Stifft zu Manintz den Zehenden von allen Feldfrüchten verheischen habe, A.C. 1063.

Heinrich von Melding hat A.C. 1293 Thambach und Diet-hartzdorff verkauft ,ümb 300. Mark Silbers; Welche beide den Graffen zu Berka an der Ilm zur Lehn gegangen, und zum zer-störten Schlosse Waldenfels gehöret haben. Die Edlen von Ballenstät haben sie A.C. 1305. dem Kloster zu S. Georgen, bei der Naumburg an der Saale zugewendet.

Die von Meldingen sind gewesen unter den vier Reichs-Rittern, ihr Wapen sind gewesen zweene Adler neben ein ander in der Strase, so von oben herab Schlims durch ihren Schild gehet, sind abgestorben, und die von Weißbach an ihrer Stad kommen. Spangenberg Adelspiegel part. 3. l. 12. c. 34. fol. 217. Hoppenrod in Stambuchs Vorrede.

Bartholomaeus oder Bertthold von Melding in Lehnstein hat gelebet A.C. 1325.

Johannes von Melding ist Bischof zur Naumburg der XXIII. in der Ordnung gewesen. Als er auf seinen geburts- oder Nahmens-tag zwieschen zweien Weibes bildern tantzet, fället er nie-der, und soll ,noch wieder auferstehen, A.C. 1351. in vermeldet Groitschius in descriptio Salæ.

Ludwig und Rudolf von Melding in Lehnstein, haben gelebet: Jener A.C. 1346. dieser A.C. 1349.

Erhard und Rudolf von Melding in Lehnstein, haben gelebet A.C. 1437. Archivis und Urkunden des Ampts Jehna, fol. 859. sind diese Worte zu lesen. Ich Rudolf von Meldingen, darzu Erhard von Meldingen, Ritter, meinlieber Herr und Sohn, alle wohnhaftig zu Lehnstein.

Mersburg: Eine berühmte Stadt an der Saal, zwischen den zweien Städten Naumburg und Hall, hat seinen Nahmen nicht von Mars, welchen die Heiden vor einen Gott des Krieges und Sieges gehalten, sondern von seinem Erbauer oder Erweiter König Merwig zu Franken und Thüringen, A.C. 438. darinnen hat Kaiser Otto I. das Bisthum gestifftet, A.C. ,698. und zum ersten Bischoff verordnet Bosonem, seinen Capellan oder Beichtvater: Die Aptei aber, nahe darbei auf dem Lauternberg, hat Graf Dedo zu Wetin und Eulenburg A.C. 1053. gegründet, und sein Bruder Conrad, Marggraf zu Meissen und Laußnitz, A.C. 1124. vollendet.

Ernst Brotuff, der ältere Bürger zu Mersburg, hat A.C. 1555. den 21. Octob. lassen ausgehen eine Chronike von den Antiquitä-ten des Kaiserlichen Stiffts, der Römischen Burg, und Stad Marsburg an der Saal, und solche zugeschrieben Herrn Michael Helding, Bischoffe daselbsten.

Die Bischoffe folgen auf einander in dieser Ordnung.

Und weil eben solche Ordnung helt Albinus in Meißner Chronik tit. 22. fol. 288. und Matthæus Dresser in Millenario VI. part. II. p. 248. 267. und bei einen jeden Bischoffe dieser etwas denkwürdiges setzet: so wil ich aus allen dreien und aus andern Historicis das denkwürdigste aufzeichnen.

I. Boso ein Edler aus Beyern, Benedictiner Ordens im Kloster S. Emerani in Regenspurg, Kaiser Ottens I. des Stiffters Beichtvater und der Kirchen zu Memleben an der Unstrut: zu Dornberg an der Saale, und zu Kirchberg auff den Haußberge bei Jena Inspector, wird von Ertzbischoff Alberto zu Magdeburg, dessen suffraganeus der Bischoff zu Merseburg ist, geweihet A.C. 968. bekömmt die 2. Dörffer Hilperiz und Meydeborn an der Pleissa und Elster, und das Schloß zu Merseburg. Stirbt A.C. 970.

II. Giselarius oder Gisilerus, Keiser Ottens II. Rath wird A.C. 670. von Adelberto dem ersten Ertzbischoff zu Magdeburg geweihet, und folget Ihm A.C. 981. im Ampte nach darzu er gelanget durch Simonei: den Er hat aus dem neuen Bistum zu Mersburg eine Aptei oder Benedictiner Kloster gemacht, und als Ridach Graf zu Rochlitz ohne Erben verstarb, und die Salzkoden zu Dobrebora, an itzo Hall, dem Kaiser heimfielen, hat er solche den Stifft Magdeburg A.C. 945. ausgebeten.

III. Wigbertus oder Gilbertus ein Edeler Thüringer Keiser Heinrich des II. Capellan, wird Bischoff A.C. 1007. und von Dagano Ertzbischoffen zu Magdeburg geweihet: gehet mit andern Herren zu Chor, und hat ingemein mit Ihnen, die Eß-Stub und Schlaffhauß. Rottet den Eichwald des Abgotts Zuttiberi aus, und macht aus der Benedictiner Aptei wiederumb das Bistumb zu Merseburg.

IV. Theodomarus oder Ditmarus ein Graf von Walcke in Sachsen A.C. 1012. zu seinerzeit legt Keiser Heinrich der II. Heilige oder hinkende genand den ersten Stein zur Stiffts-Kirchen Laurentii, verehret darzu zwei Glokken und den Ort Leipzig A.C. 1022. dieser Ditmarus hat geschrieben eine Chronik von der Zeit Keiser Ottens des I. biß auf die Zeit Keiser Heinrich des II. und endet sich in 1022. Jahr. Das Original ist noch verhanden in Peterskloster auf den Lauterberg. Ein Graf aus Meissen hat unter Ihm dem Stifft zugeeignet das Vorwerk Eichdorf bei Lutzen.

stirbt A.C. 1023. Ihm ist in Stift nachgesetzet nicht Ericus, welcher den Ertzbischoff zu Magdeburg sol eingeweihet haben: sondern Bruno. Dresser d. l. p. 251.

V. Bruno oder Braun I. ein Sächsischer Graf von Walbek bei Helmstet, oder wie etzliche wollen, ein Graf aus Beiern, Kaiser Heinrich des II. Anverwander; Ist gewesen gelehrt und guthätig, und hat die A.C. 1021. angefangene Stifftskirche zu S. Lorenz in Merseburg eingeweihet in beisein Kaiser Heinrichs des II. und seiner Gemahlin. Stirbt A.C. 1040.

VI. Hunoldus ein Edler Duringer von Keiser Heinrico III. A.C. 1040. beruffen, bauet die Kirche S. Sixti auf dem Berge und den eingefallenen Chor der Stifft-Kirchen und zihret Ihn mit 2. Thürmen. Er hat auf des Pabstes Befehl den Ertzbischoff Engel- 191 hart zu Magdeburg geweihet.

VII. Albericus oder Alberinus, der Erste unter denen, welche das Dom-Capitel A.C. 1050. erwehlet, und Kaiser Heinrich III. bestetiget hat.

IIX. Eccelinus oder Ekkelius ein Hertzog aus Beiern, A.C. 1060. von Keiser Heinrich III. bestellt: prediget selber, isset mit dem Domherren: und bestellet eine Lehr- und Sing-Schule; Daher kommen die Chorales Scholasticischaft die Concubinas oder Köchin der Domherren abe: lesset die H. Schrifft über der Mahlzeit lesen, Stirbt A.C. 1060. 27. Octobr.

IX. Offo oder Onufrius, auch Eppo aus Beiern: beruffen von Kaiser Heinrichen IV. A.C. 1065. hat das Lob der Keuschheit, Gutthätigkeit und der scharfen disciplin.

X. Wintherus ein Edler aus Franken, vom Kaiser Heinrichen den IV. beruffen, Ehrgeitzig und den Wollüsten ergeben: ver- 192 pfändet viel Stifftsgüter deswegen: Stirbt A.C. 1071.

XI. Wernerus I. ein Turingischer Graf, wird vom Domcapitel erwehlet A.C. 1073. und von Kaiser Heinrich IV. bestätiget: ist mit in der Schlacht bei Negelstat und Homburg, an der Unstrut, wider denselben Kaiser gehalten gewesen, und neben andern Bischoffen gefangen worden. Begibt sich aufs neue wieder Ihn, und hilfft dem vom Pabst eingeschobenen Kaiser Rudolf von Schwaben; und als dieser in der Schlacht die rechte Hand verleuret, fleucht Er mit Ihm gen Merseburg. Stift daselbst das Peters Kloster Benedictiner Ordens an der Stete, da die alte Burg gestanden A.C. 1091.

XII. Eppo oder Hippolytus oder Eberhard wird an stat des vertriben Werneri zum Bischoffe geordnet von Kaiser Heinrichen den V. und als dieser die Schlacht beim Wölffischen Holtz verleuret, wird er von vorigen Bischoffe Wernero aus den Stifft gejaget.

XIII. Albinus oder Albuinus oder Alvinus ein Hertzog aus Beiern, A.C. 1101. hilfft das Jacobs Closter zu Pegau einweihen, erbauet von Graff Wiperto dem Eltern, Marggrafen zu Laußnitz, Burggrafen zu Leißnitz und Magdeburg, Graffen zu Groitsch.

XIV. Gerhardus wird A.C. 1117. von Ertzbischoffe Adelgotho zu Megdeburg und Bischoff Theodorico zu Zeitz ohne vorhergehende Wahl eingedrungen.

XV. Arnoldus I. aus Adelichen Geschlecht, hat das Schloß zu Zwencau umbmauren lassen: Wird von seinen Blutsfreunden schelmisch ermordet A.C. 1126. Martinus Colonus aber sagt, Er sei in der Schlacht Kaiser Lotharici des II. wieder die Böhmen umb kommen. Es kan beides sein.

XVI. Meingot von Domcapitel erwehlet A.C. 1126. und von
Kaiser Lothario II. und Bretspieler genandt, bestetiget.

XVII. Ekkelinus II. von Capitel erwehlet A.C. 1143. und hernach von Kaiser Conrado III. bestätiget.

XIIX. Reinhard, ein geborner Graff zu Querfurt, wird ohne Wahl des Capitels vom Kaiser Conrado III. bestätiget: zeucht mit demselben in Syrien wieder die Saracenen. Wendet mit Einwilligung seines Bruders Christophori Grafens zu Querfurt dem Stiffte zu zwei Vorwerke, und underschiedene Felder.

XIX. Johannes I. wird vom Kaiser Friederichen I. beruffen, und von Ertzbischoffe Wigmanno zu Magdeburg eingeweihet A.C. 1176.

XX. Everhardus oder Eberhardus I. ein Graf von Seeburg in Beiern, Ertzbischoffs Wigmann zu Magdeburg Vetter, Kauft das Schloß und Dorff Werder und lesset es, wegen des A.C. 1118. erlangten Mark, nennen Neumark.

XXI. Theodoricus ein Sohn Theodorides III. Marggrafen zu Laußnitz und Landesberg Sohn, ist vom Capitel erwehlet, und hat dem Stifft Wolvor gestanden. Stirbt A.C. 1184.

XXII. Eccardus I. Ein Edler Thüringer und der Landgräfin Elisabeth, zu Thüringen und Hessen, genand die heilige, Beichtvater: Lesset die baufällige Mauer umb Merseburg ergänzen, A.C. 1181. Stirbt A.C. 1194. in welchen Jahr die Unstrut also ausge-

druknet ist, das die Wandersleuet darüber haben schreiten können. Gleich wie die Saale bei Jena A.C. 1616.

XXIII. Rudolff von Webau ein Edeler A.C. 1194. ein Stiffter
der Thomas-Kirchen auf den Neumarke vor der Stad, also genand vom Bischoff Thoma Cantuariensi.

XXIV. Heinricus von Warin I. ein Edler: bauet aus dem alten
Kaiserlichen Schlosse ein neues A.C. 1204. wird von zweien
Edelleuten, die Cotzen genand, gefangen, und nicht ehe loß gela-
sen, Er hatte den zuvor ihnen 16. Mark Silbers gegeben, und sich <u>196</u>
vereidet, solches an ihnen als seinen Lehnleuten nicht zurächen,
und das Geld wieder zuforden.

XXV. Albrecht von Born oder Bornis ein Druchses von
Burne oder Bornis Kömt zum Bischofthum in streidiger Wahl,
A.C. 1226. und sitzet nur vier Monath.

XXVI. Fridericus von Torga oder Turgau weicht in der Wahl
Albrechten von Born A.C. 1226. kommet nach selbe Tode zum
Bischoffthumb: gibt dem Rath die Jurisdiction oder Erbgerichte
wieder, und bauet aufs neu die Mauren umb Zwenka. Suche oben
Num XV.

XXVII. Heinrich von Ammendorff II. hat das Schloß zu
Lützen gebauet. A.C. 1262. der letzte seines Geschlechts Con-
radus von Ammendorff in Rotenburg an der Saale, ist gestorben
A.C. 1550.

XXVIII. Heinrich Kind, Ein Edler aus dem Stifft, dieses
Namens der III. von klein Gorschen im Ampt Luzen stehet dem <u>197</u>
Stift übel vor, verbrasset die von vorigen Bischoffe Heinrico von
Ammendorff gesparrte 1050. Mark Silbers, borget noch 2500.
Mark Silbers bei Marggraff Johansen zu Brandenburg, lösset seiner Mutter gefangenen Bruder Heinrich von Arras oder Harraß
mit dem Schloß Weisenfels, und nimmet dafür das Schloß Burg-
werben. Wird von Ertzbischof Burchard zu Magdeburg in ver-
wahrung gehalten, und stirbt bei Ihm elendiglich.

XXIX. Gevehardus ein Graff von Mansfeld und Herr zu
Schrapelau wird ohne Wahl der Domherren von seinen Bruder
Ertzbischoff Bernhardo zu Magdeburg eingeführet: verjagt die
Edlen Cotzen wegen verübter Rauberey und Rebellion aus dem
Stifft, erhöhet die Kirche S. Sixti zu einer Collegial Kirche A.C.
1227. wil seines Bruders Burchards Tod an den Magdeburgern,
die Ihn heimlich auf dem Rathhauß erschlagen hatten, rächen, <u>198</u>

85

aber vergebens. Unter Ihn haben die Bürger in Merseburg die Kirche S. Maximi erbauet. Stirbt A.C. 1338.

XXX. Sigismundus, Landgraf Fridrichen des Ernsten Sohn: Fridrichen des Freudigen oder Gebissenen Enkel: Fridrichen des Gestrengen Bruder, Landgraf zu Thüringen, Marggraf zu Meissen ist gebohren A.C. 1330. wird Bischoff 1338. hält sich mehr auf in seinem Land, als im Stifft.

XXXI. Heinricus IV. Graff zu Stolberg oder Stalburg A.C. 1357. ist der Erste welcher das Pallium und die Bestätigung vom Pabst geholet hat. Den vor Ihn ist die Wahl geschehen vom Kaiser oder Domcapitel, die Bestätigung aber von Ertzbischoffe zu Magdeburg. Kaufft das Schloß Libenau von Herman und Hayman Werdern. Stirbt A.C. 1366. 1. Febr. In folget zwar in Bischoffthumb ,Graf Albrecht von Mansfeld, ein Domherr zu Hildesheim A.C. 1366. stirbt aber des Nachts nach seiner Wahl. Reusnerus in Auctuario Geneal. fol. 50.

XXXII. Friderich von Hoym ein Edler Sachse, unter ihn sol A.C. 1366. ein Schulknabe zu Lübek in einen Kirchwinkel sich verkrochen, eingeschlaffen, und nach 7. Jahren allererst erwachet sein. Cranzius lib. 8. c. 39.

XXXIII. Burchardus ein Graf zu Querfurt, wird vom Domcapitel erwehlet und bestätiget: zu wider Pabst Urbano VI. welcher einen Edlen, aber ungelehrten aus Böhmen, namens Andresse von Duba vorgeschlagen hatte. Stirbt A.C. 1384.

XXXIV. Heinrich V. Ein Graff von Stolberg, oder Stalburg A.C. 1384. nimmet A.C. 1346. das Schloß und Stadt Ilenburg oder Eilenberg ein. Ihm ist zu wider Keiser Wenzeslaus, welcher den Andresen von Duba vorschlug: er ist aber doch Bischoff blieben, und hat allererst A.C. 1391 ,die Bestätigung vom Pabst Bonifacio IX. erlanget, und ist bald darauf 1393. gestorben.

XXXV. Heinricus VI. Schutzemeister Erbsaß in Orlamünda, wird A.C. 1393. von Domcapitel erwehlet, und nimt zum Coadiutore und Mitgehülfen an Graff Otten von Hohenstein, und bringt seine Zeit zu in Thomas Kloster zu Leipzig.

XXXVI. Otto Graf zu Hohenstein, Graf Dieterichen des II. Sohn erstlich ein Münch zu Walkenrid: wird A.C. 1402. Coadiutor, und endlich Bischoff, und macht darbeit viel Unkosten.

XXXVII. Waltherus von Kökeritz A.C. 1407. wird zu Rom bestätiget: löset die verpfändeten Stifftsgüter ein, stirbt A.C. 1411 und verlesset dem Stifft 2000. Ungerischen Gülden in barschafft.

XXXIIX. Nicolaus von Lubeca, anfangs Churfürst Friderichs I. zu Sachsen, und als Er Bischoff worden, auch der Universität zu Leipzig Cantzler und zwar der aller erste. Denn obgleich die Universität schon 1409. bei Lebzeiten seines Vorfahren Walteri 201 von Kökeritz ist angangen: Jedoch ist aller erst 1412. uf vorgehende Klage der Universität vom Pabst der Bischoff zu Mersburg derselben zum Cantzler verordnet worden neben den zweien Dom-Decanis, zu Merseburg und zu Naumburg, wie es vermeldet Dresserus in Mill. 6. part. 2. p. 261. 262.

Er ist in Namen des Landgrafen Fridrichs Bellicosi, (hernach Churfürstens zu Sachsen) und des Ertzbischoffs zu Magdeburg und anderer mehr auf den Concilio zu Costnitz an Bodensee A.C. 1414. gewesen., und große Ehre eingeleget. Er hat das Schloß Scopau und Liebenau an das Stifft erblich gebracht.

XXXIX. Johannes von Bosen (II.) wie Dresserus schreibet: oder Boso II. wie Brotuff wil: wird erwehlet A.C. 1431. stirbt A.C. 1463. an der Peste. Unter Ihn ist die Kirche S. Maximi eingerissen und von neuen erbauet worden.

XL. Johannes III. von werder aus dem Sufft Merseburg, A.C. 202 1463. stirbt 1468.

XLI. Tilo von Trotta in Scopau A.C. 1468. Hertzog Georgen zu Sachsen des Bärdigen Tauffzeuge: bauet die Kirche zu S. Lorenz in Merseburg, stirbt A.C. 1514. mit Hinterlassung 60000. Gülden und viel Getreide in Vorrath.

Unter Ihn stirbt A.C. 1469. Bruno der letzte Graf zu Querfurt, und 1489. bauet Ertzbischof Ernst zu Magdeburg, geborner Hertzog zu Sachsen die Moritzburg zu Hall.

XLII. Adolphus Fürst zu Anhald: Graf zu Ascanien, Herr zu Bernburg und Zerbst, A.C. 1514. vertreibt die Juden A.C. 1515. aus Merseburg, dorinn sie nach der Zerstörung der Stadt Jerusalem bis anhero gewohnet hatten. Die Ursach wird nicht vermeldet. Stirbt A.C. 1526.

XLIII. Vincentius von Sleinitz auf Jlaw: stirbt A.C. 1535. verlesset hinder sich bar 33000. Gülden.

XLIV. Sigismundus von Lindenau erwehlet A.C. 1525 stirbt 203 1544. hat das Schloß zu Lützen erneuert.

XLV. Augustus Hertzog zu Sachsen Churfürst Mauritii zu Sachsen Bruder, wird von Domcapitel erwehlet A.C. 1544. nimmet zum Coadiutore in Geistlichen Sachen an Fürst Georgium zu

Anhalt, und ordnet das Consistorium zu Merseburg, übergiebt das Bisthum A.C. 1548.

XLVI. Michael Helding, ein Belga oder Niederländer, ein Müllers Sohn genand Sidonius, weil er vom Pabst zum Bischoff zu Sidon verordnet: aber niemals doselbst gewesen ist: hat uff Befehl Kaiser Caroli V. A.C. 1548. neben Julio Pflugen Bischoffen zu Naumburg und Johanne Agricola Islebio gemacht das Buch genandt Interim, das hat einen Schalk hinter ihn. Und dasselbe zu Frankfurt an Main druken lassen. Wird darauf A.C. 1549. Bischoff zu Merseburg. Er und Cansius und Staphylus disputiren A.C. 1557. zu Worms mit den Lutherischen Theologen: ist mit auf den Concilio zu Trident ein Assesor und in Kaiserlichen Cammergericht Præses: Albinus in Meisner Chronik tit. 22. fol. 282. zehlet von Bosone den I. Bischof biß uf Helding inclusive nur 45. Bischoffe.

XLVII. Alexander Churfürst Augusti zu Sachsen Sohn, wird erwehlet A.C. 1562. stirb. 1567. 5. Octobr.

XLIIX. Augustus Churfürst zu Sachsen wird Administrator des Stiffts A.C. 1567.

XLIX. Christianus I. Churfürst zu Sachsen A.C. 1586.

L. Johan. Georgius I. Churfürst zu Sachsen A.C. 1592.

LI. Christianus II. Hertzog zu Sachsen, Churfürst Joh. Georgii I. Sohn, und Johan. Georgii II. Bruder Administrator des Stifts: ist geborn A.C. 1615. 25. Octo. ehliget A.C. 1650. im Nov. Fräulein Christinam Hertzog Philippi zu Hollstein Tochter.

Naumburg: Liegt drei Meilen von Jena, an der Wetterscheide, hat seinen Nahmen nicht eigentlich von der Nauenburg, sondern von den Neun Burgen, und Schlössern, die weiland um sie gelegen haben. Kaiser. Carolus, der Erste und Grosse genant, hat sie A.C. 808 wider die Wenden, gleich wie auch Dreßden wider die Böhmen, erbauet. Der Bischoffliche Sitz ist von Zeiz nach Naumburg A.C. 1030. versetzet worden von Ecbert, Marggraffen zu Thüringen und Meissen zur Zeit Kaiser Conradi Saliqui: Es ist aber dieses Bischoffthum zu Zeitz gestiftet worden vom Kaiser Ottone I. A.C. 968. und hat zum Wappen bekommen einen Schlüssel und ein Schwerdt über einander gelegt. In dieser Stadt haben A.C. 1614. den 30. Tag des Märtzen, die Erbverbrüderung verneuert die Chur- und Fürsten zu Sachsen: die Chur- und Marggraffen zu Brandenburg: die Landgraffen zu Hessen, also und der gestalt: Wenn das Chur- und Fürstliche Haus zu Sachsen absterben würde, so solten die Landgraffen zu Hessen zwei Theil neben der Chur-Würde, und die Marggraffen zu Brandenburg den dritten Theil bekommen: Wenn die Marggraffen zu Brandenburg abgehen würden, so solten die Hertzogen zu Sachsen einen Theil, und die Landgraffen zu Hessen das andere Theil mit der Chur-Würde haben: Wenn aber die Landgraffen zu Hessen würden verlöschen, so solten die Hertzogen zu Sachsen zwei theil, und die Marggraffen zu Brandenburg nur einen Theil von ihren Ländern haben, vid. Joh. Limnæus Tom. 2. Jur. Publ. lib. 4. cap. 8. p. 226.

Gregorius Groitschius in Beschreibung des Salstroms ausgegangen A.C. 1584. Erzehlet 39. Bischoffe von Hugone den ersten bis auff Julium Pflugen miteingeschlossen: Hingegen Matthæus Dresserus in Millenario VI. part. 2. p. 267. 276. Des gleichen auch Petrus Albinus in Meisner Land-Chronike tit. 21. fol. 284. 285. <u>207</u> und weil der mittelste sich beruft auf das Original und Archivum des Stiffts, sol wil ich auch seine Ordnung behalten, und darbei meldung thun aus andern Historicis, wie sie mit ein ander Können vergliechen werden:

I. Hugo oder Hauke der I. dieses Namens A.C. 968 oder 970. ist von Bischoff Alberto oder Adelberdo zu Trier: Bosone zu Merseburg, und Udone zu Havelberg eingeweihet worden. Wird von Ditmaro nur Prævisor genat.

II. Friderich der I. dieses Nahmens, wird A.C. 980. von Ertzbischoff Alberto zu Magdeburg geweihet, kauft viel Güter von Giselario Bischofe zu Merseburg, welcher sein Stifft zur Aptei Benedictiner Ordens machen wolt. Suche von diesem vorher in §. Merseburg. p. 188. 189.

III. Hugo oder Hauk der Andere dieses Nahmens: A.C. 1000. wird von Graff Dedone Busecio zu Wethin vertrieben, dieser Hugo ist beim Groitschio in der Ordnung der ander: aber beim <u>208</u> Albino und Dresero der dritte Bischoffe. Wird von etlichen Historicis gar übergangen: Dresserus schreibt p. 267. diese Ursache: Er müsse noch zur Zeit zu Zeiz und nicht zu Naumburg residiret und gesessen haben. Aber diese Ursache gilt nichts. Den auf diese Weise müsten auch die vorigen zwene Bischoffe Hugo der I. und Friederich der I. zu Verschweigen sein, weil sie auch zu Zeitz, und nicht zu Naumburg gesessen haben.

IV. Hildewardus oder Hilvardus oder Hildebrandus, oder Hildebrecht (nicht aber Willewardus oder Hilbrodus) der Feiste genand, ein Graf und Herr zu Gleisberg an der Sale, zwischen

Jena und Dornburg, dessen Vetter Graf Herman zu Gleisberg
Kaiser Heinrich des IV. Feldobrister A.C. 1065. gewesen ist. (Suche meine Annales Jenens. A.C. 1065.) Er hat wegen Unsicherheit
der Sorben Wenden seinen Sitz und Titul von Zeitz nach Naum-
209 burg.A.C. 1004. auf Vergünstigung Kaiser Heinrich des Andern
oder Heiligen, mit Hülff Marggraf Eccards zu Meissen und Nord-
thüringen gewendet: Es scheinet aber der Warheit ehnlicher, das
solche Versetzung des Bisthums von Zeitz nach Naumburg geschehen sei A.C. 1027. zur Zeit Kaiser Conrads Saliqui, Pabst
Johannis XX. und Ertzbischoff Hunfrids zu Magdeburg. Etzlich
gehen gar uf das 1030. Jahr.

V. Burchardus oder Eberhardus oder Buso A.C. 1040. hat
von Kaiser Heinrico dem III. oder Schwartzen das Vorwergk
Kitzerin im Dorff Witau erlanget. Wird vom Groitschio übergangen, und von Albino dem Kadelod nachgesetzet.

VI. Kadelohus, auch Adalies und Adalg, Calydus, oder Cadilo
und Kadalch genant, aus Lombardien: A.C. 1048. Kaiser Heinrich des III. Cantzler, von dem Er auch das Vorwerk Kusenci im
210 Dorf Zurbe bekommen hat. Dieser hat A.C. 1055. den Krämern
zu Jena das Recht verliehen, Ihre Markstäten auf Petri Pauli Messe zu Naumburg ohne Zins zu besitzen, und ihre Wahren frey zu-
und abführen zulassen, wie sein Diploma ausweiset, gegeben in
Mileven, das ist, Meinleben oder Memleben, in einem Closter an
der Unstrut.

VII. Heberardus, oder Gebebardus Eppo oder Happo genand, zur Zeit Benno Bischofs zu Meissen: sol erstlich ein In-
trusus Episcopus zu Mersburg gewesen sein: wie Albinus schreibt,
hat von beiden Kaisern Heinrichen III. und Heinrichen IV. Vater
und Sohne zwei Städte, Grimmi und Oszechs, des gleichen
Kochedez, Lisenich, Strele und Bosruz in Strich Talmenca über
kommen: Er ertrunk in einem Flusse, und ward im Chor zu
Naumburg begraben. Zwischen den zweien vorhergehenden
Bischofen Kadeloum und Eberhardum wird von Albino fol. 284.
211 gesetzet Bischoff Burchard oder Buso, und ausgelasen von Groitschio: aber von Dressero gesetzet über dem Bischoff Kadeloo,
und genennet Burchardus oder Eberhardus suche num. V.

IIX. Güntherus I. ein Graf von der Wipper: Graf Geronis zu
Brene Sohn: Marggraf Conradi zu Meissen Vetter, Kaiser Heinrich des IV. Anverwandter, eignet dem Stifft zu etzliche Güter in

Petersberg, Numleben (Memleben) Schaffstet, und Holfeld. Stirbt A.C. 1093.

IX. Walramus, oder Waldramus und Walrabonus genand, A.C. 1109. ist ein gelerter Bischoff gewesen, wie aus Dodechino und Catalogo Testium Veritatis zusehen: hat ein Buch geschrieben von der Consecrirung und Einweihung der Bischoff, wie zu sehen in Libro vindiciarum secundum Libertatem Ecclesiæ Gallicanæ. Siffridus in Epitome histor. lib 1. fol. 160. schreibt, Er habe mit Bischoff Albino zu Mersburg eingeweihet die Aptei zu Reinsdorff, gestiftet von Marggraff Wipprechten zu Lausnütz und Burggrafen zu _212_ Magdeburg A.C. 1091. Es hat aber in diesen Jahr noch gelebet sein Vorfahrer Bischoff Günther: entweder es ist ein Fehler in der Jahrzahl oder in der Drukkerei: An Ihn hat Bischof Anshelmus zu Cantuaria in Engeland sein Buch von der Ausgehung deß heiligen Geistes von Vater und Sohne zu gleich, geschrieben.

X. Dietericus I. A.C. 1111. sol aus den Witikindischen Stamme gewesen sein, wie Rivius schreibt: hat das Kloster Pozau, Bosen oder Bosnen bei Zeit(z?) gestiftet; in welchen Er stehend und betend vor den Altar unter der Messe von ein Layenbruder, so einer von Adel gewesen, ist erstochen worden, den Er vor diesen wegen seines ruchlosen Lebens und Wesens willen gestrafft hatte A.C. 1123.

XI. Richwinus oder Kulwinus hat des Kloster zu S. Moritz gestiftet, und ist darinnen begraben worden A.C. 1125.

XII. Udo I. oder Otto Graff Ludwig II. zu Thüringen und _213_ Hessen, genant des Springers, Sohn, A.C. 1124. Stiftet das Nonnenkloster an der Elster bei Zeitz, welches hernach zu S. Michael in der Stadt versetzet worden ist; hat sich an Kaiser Lotharii II. Hoff oft verweilet, und ist mit Bischoff Meingot ins gelobte Land gezogen.

XIII. Günther II. Graf Geronis zu Brehe Sohn; berümbt wegen seiner Auffrichtigkeit und Gerechtigkeit. Dieser Bischoff wird allein von Dressero gesetz: aber von Albino und Groittschio übergangen.

XIV. Wichmannus oder Witmannus, Margraf Conradi zu Meissen Schwester Sohn, ein Graf von Seeburg, der Ankunft aus Beiern. Etzliche nennen ihn von Tegeburg, wie Albinus wil fol. 289. oder Graf Geronis zu Segeburg Sohn: A.C. 1150. wird von Kaiser Friederico dem I. zum Bischoffe zu Magdeburg A.C. 1152.

beruffen, und endlich vom Pabst Anastasio IV. bestätiget, Stirbt A.C. 1193. 25. Augusti.

214 ˌXV. Bertholdus I. des vorigen Wichmanns Bruder, A.C. 1154. ist mit auf dem Reichstag zu Erffurt, A.C. 1160. auf welchen Kaiser Friderich I. Barbarossa oder Rotbart den Krieg wieder die Stad Mediolanum in Lombardien beschlossen und auch wolzogen hat. Fabricius lib. I. Annal. Urbis Misnæ fol. 32. Diesen Krieg hat auch Bischoff Bertholdus beigewonet.

XVI. Udo II. Ein Graf zu Pleissen, Udonis des I. Schwester Sohn, und ein Anverwandter Bischofs Wigmanni, und der Marggrafen zu Meissen, A.C. 1160. hat das Moritz Closter in der Naumburg mit vielen Einkünften verbessert.

XVII. Bertholdus II. A.C. 1185. ist mit Kaiser Heinrichen VI. ins gelobte Land gezogen A.C. 1196. wird von Groitschio übergangen.

XIIX. Engelhardus wird Bischof A.C. 1206. unter Ihn bestetiget Pabst Gregorius IX. die Versetzung des Bischoffthums von 215 Zeitz nach Naumburg A.C. 1208. ˌgleich wie vorher unter Bischoff Udone I. gethan hat Pabst Innocentius II. Erlanget A.C. 1238. viel Privilegia und Freiheiten von Heinrich dem Hammer, Marggrafen zu Meissen, hingegen hat er Ihm wieder belehnet mit Hain: Ortrant: Strelen: Dalen: Oschatz: Grimme: Smöllen: Rutleitzberg. Demnach ist dieser Fürst der erste Patron und Beschützer des Stifts zu Naumburg worden.

Dieser Bischoff Engelhard hat den Weinzehnden aus den Weinbergen welche weiland Burgraf Dieterich zu Kirchberg an Berg Jentzig und an Bach Gemda bei Jena angebauet hatte, vermachet den Nonnen in Capellendorff A.C. 1237. und hilffet A.C. 1240. das Paulinerkloster in Leipzig einweihen.

XIX. Dietericus II. Graff zu Wethin und Brene: Margraff Heinrich des Erleuchten zu Meissen Bruder: von Grotschio wird Er genennet ein Landgraff zu Landsberg: A.C. 1243. hat die grose 216 Gloke in der S. Marien Kirche in Erfurt geˌweihet, ligt begraben in Closter Bosen bei Zeiz.

XX. Meinhardus oder Meinherus bürtig, aus der Burggraffen in der Stadt Meissen oder der Marggrafen in dem Lande Meissen Stam: A.C. 1272. hat das Stifft in grosse Schulden gebracht.

XXI. Ludolphus wird unrecht Rudolphus genandt: A.C. 1281. verkäufft Sulesin bei dem Städtlein Strela an der Elbe.

XXII. Bruno Graf und Herr zu Querfurt, A.C. 1285. belehnet Landgraf Albertum zu Thüringen genand Degenerem oder den Unartigen mit Schlössern und Städten, Eccardsberg, Botenstet, Raspinberg (Rassenburg an der Lossa) und andern mehr.

Zwischen Bischoff Ludolfen und Brunonen wird von Albino fol 285. gesetzet Batherius, aber von Dressero und Groitschio aussengelassen, weil er vor der Confirmation verstorben.

XXIII. Ulrich oder Uldaricus ein Graf von Eilenburg, oder <u>217</u> ein Edler Herr von Wolkenburg, wird von Albino genennet ein Herr von Ilenburg (oder Eilenburg) A.C. 1304. hat Dalem und Strela an der Elbe den Herren von Ilenberg umb 500. Mark Freibergischen Silbers verkaufft.

XXIV. Heinrich I. Graff von Stalberg oder von Grünenberg A.C. 1315. hat wol haußgehalten, und dem Domdecano zu Zeitz die Pfarr zu Langendorff zugeeignet.

XXV. Witko I. von Meldingen A.C. 1347. wird von Albino fol. 385. genennet Wittich von Miltitz. Hat die Kirche S. Mariæ in Naumburg gestifftet, und das Schloß und Stadt Saleck umb 700. Schok gekaufft.

XXVI. Johannes I. von Melding A.C. 1348. tantzet am Tage S. Johannis des Evangelisten, und stirbt plötzlich unter den tantzen. Wird von etzlichen genennet Johannes von Miltiz.

XXVII. Rudolf Schenk von Nebra, ein Frey Herr von Tautenburg, A.C. 1352. verfendet dem Domcapitel Schönberg, Regis, <u>218</u> und Breiding vor 600. Schuck Prager- oder Böhmer-Groschen.

XXVIII. Gerhardus I. oder Gotthart Graf von Schwartzburg, A.C. 1362. wird endlich Bischoff zu Würtzburg, und hat vorher dem Stifft entwendet Stralen, und ander Güter jenseit den Fluß Mylda: außgenommen die Geistligkeit, und solche neben Saten und Frawenhayn verkaufet Hertzog Bolcken in Schweideniz Landgrafen zu Lausniz vor 4600. Schok.

XXIX. Witko II. oder Witigo A.C. 1373. gibt dem Capitel zu Naumburg Privilegia in Gerichts Terminen: und eignet dem Domdecano zu Zeiz ein Theil des Forsts zu Breitenbach zu.

XXX. Christian von Witzleben A.C. 1383. Erneuret die alte Huldiguns Formel, darnach sich noch anitzo der Raht zur Naumburg richtet. Stirbt A.C. 1395.

XXXI. Ulricus von Rhodenfels oder Radenfeld. Stirbt A.C. 1409. Wie Groitschius wil. oder 1410. Wie Dresserus schreibt d. l. <u>219</u> p 274.

XXXII. Gerhardus II. oder Gotthart von Goch oder Guch, aus dem Hertzogthum Jülig. Ist mit Bischof Johan. zu Meissen und Nicolao zu Merseburg auf dem Concilio zu Costnitz gewesen, und hat das Vrtheil über Joh. Hussen und Hieronymo von Prag sprechen helffen: Stirbt A.C. 1428.

XXXIII. Johannes II. Von Schleinitz, wird Doctor Decretorum zu Bononien: wie sein Patruus oder Vaters Bruder Petrus vor Schleiniz Probst zu Naumburg. Er hat das Schloß zu Zeiz mit Thurmen und Graben befestiget wieder die Hussiten: Stirbt zu Zeitz, und wird begraben zu Naumburg A.C. 1434.

XXXIV. Petrus von Haubitz oder Hugewitz Licentiatus Decretorum, mit dem Zunamen Balbus oder Stamler: Wird Unrecht Petrus von Schleinitz anderswo, insonderheit von Groitschio 220 genennet: Der Irrthumb kömmet vielleicht dahero, weil zu Zeiz in einer Messing Tafel zulesen ist der Nahme Petri Schleinizii Doctoris und Antistitus A.C. 1447. Er hat das Nonnenkloster zu S. Steffan in die Stadt Zeiz versetzet.

XXXV. Georgius von Haubiz Churfürst Fridrichs II. Placidi zu Sachsen Cantzler: Probst zu Meissen: Vnd Dechant zu Zeiz, Domherr zu Würtzburg, Naumburg und Merseburg, wird A.C. 1463. zum Bischof erwehlet, und auch begraben.

XXXVI. Georgius von Buxdorff oder Bukkendorff, ein Edler Schlesier, Doctor in Rechten, Ordinarius zu Leipzig: Autor des Repertorii in das Sachsenrecht A.C. 1463. Hat vorher A.C. 1445. Das Privilegium des Lateinischen Biers in Fürsten- und Marien-Collegio erlanget. Suche hiervon meinen Architectum Jenens. cap. 26. Ist gestorben A.C. 1466. Vnd hat ein Ewiges Stipendium Jährlich von 40. Gülden, so wohl etzliche Rechtsbücher auf das Raht-Hauß in Leipzig vermachet.

221 XXXVII. Heinrich II. Stammet aus Sachsen; A.C. 1466. hat sonderlich Lust zum Ritter-Spiel getragen.

XXXIIX. Dietericus IV. Von Schönberg, ein Edler Meisner hat A.C. 1491. in einer Bulla oder Schrifft allen unter seinen Sprengel Gehörigen anbefohlen eine milde Gabe für die Kirche zu S. Martin in Cunitz an der Sale unter Jena.

XXXIX. Johannes III. Von Schönberg, A.C. 1493. Hat Ertzbischoff Ernsten zu Magdeburg und Adolphen zu Merseburg Consecriret und eingeweihet, das Schloß Hainsburg erneuret und befesti- zum Coadiutore angenommen Hertzog Philippen in Beiern. Stirbt A.C. 1517. Er ist sehr betrauret worden, weil er nicmals seinen Lande eigene Schatzung aufgeleget, ausser der Noht: Den er hat seine Geistliche zweimahl mit Schatzung beleget: zur Ausbauung einer neuen Mühlen von 7. Gängen an der Elster, wie Lang in Chron. Ciz. schreibt.

XL. Philippus Pfaltzgraf bei Rein, und Hertzog in Beiern, Bischoff zu Freysingen und endlich zu Naumburg und Zeiz A.C. 1516. darzu ihn verholffen die beiden Brüder Churf. Friederich der weise und Hertzog Johannes zu Sachsen. Weil er ein Valetudinarius gewesen, hat Er das Stifts durch seinem Officialem und Räthe regiret, ist gestorben A.C. 1540.

XLI. Nicolaus von Ambsdorff der H. Schrifft Licentiatus, wird an stat des von etzlichen Canonicis erwehlten Julii Pflugen, von Churfürst Joh. Fridrichen zu Sachsen einführet, und von D. Martino Luthero ordiniret A.C. 1542. 20. Jan. weichet aus dem Bisthumb nach gehaltener Schlacht vor Mülberg an der Elbe A.C. 1547. 24. April. des wegen setzet ihn nicht in die Zahl der Bischoffen Albinus und Dresserus d. I.

XLII. Julius von Pflug, ein Edler Meisner: Decanus zu Meissen und Canonicus zu Meintz: wird von Kaiser Carlen V. uf das Colloquium zu Regensburg A.C. 1442. verschiket, und zum Bischoffe zu Naumburg von Capitel erwehlet: aber von Churfürst Johann Friderichen verworfen: nimb seine Zuflucht zu Kaiser Carln V. und König Ferdinando zu Ungern, und wird von ihm 6. Jahr lang wolgehalten. als derselbe A.C. 1547. 24. April in der Schlacht auf der Lochauer Heide, und bei Mühlberg an der Elb gefangen, wird er auf Kaiserlichen Befehl von Augusto zu Sachsen und Petro de Columna mit 24. Fähnlein Fußvolk, und 7. Fähnlein Reiterei eingeführet: Hat A.C. 1548. auf den Reichstag das Buch Interim neben Michaele Helding Sidonio, und Johanne Agricola Islebio Geschmidet, und ist darinnen weder kalt noch warm in der Religion gewesen. Auf dem Colloquio zu Worms A.C. 1557. hat er mit Sidonio: Delphio: Canisio: und Staphylo das Pabsthumm verthätiget, und zur Richtschnur in Religions sachen gesetzet nicht die H. Schrifft: sondern den Consens und Meinnung der Kirchen- lerer ist gestorben A.C. 1564. zu Zeiz in 65. Jahr seines Alters. Dresserus d. I. p. 276. 278.

XLIII. Augustus I. Churf. zu Sachsen; Administrator des Bischoffthumbs A.C. 1564. von Ihm heissen alle seine Nachfolger Postulati Administratores.

XLIV. Christianus I. Churf. zu Sachsen A.C. 1586.

XLV. Christianus II. Churfürst zu Sachsen A.C. 1591.
XLVI. Johan. Georgius I. Churfürst zu Sachsen A.C. 1611.
XLVII. Mauritius Hertzog zu Sachsen, Churf. Johan. Georgi
I. Jüngster Sohn, und Churf. Joh. Georgen II. Bruder, A.C. 1656.
ist gebohren A.C. 1619. 28. Mertzen: ehliget I. Sophiam Hertzog
Philippi zu Holstein Tochter A.C. 1650. im Nov. II. Dorotheam
Mariam Hertzog Wilhelms zu Sachsen Tochter A.C. 1656. 4. Julii.

<u>225</u>   Albinus in Meisner Chronik tit. XXII. fol. 284. 285. zehlet
von Hugone dem Ersten biß uf Julium Pflugen inclusive LXI.
Bischoffe.

Neumark: Ein Städtlein am Eitersberge, unweit Weinmar, in
welchem die Edlen Geschlechte der Riet-Esel, der Wurm, der
Techwitz, der Rokkhausen sich nieder gelassen haben.

Orlamünd: Ein Städtlein zwei Meilen von Jehna, hat seinen
Nahmen vom Fluß Orla, welcher daselbst in die Saale fleist. Wilhelm, Graf zu Orlamünd, welcher auch ein Marggraf zu Thüringen gewesen, hat A.C. 1060. die Kirche in der Ehre Christi, des
H. Kreutzes, der Jungfrau Marien, und Pancratii erbauet, dieselbe
ist A.C. 1520 im Feuer aufgegangen, und von Churfürst Friedrichen III. zu Sachsen der Universität Wittenberg einverleibet worden. Ist weiland eine berühmte Stadt wesen, und unter die vier
Maierhöfe und Vorwerke des Röm. Reichs gerechnet worden, an
<u>226</u> der Zahl das andere mit Amberg, Lichtenau und Ingelheim.

Rassenburg: weiland Raspenberg und Rasteberg genant, Ein
Städtlein auf der Finnen, unfern Buttstät, hat seinen Namen bekommen von dem darbei liegenden alten Schlosse Rassenburg,
darauf A.C. 1331. Theodoricus, und A.C. 1346. Titzel, beide von
Rassenberg, gewohnet haben. Cyriacus Spangenberg im Adelspiegel part. 2. l. 10. c. 15. fol. 294. nennet Raspenberg eine
Graffschafft, und schreibt, das darauf Graf Ludwig zu Thüringen
und Hessen des Bärtigen dritter Sohn Heinrich abgetheilet, und
weil Er ohne Erben gestorben, der Erste und letzte Graf zu Rassenburg gewest sei.

Rhemda: Ein Schloß und Städtlein dieses Nahmens, weiland
der Graffen von Gleichen, A.C. 1631. 7. Jan. stirbt Johan. Ludwig
der letzte dieses Geschlechts. Nach dessen Absterben ist die Universität Jehna darmit dotiret und begabet worden, wie auch mit
<u>227</u> dem Stadlein Apoleda, A.C. 1633. 2. Martii. Weiland haben uf
gewisse masse darzugehöret acht Dörffer: (1) Alten-Rhemda, (2)

96

Kuttenhain, (3) Loßnitz, (4) Ramsla, (5) Sund-Rhemda, (6) Kirch-Rhemda, (7) Hailsburg, (8) Trömlitz.

Rhoda: Ein Schloß und Städtlein, hat seinen Nahmen von dem Fluß, der rothen Schleim führet, hat weiland gehöret den Graffen zu Arnshag, Herren zu Lüchtenburg, Elsterburg, Lobdeburg und Burgau, welche es neben dem Schloß Leuchtenburg Graf Günthern von Schwartzburg verpfändet, der sich mit seinem Sohne, Johan. und Neffen Günther, A.C. 1348. deswegen Herren zu Lüchtenburg geschrieben hat. Es has aber Landgraff Friederich, der Streitbahre, und sein Bruder Wilhelm, zu Thüringen, die Schlösser Rhoda und Leuchtenburg wieder eingelöset mit 2100. Schokk Freiberger Groschen, A.C. 1396. Dominica Reminiscere, zu Leipzig.

Schloß und Stad Rhoda an der Rhoda ist unterschieden von 228 Schloß Leinen-Rhoda an Fluß Leina, in Sachsen, darauf die Grafen von Roda Hoff gehalten, und als sie abgestorben, hat H. Heinrich zu Sachsen, Leo oder Lewe genand Ihr Schloß Roda und die darbei gelegene Stadt Hannover oder Hennüffer eingenommen. Dresserus von Städten p. 257. 258.

Salfeld: Eine Stadt, gelegen an der Saale, fünff Meilen von Jehna, berühmet wegen des Bergwerks, Aptei, und nachfolgende Geschichte: Als die Pest in Jena zimlich einrisse, ist die Universität dorthin geleget worden, A.C. 1578. den 1. Aug. und daselbst verblieben biß A.C. 1579. den 9. Martii. Bei Cöln am Rein liegt auch ein Salfeld, welches König Philip in Frankreich dem Stifft Cöln A.C. 1204. gegeben, wie die Annales Franci oder Jahr-Bücher der Franken bezeugen.

Sultza: Ein Städlein gelegen an der Saale, zwei Meilen fast von Jena, schon berühmet zur Zeit Kaiser Heinrichs, des vierten, 229 welcher A.C. 1064. den Wochenmarkt bestätiget, und den dritten Theil vom Salzkoden den Peters-Brüdern daselbst vermachet hat. Den gnadungs Brieff in lateinischer Sprache setze ich in Annalibus Thuringo-Jenensibus, oder in der Jehnischen Chronike. das Saltzwerk zu Sultze ist itzo in guten Aufnehmen, ob es gleich nicht kan genennet werden Horreum falis eine Saltzscheune, wie Valentz in Frankreich: wie Hall in Sachsen: und Frankenhausen in Thüringen.

Tannenroda: Ein Städtlein und Schloß, unweit Weimar, A.C. 1214. wird in einem Briff Graff Hermanns zu Thüringen und Phaltzgraten zu Sachsen, als ein Zeuge angeführet Manegoldus und Conradus von Tannenrode, Vater und Sohn. Conrad und Ehrenbert die Eltere und Gebrüdere A.C. 1295. so wol Conradus und Ehrenbrech die Jüngere und Brüder, Herren zu Tannenroda und Herren in Strausfort A.C. 1259. vorher A.C. 1340. haben diese beide Conradi der eltere und der Jüngere zugleich gelebet, und sind ihre Nahmen zulesen in Register der Edlen Thüringer. Conradus, der Jüngere, und Friedericus, Herren zu Tannenroda, Gebrüdere, und Söhne Sophiae, Gräffin und Frauen zu Beichlingen, haben gelebet A.C. 1264. zur Zeit des Krieges zwischen Churfürst Friedrich und Hertzog Wilhelm zu Sachsen A.C. 1447. hat Apel von Vitzthum Tannenroda besessen, und als er ins Elend weichen müssen, hat Churfürst Ernst zu Sachsen, und sein Bruder Albertus, dessen Söhne Philippo und Tochter 2500. fl. so wohl ieden jährlich 300. Rheinische Gülden auf Leibe verschrieben zu Frankfurth am Main, A.C. 1486. Dinstag nach Lætare. das Schloß ist abgebrand A.C. 1551. auf den Sonnabend nach Servatii, zu Mittag umb 11. Uhr.

Weinmar; oder Weinmark, Oenagore und Methone: Diese Fürstliche Residens-Stadt ist von mir beschrieben nach ihrem Nahmen, Ursprung, Alter, Lage, Gräntzen, Wassern, Feldern, Gebäuden, Einwohnern, Obrigkeiten, Religion, gelehrten Leuten, Lobsprüchen, Zufällen, als Feuers-Wassers-Hungers-Sterbens- und Kriegse-Nöthen. Wie ich denn unlängst solche Beschreibung Hn. Christiano Richtern, Fürstl. Sächs. Hofmahlern auf Erforderung zu geschikket, weil sie hat sollen nach Frankfurt am Main in Drukk verschiket werden. Suche von Schlosse zu Weinmar das nachfolgende XVII. Cap.

Zeitz: Hat seinen Nahmen entweder von seinem ersten Erbauer Zeitz: oder vom Ebraischen Wort ‫זיז‬ Ziz, welches so viel, als eine volle Gnüge und reicher Vorraht ist: oder vom Teutschen Wort Zitz, wo die Gegend ümb die Stadt gleichsam ein Euterlein und Zitzlein ist, davon die Einwohner ihre Nahrung haben, wie dem der Bischoff zu Naumburg und Zeitz in der Matricul zu Rom genennet wird nicht Cizensis, sondern Mamillarum; oder von dem Heidnischen Abgöttin Ziza, die sonst Isis und Ceres genennet worden ist, vid. D. Johann Förster in Præfation Christlicher Communicanten Heilbrun und Lustgarten, A.C. 1608. den 19. Decemb.

Das Eilfftc Capitcl.
Von den angräntzenden Schlössern,
Unter Jena, insonderheit vom zerstörten
Schlosse Gleisberg.

Die Schlösser ümb Jena sind Theils unbewohnet, Theils bewohnet. Solche liegen meistentheils auf hohen Bergen: auf daß der Feind nicht so leicht solche ersteigen und einnehmen könte: Dempster ad Libr. 1. Antiquit. Rosin. Cap. 11. p. 17.

Als Kaiser Carolus der V. solche Antwort von einem Fürsten, den Er deswegen gefragt, bekam, sagte Er: uff der Ebene legen die Schlösser oder Festung bequemer, als uff Bergen wegen der Wassertränkke: Zufuhre: Walle und Geschützen. Aber nunmehr bauen sie gar unter die Erden, sagte Er ferner, auf das sie jo der Hellen desto näher sein. Daniel Paræus in Medulla Histor. Polit. 233 p. 896. 897.

Unbewohnet und demnach zerstörete Schlösser sind unter andern Gleisberg, Kirchberg, Windberg, Greiffberg, Lobdeburg, Orlamünde, welche alle jenseit der Sale liegen, ausser das letzte, welches disseit an den zweien Wasserflüssen, Sala und Orla, erbauet gewesen.

Gleisberg, auch Glisberg, Gleitzberg und Glitzberg genant, hat seinen Namen von seiner Lage, denn es liegt auf einem hohen spitzigen Berge, an welchem der fischreiche Bach Gleitze, Gliza oder Gleisse hin- und in die Saale fleust. Es kan sein, daß dem Wasser und dem Schlosse den Nahmen gegeben hat Gliza, Kaiser Caroli, des Ersten und Grossen genant, Fräulein Tochter, der gedacht wird in Chronico Reginonis fol. 28. beim Pistorio in Tom. I. Germanorum Scriptor. Wie denn im Frankenland lieget ein Gleisberg, als zu lesen ist im Adelspiegel M. Cyriaci Spangenbergs, 234 sonst Erpsen genant, part. 1. lib. X. cap. XV. fol. 283. b. wird sonsten Glichberg genant, unter welchem liegt das Dorf Gleichen, weil es auf zweien zugleich hohen Bergen erbauet ist, wie zu sehen in Nicolai von Ponika Land-Tafel der Fürstl. Graffschafft Henneberg: Wird von unachtsamen Geschichtschreibern mit unserm Gleisberg in Thüringen und am Saalstrom offt verwirret.

Aribo Graff zu Gleißberg hat seine einige Tochter Jornanda verehliget Graff Eberten zu Osterroda, und ihr die Grafschaft mit gegeben: von seinen Nachkommen den Graffen zu Osterroda ist die Graffschaft Gleisberg durch Heirath kommen an die

Hern Reusen. also sagt M. Gabriel Hartung Superintendens zu
Schläiz in der Leichpredigt H. Heinrich des IX. Reusens, H. von
Plawen gehalten A.C. 1666. 28. Martii. setzet aber kein Jahr,
darinnen es geschehen sein sol.

235   Es hat ein Herr von Plawen sich geschrieben einen Graffen
von Osterroda fast vor 600. Jahren: den Heinrich Graf von
Osterroda und Herr in Plauen ist gebohren A.C. 1082. und gestorben 1145. Wie Nicol Rittershusius vermeldet in Geneal Ru-
thenicis aus gegangen zu Tübingen A.C. 1664.

Es ist aber unser Gleisberg vor Alters gewesen eine Reichs-
Graff- und Herrschafft, die in ihrem Wappen geführet vier über-
einander geschränkte goldgelbige Garnwindel oder Spuhlräder, in
einem rohten Felde oder Schilde, wie solches bezeuget der Sächsische Historicus, M. Petrus Albinus, in Albo Saxon. pag. 276. 462.
und in seiner Meißnischen Land-und Berg-Chronike fol. 426.

Die Besitzer dieses Schlosses haben sich genennet und geschrieben unterschiedlich:

(1) Bald Graffen, nehmlich Herman, Graf zu Gleisberg, welcher Kaiser Heinrich dem IV. wider die Sachsen und Thüringer
236 treulich gedienet, und sein Feldoberster gewesen ist A.C. 1065.
1075. Georgius Fabricius Orig. Sax. lib. 3. fol. 349. 351. Spangenberg in Mansfelder Chronike part. 1. cap. 192. fol. 204. cap. 193.
fol. 207. Dessen Bruder oder Vetter ist Hildebrecht oder Hildeb-
radus, Graff und Herr von Gleisberg, der vierdte Bischof zur
Naumburg, unter welchem A.C. 1030. der Bischoffliche Sitz von
Zeiz nach Naumburg ist versetzet worden von Marggraff Ecberten zu Thüringen und Meissen, wie Adolarius Erichius in. Mappa
Thuring. und Georgius Groitschius in Beschreibung des Saalstroms
vermelden.

Dieses Geschlechtes ist auch hernach gewesen Graff Wilhelm von Glitzberg, welcher A.C. 1156. mit Graf Ludwig von
Lohun im Nahmen Arnoldi, Ertzbischoffs zu Maintz, einen
Hund eine kleine Weile zur Straffe des gebrochenen Reichs- und
Land-Friedens getragen hat: Gleich wie Pfaltzgraff Herman bei
237 Rhein in eigner Person, neben X. Graffen, eine gantze Meilen
lang, weil diese beide Reichsfürsten in Abwesenheit des Kaisers
Friederichs, des Ersten, und wegen seines rothen Barts Barbarossa genant, in Italien, und zwar wider sein ernstes Verbot auf
einandre gestreiffet, und den Landfrieden gebrochen hatten, da-

von ist weitläuffig zu lesen in Annalibus Suevicis M. Mart. Crusii part. 2. lib. 10. cap. 14. fol. 424.

(2) Bald Herren, nehmlich Erich, Herr zu Gleisberg, der A.C. 968. auf dem Thurnier gewesen ist, welchen Ridach, der Reiche, Marggraff zu Meissen, in der Stadt Merseburg, an der Saal, gehalten hat, Georgius Ruxner im Thurnierbuch fol. 48.a. Und Gotthard, Herr zu Gleisberg, welcher A.C. 996. den Preiß darvon getragen auf dem Thurnier, welchen Rudolff, Marggraf zu Sachsen und Herr zu Braunschweig, in Braunschweig gehalten hat, Idem ibid. fol. 51. b.

(3) Bald Voigte, nehmlich Heinrich, Voigt von Glitzberg, welcher A.C. 1268. neben seinen zweien Söhnen Ludolff und Herman, und mit seinem Vetter Alberto, dem Jungfer Closter in Kapellendorff vier und eine halbe Huffen Landes bei Frankendorff verkauffet hat ümb 48. Mark Silbers, der lateinische Kauffbrieff sähet sich also an: Ego Heinricus Miles, Advocatus do Glizberg: und endet sich mit diesen Worten: venditio apud villam Eilbrechtisgehoven, Annô Gratiæ M.CC.LXVIII.

A.C. 1036. solte der alte Stamm der ersten Graffen und Herren zu Gleisberg abgestorben sein, wie Petrus Albinus in Albo Sax. p. 276. 462, vermeldet; Wäre demnach der letzte dieses Stamms gewesen Walther von Hedwig, Marggräffin zu Vogburg, A.C. 1025. in Erffurt das Münchs-Kloster zu S. Jacob, oder zum Schotten, gestifftet hat, und daselbst begraben ist. Idem ibid. p. 276. Bange in Chron. Thuring. p. 41. Das Kloster schikket noch jährlich 300. fl. nach Rom, wie es aus des Pabsts Taxa erzehlet Herr Friederich Hortleder, Tom. 1. vom Teutschen Kriege, lib. 1. cap. 1. fol. 26. Daraus erfolget, das andern am Kaiserlichen Hofe wohlverdienten Edelen diese Graff- und Herrschafft ist verliehen worden. Den A.C. 1343. hat Heinrich Reuße, Herr zu Plauen, sich geschrieben einen Voigt zu Gleisberg, und den Nonnen-Kloster zu S. Michael in Jena etzliche Zinsen in Conditz oder Cunitz bestätiget. Es ist ihme dieses Schloß oder dessen Rende und Einkommen vielleicht versetzt gewesen von den dreien Brüdern, Ludolff, Heinrich, Hansen, genant von Gleisberg, derer zugleich gedacht wird in Archivis oder Urkunden des Klosters Ober-Weinmar, A.C. 1345. die ersten zwene, als Ludolff und Heinrich haben vorher A.C. 1341. 5. April. Ihre Mühle zu Löberschitz an der Gleiße verkaufft dem Kloster zu Bürgel. Suche meine Annales 1341. Es ist aber bald darauf an die Landgraffen zu

Thüringen kommen, den schon A.C. 1429. Mitwoch nach Oculi, hat Landgraff Friederich zu Thüringen, der Simpel genant, dasselbe ümb 4000. Rheinische Gülden verpfändet seinen beiden Vettern, Churfürst Friederichen II. Placido, dem Gütigen und Versöhnlichen genant, und Hertzog Sigismunden zu Sachsen.

A.C. 1290. ist Glitzberg neben andern Raubschlössern an der Saalen, auf Befehl Kaiser Rudolffs I. als er in Erffurt seinen Reichstag gehalten, durch Heinzelon Reuß, Herren zu Plauen, belägert, und zum ersten mahl zerstöret worden, Pekkenstein in Theatro Saxon. fol. 18. Damahls hat noch gelebet Walther von Glitzberg, und wird als ein Zeuge eingeführet in Klosterbrieffen zu Kapellendorff A.C. 1294. welche Hertzog Ernst zu Sachsen hat samlen und abschreiben lassen, f. 147.

A.C. 1450. hat Hertzog Wilhelm zu Sachsen, der Dritte und Kleine genant, von Gemüht aber und in der That ein Kriegs-
Held, das wüste Schloß Gleisberg, neben dem Hayn dabei, mit Gericht und aller Herrlichkeit zur Lehn gegeben den Vitzthumen, Bussen, Apeln, Burcharden, Gebrüdern, und Christian von Witzleben, daß sie solches wieder aufbauen, und wider seinen Bruder Churfürst Friederichen II. befestigen solten, ihme aber vorbehalten notdürfftiges Bren- und Bauholz aus dem Hayn auf die Kelter- und Kellerei in Cunitz. Datum Weinmar am Sonntag Oculi. Suche den Lehnbriff in meinen Annalibus unter dem 1450. Jahr.

A.C. 1453. nach gestilltem Bruder-Kriege, zwischen Churfürst Friederichen II. und Hertzog Wilhelm III. zu Sachsen, sind die Vitzthume, der rebellischen Linien, aus Thüringen und Meissen vertrieben, und ist das Schloß aufs neue zerstöret, und ein sonderlich Ampt worden, und verblieben, biß A.C. 1485. da ist es zu Leipzig allererst dem Ampt Jena einverleibet worden, als Churfürst Ernst und sein Bruder Hertzog Albrecht zu Sachsen
das Land getheilet haben, und ist Hanß Münch von Würghausen, zum Hauptman verordnet worden zugleich über Jehna, Bürgel, Gleisberg, Windberg, und Isenberg, oder Eisenberg.

Zum Ampt Gleisberg gehören nachfolgende Stükke: (1) Das zerstörete Schloß Gleisberg, (2) der Hayn, von 199. Akkern, und 60 Ruthen, (3) die Pfarr zu Beutnitz, mit dem Filial Golmsdorff und Naura, (4) die Pfarr Löberschitz, mit dem Filial Greutschen, welches nach Dornburg gehöret, (5) die Adel-Sitze zu Golmsdorff und Löberschitz an der Gleissa, (6) die Dörffer, als Löberschitz, Beutnitz, Naura, Golmsdorf, Lasen mit der Wüstung Lötschen, (7) der Saalstrom von Anfang der Erb Fischwasser über der Cunitzer Wehr biß zu den alten Borstendorffer Wehr, (8) der Fisch- und Mahlbach Gleiße.

Vor Zeiten hat auch zu Gleisberg gehöret (1) Groß Cunitz mit dem wüsten Klein-Cunitz, gelegen unter der Hunnen- oder 243 Hundskuppe des Jentzig, bei dem Sprungbörnlein über den Wenigen-Jenischen Wiesen, ümbs Jahr Christi 1405. wie die brifflichen Urkunden ausweisen, in welchen Landgraf Wilhelm II. zu Thüringen, Stiffter Sanct Georgen-Kirchen zu Altenburg, solche Schloß-Güter verpfändet hat Albrechten und Heinrichen von Buttelstät. Es ist aber solch Groß- und Klein-Cunitz A.C. 1485. bei der Landes-Theilung dem Ampt Dornberg einverleibet worden. (2) Knebsdorff, anitzo Kniebsdorff, üms Jahr 1405. aber A.C. 1485. ist es mit Ziegenhayn vertauschet, und dem Ampt Bürgel einverleibet worden, wie hier von zu lesen im Leipziger Beivertrag A.C. 1485. Dinstag nach Francisci, und im Naumburger Schied A.C. 1486. Sontag nach Johannis. Zu geschweigen der Stadt Bürgel und Weida mit ihrem Schlössern, jenes wird gedacht in Jenischen Ampts Urkunden part. 2. p. 284. Dieses aber bein 244 Dressero von Städten in Teutschland pag. 501.

Das Zwölffte Capitel
Vom zerstörten Schlosse Kirchberg.

Das Schloß Kirchberg hat seinen Namen bekommen von seiner Lage, weil es gelegen auf einem hohen und langen Berge, anitzo Schloß- und Hausberg genant, und unter demselben das Dorff Ziegenhayn, und im demselben eine Kirche, so vor 700. und mehr Jahren erbauet, in der Ehre der H. Jungfrau und Mutter Gottes Maria; Denn dieselbe Kirche hat versorget und versehen Boso, ein Edler aus Beierland, welcher hernach Kaiser Ottonis I. Capellan, und endlich der erste Bischoff zu Merseburg A.C. 968. worden ist, Ernst Brotuff libr. 1. Chron. Martisburg. c. 3. Suche oben alhier p. 188.

Sonst ist auch ein Kirchberg I. in Beierland an der kleinen Laber, und haben A.C. 1109. gelebet Graf Heinrich und Graf Ernst zu Kirchberg an der Laber. Spangenberg Adelspiegel part. 245 1. l. 16. c. 15. fol. 187. II. in Schwaben (1) am Jagstum: A.C. 1449. ist im Kriege ümb komen Adam von Kirchberg an Jagstum seines Geschlechts der Letzte. M. Crusius part. 3. Annal. Suev. lib. 3. c. 8. fol. 392. (2) Bei Ulm den A.C. 1510. den 20. Aug. ist gestorben

Graff Friederich von Kirchberg, seines Stammes der Letzte, welcher so stark gewesen, daß er einen eisernen Nagel allein mit seinen Fingern in die Wande geschlagen hat. Seine verledigte Grafschaft haben die Fugger zu Augsburg, Reimundus und Antonius Gebrüdere, vom Haus Oestereich erblich erlanget, Reusnerus in Auctuario Geneal. fol. 134. 135. in Spangenbergs Adelspigel p. 1. l. 10. c. 15. fol. 287. wird der letzte genennet nicht Friderich, sondern Philippus, vielleicht hat er zwene Namen geführet: oder einer unter meinen angezogenen Autoren muß fehlen.

246 Von diesem Schloß und Burg bei Jena, davon noch heute zu Tage ein hoher runder Thurm übrig ist, und über eine Meilwegs und weiter kan gesehen werden, haben die Burggraffen von Kirchberg ihre Geschlechts-Nahmen genommen und bekommen, und sich in unterschiedene Linien, Stammhäuser und Herrschaften ein- und ab-getheilet, und sind gewesen diese:

1. Kirchberg ist das Stamm Hauß, davon sich alle Burggraffen geschrieben haben, darzu haben gehöret die beiden darbei gelegenen Schlösser Windberg in der Mitten, und Greiffberg an der Stirn oder Spitze des Ziegenkopffs oder Haußbergs gelegen: Sind Landgräfliche Lehngüter.

2. Wintberg ist das Mittelste Schloß uff dem Haußberge, zwischen Kirchberg und Greiffberg davon hat sich geschrieben Albertus Burggraf zu Kirchberg, Herr in Windberg und Zigenhayn, Herr in Windberg und Zigenhayn A.C. 1372. suche in Jenischer Chronik dasselbe Jahr.

247 3. Altenberg: diese Herrschaft besitzet an itzo Hen Nicolaus Christophorus von Hünefeld uf Newenhayn und Altenberga, Römisch. Kaiserl. Majestät wirklicher Reichshoffrath, auch Chur-Maintz und Chur-Sachsen geheimter Raht, der sie von Edlen Johan. Ried-Eseln in Eisenbach aus Hessen ümb 33000. Reichsthaler baares Geldes A.C. 1671. erkaufft hat. und ist mit aller Herrligkeit, alten Herkommen nach, aus der Fürstl. Sächsischen Regierung zu Altenburg belehnet. Davon haben sich etzliche Burggraffen geschrieben Theodoricus Burggrafen zu Kirchberg Herrn in Altenberg A.C. 1396. und Hartman von Gottes gnaden Burggraff von Kirchberg, Herr zu Altenberge, A.C. 1442. Suche meinen Annales Thuringo-Jenenses.

4. Kapellendorff: das Schloß und Ampt ist ein Reichs-Lehn, und dessen Wapen ein Lewe, wie oben im 10. Cap. §. Kapellen-
248 dorff, pag. 175. vermeldet ist. Davon hat sich unter andern ge-

schrieben Hartman Burggraf zu Kirchberg Herr in Capellendorff, welcher A.C. 1352. Schloß und Städtlein Capelndorff mit den Dörffern Schwabhausen und Coppantz verkaufft hat den Erfurtern. Suche meine Jenische Chronik.

5. Krannichfeld, mit seinen beiden Ober- und Unter-Schlössern; Jenes gehet dem Haus Sachsen, dieses aber dem Stuhl zu Maintz, zur Lehn. Davon hat sich geschrieben Albertus Burggraf zu Kirchberg, Herr in Ober- und Nieder Crannichfeld, wol ehemahls als A.C. 1395. sich einen Marggrafen zu Kirchberg und Hr. zu Crannigfeld geschrieben: welcher A.C. 1398. sein sonst gantz freie Herrschaft Ober Crannigfeld von Landgraff Balthasarn zu Thüringen gutwillig zur Lehn genommen hat. Suche Jenische Chronik unter den Jahr 1398. so wol im Buch de Thuringia Antiquo-Nova lib. 5. c. 10.

6. Schawenforst: davon hat sich geschrieben A.C. 1457. Hartman Burggraff zu Kirchberg, Herr zu Schawenforst. Suche 249 Jenische Chronik in dem 1457. Jahr, sowol mein Thuringiam Antiquo-Novam lib. 5. c. 26.

7. Farrenroda: unweit Eisenach, damit hat Churf. Johann Friederich zu Sachsen A.C. 1532. ufs neue belehnet Burggraff Sigismunden zu Kirchberg, welcher sich einen Herren zu Farrenroda geschrieben hat schon A.C. 1525. suche meine Annales Thur. Jen. oder Thüringische Chronike in den 1525. Jahre Zu solcher Herrschafft gehöret 1. das Schloß und Dorff Farrenroda, 2. Hachenroda oder Huchroda, 3. Seebach oder Sibach, 4. Wuta, 5. Eicherod oder Eichenried; Dessen Sohn ist gewesen Sigismundus, der Jüngere, Burggraff zu Kirchberg und Herr zu Farrenroda, welcher A.C. 1558. den 2. Febr. der Einführung unser Universität zu Jena, neben andern Graffen, beigewohnet hat. Muthmaßlich ist vorher mit dieser Herrschafft belehnet worden Burggraff Albrecht, Hartmans Sohn, der A.C. 1461. 26. Mertz von Weinmar aus ins gelobte Land und zum H. Grabe gezogen ist mit 250 Hertzog Wilhelm zu Sachsen. Suche meine Jenische Chronike in A.C. 1361. 1482.

Es ist aber das Geschlecht der Burggraffen zu Kirchberg ein uraltes, und vor siebenhundert Jahren schon berühmet gewesen. Denn Wilhelm, Graff zu Kirchberg, hat A.C. 938. Sontag nach der H. Drei Könige, den ersten Thurnier zu Magdeburg besuchet, welchen Kaiser Heinrich I. Auceps oder Finkler genant, nach erhaltenen siegreichen Schlacht mit den Hunnen oder Ungern zu

Merseburg an der Saala angestellet hatte: Münster in Cosmogr. fol. 1028. Ihn nennet Ruxnerus im Thurnierbuch fol. 32. aus Irrthum, oder vielmehr aus Unfleis der Buchdrukker, einen Grafen von Kirchberg; Denn vier Jahr hernach, nehmlich A.C. 942. hat Adam, Graf von Kirchberg, dem Thurnier zu Rottenburg an der Tauber besuchet, Ruxner d. I. fol. 37. Ihrer Namen und Thaten sollen gedacht werden in meinem Thuringia Antiquo-nova lib. 5. cap. 26. nach der Jahr Zahle, nach welcher sie gelebet haben.

251

Denkwürdig ist es, daß sie weiland in ihren Brieffen sich von Gottes Gnaden geschrieben haben: Als A.C. 1442. Dienstag nach Himmelfahrt Christi: Wir Dieterich von Gottes Gnaden, Burggraff zu Kirchberg, und Herr zu Krannichfeld, und Ihrer Gnaden Sohn Albrecht. Item A.C. 1442. am Sontag Trinitatis: wir Hartman von Gottes Gnaden, Burggraff zu Kirchberg, Herr zu Altenberg.

Ihre Wappen sind gewesen zweene schwartze Löwen, und neun unterschiedene Balken, wie Adolarius Erichius bezeuget in Mappa Thuringiaca: Zum Unterscheid der Graffen von Kirchberg in Schwaben, derer Wapen eine Mohrin, in der Hand haltende einen Bischoffs-Huht oder Mütze, Spangenberg im Adelspiegel, part. 2. libr. 1. cap. 33. fol. 315. a. wie wohl dieses letzte Wappen den Burggraffen zu Kirchberg in Thüringen zueignet, aber unrecht, Heinricus Meibomius, in Chron. Marienthal. pag. 48.

252

A.C. 1126. hat Heinrich, der Jüngere Posthumus genant, Marggraf zu Meissen, Laußnitz, Landsberg, Graf zu Ilenburg, itzt Eulenburg, den Marggraf Conradum Magnum zu Meissen in einer Schlacht gefangen, und gefänglich auf dem Schloß Kirchberg in einem eisernen Köfig und Gegatter gehalten, daß ihn iederman hat sehen, und die Menge der Fliegen verunruhigen können. M. Hieron. Henning. in Tabellis Genealog. de quatuor Monarch. part. 2. pag. 12. Dergleichen Gefängnüß hat erfahren Encius, Kaiser Friederichs, des Andern, Sohn, welchen die Bononienser in einem Streit gefangen, und bei 22. Jahren, biß an sein Ende, in einem eisernen Gitterbette verwahret haben, ist gestorben A.C. 1272. Reusner. in Genealog. Imperat. fol. 137. A.C. 1508. stirbt Hertzog Ludovicus Sforcia zu Meiland, den König Ludewig XII. in Frankreich bei etzlichen Jahren in der gleichen Gefängnis gefangen hilte biß an sein Ende. Reusner in Genealog Witik. pag.

253

337. und in Auctuario Geneal. fol. 198. Tamerlanus der Tattern König hat Bajazeten den Türkischen Kaiser überwunden, Ihm in

einen eisern gittern herum geführet, Stirbt A.C. 1402. 27. Jan. In einer solchen eisernen Behaltnüß ist auch König Christianus II. zu Dennemark, von seinem Vetter und Nachfolger, bei 25. Jahren verwahret worden, von A.C. 1532. biß 1559. da Er gestorben Horatius Tursellinus in Epitom. Histor. lib. 10. pag. 306. Desgleichen Unglükk hat auch vorher erfahren Adolphus, Graf zu Bergen, welchen Sigfried, Ertzbischoff zu Cöln, A.C. 1280. wider gegebene Treu, gefangen nimmt, und in einen eisernen Köfig oder Gatter, des Sommers über mit sich, nakkig und mit Honig gestrichen, herüm geführet, und von Mükken, Fliegen, Wespen, Hummeln, die Zeit seines Lebens über, greulich plagen lassen, Herman Hamelman lib. 3. de familiis emortuisp. 163. der H. Märter Marcus Bischoff zu Arethusa in Syrien wird nach viel ausgestanden Marter und Pein mit Honig beschmiret, am heissen Mittag in einem Korbe naket aufgehänget, das Er von Wespen und Hirnsen zerbissen und getödtet wurde, sagte getrost zu seinen Peinigern: ego sublimis sum, vos autem humi jacentes despicio: Ich bin auf den heiligen Berge Zion erhöhet. Ps. 15. Jes. 25. Apoc. 14. Ihr aber müsset noch auf der Erden herumb kriechen. Theodor. l. 3. c. 7. suche mehr Exempla in Jenischer Chronik im Jahr 1126.

A.C. 1303. hat Landgraff Albrecht zu Thüringen, mit Hülffe derer von Erffurt, das Schloß Kirchberg, Windberg, Greifberg eingenommen, und die ersten beide, biß auf den hohen runden Thurm oder Warte, zerstöret; das letzte aus Gnaden wieder gegeben Burggraf Otten, dem Eltern, und seinen dreien Söhnen, Otten, Albrechten, und Hartmannen. Damals ist das Schloß Kirchberg mit den Schlössern Greiffberg, Windberg, und Lehesten an die von Erfurt kommen Fabricius lib. 6. Orig. Sax. fol. 604. von Erfurtern auf die Grafen zu Schwartzburg; von diesen auf die Landgraffen zu Thüringen A.C. 1358. Denn damit die Schwartzburgischen ohne allen Anspruch die gantze Stadt Frankenhausen, und die halbe Stadt Arnstat, nach Absterben ihres Vettern, Günthers, besitzen möchten, sihe, da haben sie ihr Recht an Kirchberg, Windberg, Greiffberg, neben 3000. Mark Silbers, den Landgraffen zu Thüringen gegegeben Fabricius lib. 6. Orig. Sax. fol. 675.

Es ist aber dieser vom Schloß Kirchberg überbliebene Thurm oder Warte, hoch und rund; Die Mauer hat in der Runde und Umbgriff 12. Klafter, in der Dikke 2. Klafter, und 2. Spannen, inwendig hohl und leer, und ist auf Befehl Hertzog Johansen zu Sachsen der zu Weimar A.C. 1605. 31. Octob. seelig verschieden, von Romano Hillarden, Amptschössern, erneuret worden.

Die Gegend dieser eingegangenen Schlösser Greiffberg, Windberg, Kirchberg hat Hr. Friederich Hordleder F. S. Hoffrath zu Weinmar A.C. 1629. 29. Julii gerichtlich besichtiget, und davon diesen Bericht gethan:

Die Schloß-Wälle hat heutiges Tages Simon Häuslers Witbe zu Ziegenhayn, giebt davon noch 4. Groschen, welchen Jahr-Zins Hans Münch in Wurchhausen, Hauptman zu Jena, A.C. 1484. am Sontag nach Johannis des Täuffers dem ersten Besitzer der dreien Schloßwällen Ludewig Thunschen aufgeleget hat.

Das Schloß Kirchberg neben den Wintberg gegen Briesnitz herab ist mit einem sonderbaren Graben von Wintberg unterschieden, und mit den Fundament eines runden Thurms gegen Ziegenhayn, und alten noch käntlichen Schwibbogen funden.

Die weinberge daran heissen auch noch die Kirchberge und stehen iezigen Schultzen und andern Leuten in Dorffe zu, ob sie gleich vom Schlosse nichts mehr gewust: sondern die Schloßstat von einen wüsten Dorff uff der andern Seit des Haußbergs gegen Mitternacht, Schleendorff genat, gehalten.

In der Ringmauer und Graben des Schloß Kirchberg, hat damahls (A.C. 1629. 29. Jul.) ein schöberlein Heu gestanden. Den alle die Höfe der dreien Schlösser sambt den gantzen Rücken des Haußbergs von Wiesen und Gärten und zu haselnen Buschhholtze, darinnen sich Füchse und Hasen halten, gebraucht und genutzet werden.

Greiffberg hat noch ein Schleiffloch oder Hohe offen Gewölbe, und die Weinberge dran heissen auch die Greiffberge, so weit Hortleder der vornehme JC. und Historicus.

Das Dreizehende Capital.
Vom zerstörten Schlosse Windberg.

Das Schlos Windberg ist A.C. 1292. der fürnehmste Sitz der Burggrafen zu Kirchberg gewesen, hat gelegen auf dem Hausberge, im Mittel der beiden Schlösser Greifberg und Kirchberg, und hat mit ihnen gleichen Ursprung und Unfall. Denn A.C. 1302. ist dieses Schloß dem überwundenen Burggrafen Otten, dem Eltern, zu Kirchberg, von Landgraff Albrechten zu Thüringen zwar genommen, aber bald darauf an die von Erffurt, von ihnen aber an die Graffen zu Schwartzburg, und von solchen auf die Landgra-

fen zu Thüringen kommen, welche solches Schloß bald verpfändet, bald wieder ein gelöset, und ein sonderliches Ampt daraus
gemacht haben. Es ist auch ein Windeberg im Mühlhäusischen
Gericht gelegen, welches A.C. 1514. ist geplündert und verbrand
worden, Becher in Thur. Chron. p. 451.

A.C. 1358. Ist Windberg und Greiffberg an die Landgraffen
zu Thüringen von den Graffen zu Schwartzburg tauschweise
kommen. Suche in Jenischer Chronik 1358.

A.C. 1381. hat Graff Albrecht zu Hakkeborn die Herrschaft 259
Windberg, als ein Unterpfand, besessen, wie zu lesen in Copialbuch des Jenischen Ampts, part. 1. fol. 549. Die Graffschafft
Hakkeborn ligt in Sachsen über der Stadt Eisleben, und hat darzu
gehöret die Herrschafft Wippra. Spangenberg in Adelspiegel p. 1.
l. 10. c. 15. f. 284.

A.C. 1389. hat Heinricus von Vanre, vielleicht von Faner, die
Verwaltung der Vogtei und Gerichts zu Windberg aufgegeben, in
beisein der beiden Amptleuten, Conrads Schikken, zu Burgau, im
obern Ampte, und Hansen von Wetigistin zu Jena, in unter Ampte.

Conradus Grepfer ist A.C. 1428. Voigt zu Windberg gewesen.

A.C. 1445. an Tag der geburt S. Marien ist das Schloß oder
Herrschafft Windberg gerechnet worden unter die Aempter in
Osterlande. Suche in Jenischer Chronike A.C. 1445.

A.C. 1448. ist Voigt zu Windberg und zugleich zu Gleisberg 260
gewesen Hanß von Leien, einer, aus den Decemviris juratis, das ist,
aus den zehen geschwornen und beeidigten Edlen, welche Dienstag nach Martini die Grentzscheidung zwischen Churfürst Friederichen, dem Andern und Versönlichen genant, und seinem
Bruder, Hertzog Wilhelm III. zu Sachsen, geschlichtet zu Jena,
und volzogen zur Naumburg, vide Copialbuch des Jenischen
Ampts, part. 4. fol. 174. und Welnitzer Acten, fol. 17. 18. und sind
gewesen auf des Churfürsten zu Sachsen Seiten 1. Herr Hanß von
Berga in Lobdeburg, 2. Hanß von Würtzburg, 3. Andreas Puster,
4. Heinrich Schenk, 5. Hanß Goysa oder Geysau. Auf des Hert-
zogs Seiten aber 1. Hanß von Leyen, 2. Friederich von Kosbode,
Amptman in Leuchtenburg, 3. Heinrich von Gleina, 4. Herman
Tzernast, Voigt in Jehna, 5. Hanß Reichenbach, Richter zur
Leuchtenburg und Rhoda.

ͺA.C. 1484. Sontags nach Johannis B. ist Johannes Münch von Wurghausen Amptman in Jena und Windberg gewesen, suche in Jenischer Chronik A.C. 1484. 1629. Zu diesen Ampte Windberg, welches heute zu Tage genennet wird das Unter Ampt in Jena, zum Unterscheid des Ober-Ampts in Burnau, haben weiland nachfolgende Güter gehöret:

1. Die Schlösser, Greiffberg an der Spitze oder Koppe, Windberg am Rükken oder Mitten, Kirchberg am Ende des Haus- und Schloß-Berges; Welche Landgraf Albrecht zu Thüringen Degener oder unartige genandt, zur Zeit des Krieges wider seine beide leibliche Söhne, Friederichen mit dem gebissenen Bakken, und Dieterichen, A.C. 1303. mit Hülfe derer von Erffurt, eingenommen und geschleiffet, ausser Greiffberg und seinen Mithelffern eingeräumet, von denen es Otto, der Eltere, Burggraf zu Kirchberg, aus Fürbitte Landgraff Albrechts wieder ͺbekommen, und den Graffen zu Schwartzburg verpfändet hat, von denen ist es kommen auf die Landgraffen zu Thüringen, Anfangs A.C. 1358. pfandweise, endlich erbweise A.C. 1389. wie schon in etwas gemeldet ist.

2. Die Gebäude, als das Geleitshaus zu Camsdorff, und das Kelterhaus zu Ziegenhayn.

3. Zwei Akker Wiesenwachs in der Oberaue.

4. Die Pfarr zu Wenigen Jehna, mit den Eingepfarten zu Camsdorf, die Pfarr zu Brißnitz, welche A.C. 1292. 1306. von Burggraffen zu Kirchberg dem Kloster Posau, bei Zeitz, eingepfarret worden, theils mit der abgegangenen Capellen zu Windberg, und Ober-Löbichau, theils mit der Kirchen zur lieben Marien in Ziegenhayn.

5. Die Edelhöfe zu Wochau an der Gembde und zu Wenigen Jena, und dieser ist ein pertinenz-stükke des Edlen Vorwerks derer von Holbach, im Dorff Beutnitz, und unlängst A.C. 1610. kauffweise kommen an Romano Hillarden, Amptschössern in Jehna, und A.C. 1665. an Herren Georg. Adam Struven IC. PP. Erbsaß uf Vhlstet und Wenigen Jena, nunmehr F. S. Cammerrath zu Weinmar.

6. Die Dörffer, 1. Wenigen Jehna, 2. Camsdorff, 3. Brißnitz an der Gembde, 4. Radehast, 5. Zeymerhayn oder Ziegenhayn, A.C. 1372. mit dem zerstöreten Dorffe Ober-Rodegast, 6. Jehne-Löbnitz, welches in den Jehnischen Brükkenhoff gehöret.

7. Der Saalstrom vom Jenischen Wasser-Wehr biß an das Gleisbergische Fischwasser, mit allen seinem Wasser- und Fluß-Recht.

8. Der Bach Gembda am Jentzig, und der Bach im Dorf Ziegenhayn. Friederich Hortleder IC. und der Thüringische Livius stehet in der meinug, als heisse der Bach in Ziegenhayn die Ziege, und von ihme habe das Dorff seinen Nahmen. Aber ich halte dafür, daß nicht der Bach, sondern der Berg, darunter das Dorff, und darauf das Schloß erbauet, habe Ziege geheissen. wie die Spitze und Koppe desselben Berges noch heute zu Tage genennet wird der Ziegen Kopff oder Koppe. Suche unten im 22. Cap. von Dorff Ziegenhayn. ₂₆₄

Das Vierzehende Capitel.
Vom zerstörten Schlosse Greiffberg.

Das Schloß Greiffberg hat gelegen an der Koppe oder Spitze des Haus-Schloß- und Ziegenbergs, und gleich wie es ist gewesen das förderste, lustigste, und stärkeste, also ist es auch am längsten beschützet, und am letzten zerschleiffet worden. Wird wohl ehemahls genennet Rodeberg, wegen der rohten Erde, und ist noch zu sehen ein verfallenes Loch zur Thür, eines Schwibbogens unter der Erden, und weil wohl ehemahls Füchse daselbst ein- und auslauffen, das Fuchsloch genennet wird. Wie denn der hohe und runde Thurm oder Warte des zerstörten Schlosses Kirchberg von der Studierenden Jugend, welche ihn, aus Lust und Liebe zum Kräutern besuchet, genennet wird der Fuchs-Thurm, wie wohl in einer andern Meinung, und verblümter Weise. ₂₆₅

Greiffberg ist das alte Schloß genennet worden, nicht von Greiffen, als welche allda solten genistelt und gehekket haben, sondern von seiner Endursache und Nutzen; Denn die Burggrafen zu Kirchberg haben dieses Schloß gebauet, daß sie sich daraus desto besser wehren, und ihren ankommenden Feinden einen Eingriff thun könten. Wiewohl entlich ein Mißbrauch darzu kommen, und grosse Räuberei und Plakkerei daraus verübet worden. Darüm ist es auch, neben andern Raubschlössern in Thüringen und am Hartze, wohl ehemahls belägert, und zerstöret (aber doch von Raub-Vögeln und Greiff-Zu wieder erbauet worden;) sonderlich auf Befehl Kaiser Rudolffs I. der A.C. 1290. zu Erffurt seinen Reichstag hielte. ₂₆₆

A.C. 1303. hat Landgraff Albrecht zu Thüringen das Schloß Greiffberg dem Burggraffen Otten, dem Eltern, zwar genommen, aber auf Abbitte ihm wieder gegeben; von dem ist es dem Graffen zu Schwartzburg versetzet, und von diesem an die Landgraffen zu Thüringen kommen. Wie aber? suche das vorhergehende 12. und 13. Capitel.

A.C. 1450. sind die Schlösser Windberg, Gleisberg, Dornberg, Camberg, Rotendorff zur Zeit des Bruderkriegs, wegen der Erbtheilung, zerstöret worden, vid. Georg. Groitschius, in Beschreibung des Saalstroms, so wohl Isserstät vid. Adelspiegel M. Cyriaci Spangenbergs, part. 2. lib. 13. cap. 69. fol. 438. Daraus folget, daß solche Schlösser, als Raubnester offt zerstöret, offt aber
wieder erbauet worden sind. Nunmehro liegen diese drei Raubschlösser, Kirchberg, Windberg, Greiffberg, alle in der Aschen, mit ihren Urhebern und Baumeistern.

Es ist noch ein ander Greiffberg und Raubschloß am Hartze dieses Namens, und A.C. 1397. von Hertzog Otten zu Br. und Lünneburg verstöret worden. Suche meine Annales in dem 1397. Jahre.

Das Funffzehende Capitel.

Vom zerstorten Schlosse Lobdeburg

Das Schloß Lobdeburg ist zu betrachten nach seinen unterschiedenen Nahmen, Lagen, und ersten Besitzern.

I. Nach dem Nahmen, und der wird unterschiedlich beschrieben gefunden. Es wird das Schloß oder Burg geschrieben und genennet:

(1) Lobdeburg und Lobdiburg; vom Lob, weil es eine Löbliche und Lobwürdige Burg gewesen. Darüm heisset auch das
Städtle in darbei Lobeda oder Lobda; Weil es mit ihm lieget an einer gantz lustigen, und deswegen gar löblichen Auen; von diesem lustigen und löblichen Schlosse Lobdeburg oder Lobdiburg, und Städtlein Lobeda oder Lobdau, hat unser Stadt-Thor eins, gegen Mittag, den Nahmen bekommen, und wird genennet das Lobder-Thor oder das Löber-Thor, A.C. 1250. Herman und Otto, Gebrüdere, Herren von Lobdeburg, genant von Bergau, gewehnen in einem Brieffe ihres Schlosses Ober-Lobdaburg A.C. 1353 Herman von Lobdaburg, und Dieterich, Graff zu Kirchberg, eignen ihr Pfarr-Reche (Jus Advocatiæ & Patronatus) in Lobihrve, und ihre Capellen in Windberg und Uber-Löbichau zu

dem Kloster Bozau oder Bosen, bei Zeitz, vid Paulus Lange, in Chron. Cizensi, fol. 839.

(2) Loubdeburg: A.C. 1195. wird von Bischoff Bercholden zu Naumburg, an der Saale, als ein freier Zeuge (Liber non Ministerialis) angezogen Conrad von Loubedeburg. Der gemeine Mann bei uns, und das Bauers-Volk, gebrauchen sich noch anitzo des Ausspruchs und Rede, wenn sie gefragt werden: Wo wolt ihr hingehen? Nach Loube. Wo komt ihr her? Von Loube. Wo seid ihr gewesen? Zu Loube. Da sie solten antworten, und sagen, auf gut Teutsch und deutlich: Von Lobedau: gen Lobedau: zu Lobedau.

(3) Lovediburg: Hartman und Herman von Lovediburg werden A.C. 1225. als Zeugen eingeführt, als Landgraff Ludwig zu Thüringen, der Heilige genant, die von Rudolff Schenken, zu Salekk, aufgegebene Advocatiam, Vogt-Schutz- und Schirm-Recht des Georgen-Klosters, bei der Naumburg, übergiebt Bischoff Engelharden zu der Naumburg, und dem Apt Johansen zu S. Georgen-Kloster.

(4) Ladenburg, Lodenburg, Lodenberg: Albertus, der Hoffärtige, Marggraf zu Meissen, Laußnitz und Osterland, stirbt A.C. 1195. dessen einige Tochter, Christina, hat geehliget Herman, herr zu Lodenberg, Elias Reusner in Basil. Genealog. stirpis witikind. fol. 276. desselben gedenket auch Georg. Fabricius lib. 5. Orig. Saxon. fol. 595. und nennet ihn Herman von Lobdeburg.

Otto und Herman von Lodenburg sind gewesen Bischoffe zu Würtzburg, und Hertzoge in Franken: Erwehlet jener A.C. 1206. dieser A.C. 1225. vid. Andreas Goldmeyer in Historia Astron. Astrolog. desriptione Episcopat. Wûrtzburg. p. 27. diese beide Bischofe nennet M. Cruslus part. 2 Annal. Suevic. libr. 4. cap. 9. fol. 128. nicht Thüringische, sondern Meißnische Barones oder Freiherren, weil ihr Erbschloß und Sitz Lobdeburg liegt nicht disseit, sondern jenseit der Stadt Jehna und Saalstroms, als eines Grentzflusses, so meinet er, aber unrecht, sie wären nicht Thüringische, sondern Meißnische Herren Freherus in Orig. Palat. cap. 4. fol. 31. setzet Lobdeburg, Laden- und Loden-burg und berg, und zehlet diese also in Schreiben und in Reden verderbte Nahmen unter die Zahl der Fehler an den Copisten, Amanuensern, und Schreibern.

In Summa, alle die mit Unterschied geschriebene und ausgesprochene Nahmen, Lobdeburg, Lobdiburg, Loubedeburg, Lovediburg, Ladenburg, Lodenburg, Laden- oder Lodenburg gehen doch dahin, daß dieses Schloß und diese Burg weiland gewesen ist ein löbliches und lobwürdiges Schloß und Burg, Sitz und Stammhaus derer Edlen, Herren, Graffen, die solches an einen löblichen Ort, mit löblich Kosten, zum löblichen Zwekk erbauet, auch mit ihren grossen Lob besessen und genossen haben, in Betrachtung des löblichen Spruchs des H. Apostels Pauli, Phil. 4. v. 8. Was warhaftig ist, was erbar, was gerecht, was keusch, was lieblich, was wol lautet, ist etwa eine Tugend, ist etwa ein Lob, dem denket nach.

II. Nach den Lagen wird das Schloß Lobediburg ein- und abgetheilet in Ober- Mittel- und Unter Lobediburg.

272 Das Ober-Lobediburg hat gelegen über der Stadt Lobedau, gegen Trakkendorff, und dessen gedenket Hartman und Otto, Gebrüdere, Herren von Lobdeburg, genant von Bergau, in ihren Brieffen de dato A.C. 1250. In Pusterischen Lehnbrieffen A.C. 1516. wird das Ober-Lobdeburg genennet das ober zerbrochene Schloß. Durch diese Rede-Art wird verstanden ein, wegen zerbrochenen Landfriedens, zerbrochenes und zerstörtes Schloß.

Das Mittel Lobdeburg hat nicht unweit vom obern gelegen, und das hat Hanß von Lobdeburg, Herr zu Bergau, noch A.C. 1447. besessen; in welchem Jahr die Bundsverwandten, Brandenburg und Hessen, in der Tagleistung zu Erffurt desselben Sitze Ober- und Mittel-Lobdeburg Churfürst Friederichen II Placido, hingegen das Unter-Lobdeburg dessen Bruder Hertzog Wilhelm III. zuerkennet haben. Darauf sind sie beide Nicoln von Puster, 273 einem Kompter-Herrn, und Rhodiser-Ritter in der Stadt Altenburg, (Commendatori domus Teutonicæ) verpfändet worden, welcher aber A.C. 1468. Mitwoch nach Pfingsten sich seines Rechtens daran verziehen, und Friederichs II. Söhnen, Ernesto den Churfürsten Alberto, Hertzogen zu Sachsen, übergeben hat, ausgenommen die Weinberge, genant Ammerbach, Seltzdorff, Rotewein, und die Weingärten bei Trakkendorff, auf sein Leben, und jährlich 50. Reinische Gülden, die er nach seinem Tode dem Kloster zu Pegau beschieden hat. Dieses mittlere Lobedeburg ist allmählich eingegangen, und haben die Edelen von Pustern, denen es von Landsfürsten erblich verkaufft, A.C. 1491. von dannen ihren Sitz und Wohnung nach Trakkendorff geleget.

Beide Schlösser, Ober und Mittel-Lobdeburg, mit dem Dorff Trakkendorff, und andern Gütern, hat A.C. 1591. ümb 20000. fl. 274 erblich gekauffet Herr Marx Gerstenberg, von Butstadt Fürstl. Sächs. Cantzler zu Weinmar, und Hertzog Friederich Wilhelm I.

zu Sachsen, hat sie ihme zu Weiber-Lehn gemachet; dessen mänliche Erben sind unlängsten alle den Weg aller Welt gegangen.

Das Unter-Lobedeburg liegt gar nahe bei und fast oben in
der Stadt Lobedau. Und weil die Stamm- und Erbherren desselben ihren Sitz von dar aus in das nechste Dorf über der Saal auf
einem hohen Hügel und Berglein hatten, daher es bald Bergau,
bald Burgau geschrieben und genennet wird, so ist das Unter-
Schloß Lobdeburg schon vor 200. und mehr Jahren an andere
Adeliche Geschlechter verkaufft worden.

Denn A.C. 1336. am Sontag Misericordias Domini, verkauffen Johannes und Otto, Herren in Lobdeburg, Burggraffen in
Bergau, Gebrüdere, ihr Freischloß, Nieder oder Unter- _275
Lobdeburg, den dreien Brüdern, Friederico, Balthasari, Wilhelm-
mo, Landgraffen in Thüringen, ümb 50. Schok Schmaler-
Groschen, und nehmen es von ihnen zur Lehn. Otto von Würtzburg Erbsaß in Lobda, wird A.C. 1419. Montag nach Quasimodi-
geniti als ein Zeuge angezogen neben Hans von Bergau Herren zu
Lobdeburg und Nicel Pustern Voigten zu Burgau in einem Brief-
le, darinnen die Aptisen und der Rath zu Jena sich vergleichen
wegen der Pfarr und Gottesdiensts zu Lichtenhayn. A.C. 1468.
stirbt der letzte ihres Stamms, Hanß, Herr in Bergau, und Churfürst Ernst zu Sachsen verkaufft dasselbe Friedrico von Londer-
stäten. Dieser lebet noch A.C. 1515. hat von Thyman von Her-
mansgrün Hauptman zu Burgau erlanget die Mauersteine von
dem zerbrochenen Obern- und eingegangenen mitlern Schloß
Lobdeburg zu nehmen, zur Verbesserung des untern Lobdeburg.

Andreas Drenkbekk nimt A.C. 1533. das Unter-Lobdeburg in _276
die Lehn von Churfurst Johann Friederichen zu Sachsen. Nach
ihm haben solches ordentlich besessen:

Erasmus von Mingwitz, welcher zu Padua Rector, und Beider
Rechten Doctor, und Hertzog Johann Wilhelms zu Sachsen, in
Weinmar, Cantzler gewesen; M. Cyr. Spangenberg nennet ihn im
Adelspiegel, part. 2. lib. 6. cap. 39. fol. 63. einen Freund der Luthe-
rischen Pfarrer.

Rudolf von Bünau.

Herman von Weisbach.

Heinrich von Thüna, welcher A.C. 1587. die Bestätigung des
Privilegii erlanget hat, daß er kein Ampt - sondern ein Schrifft-Saß
sein soll: Denn jener muß auch vor den Amptleuten in Jena er-

scheinen, dieser aber allein vor Herren Cantzler und Räthen in Fürstlicher Regierung, sie sei nun, wo sie wolle und solle.

Dominicus Arumæus von Arum, aus der Stadt Leowardia in Frießland, JC, und Ordinarius in Jehna, stirbt daselbst A.C. 1637. Febr. und vermachet der Universität daselbst nicht allein seine von ihme, in meinem Beisein, auf die 4000. fl. geschätzte Bibliothek, die auch nicht ohne Abgang überantwortet, sondern auch sein Adelich erkaufftes, aber nach seinem seeligen Abschied bald streitbar werdendes Erb-Schloß Unter-Lobdeburg.

Johann Dieterich von Arum stirbt ohne mänliche Erben A.C. 1663. den 22. Decemb. und fällt das Riettergut anheim den Hertzogen zu Sachsen, Weinmarischer Linien.

Joachim Heinrich von Harras in Eichenberg und Osmanstet, ist damit belehnet worden A.C. 1664. auf vorhergehende Zahlung 6000. fl. und 200. Reichsthaler der Arumaeischen Witwen Annæ Margarethæ Riemerin.

Daraus erscheinet nun, daß beide Schlösser, das abgebrochene Ober- und das eingegangene mitlere-Lobdeburg, gehören nach Trakkendorff, in des Ampt Leuchtenburg, hingegen das noch stehende Unter-Lobdeburg in das Ampt Bergau oder Burgau, welches ist das Jenische Ober-Ampt, gleich wie das Ampt Wind- und Gleisberg ist das Jehnische Unter-Ampt. Dannenhero schriebe sich mein lieber Gutthäter, Buchard Grosman, welcher A.C. 1637. allhier seelig starb, also: B.G. Schösser zu Jena und Burgau.

III. Nach dem Besitzern: entweder Eltesten und Herrlichen, oder neulichsten und Adelichen, jene Graffen von Arnshag und Herren zu Lobburg: Diese Adeliche von Geblüte und Gemüthe: die ersten Besitzer werden oft Edle, offt Herren, offt Graffen, offt Graffen und Herren zu oder von Lobdeburg zugleich genennet, die Ursachen sind, unter andern, diese:

(1) Weil vor vierhundert und mehr Jahren die hohen Geschlechter ehe und mehr ein Auge und Aufsicht hatten auf ihre Lande und Leute, derselben Auf- und Zunehmung, Nutzen und Frommen, als auf grosse Titul und Nahmen.

(2) Weil solche Edele Geschlechte den Edlen- und Herren - Titul und Namen, wo nicht höher, iedoch gleich hielten der Graffen Titul und Nahmen. Sintemahl der Graffen Titul Anfangs nicht ein Erb- und Land sondern nur ein Ampts- und Richters Titul war.

Zum Exempel und Beweiß folget diese Geschicht: A.C. 1315. Freitag nach Jubilate, verkaufft Buso, Herr zu Elsterberg, seinen vierdten Theil an der Stadt Jehna dem Landgraff Friederichen zu Thüringen, Marggraffen zu Meissen, und in dem Osterlande, Admorso genant, und beschleust den Kauffbrieff also: Deß sind Gezeugen der Edle Mann, unser Ohme, Herr Herman von Lüchtenberg, Herr Ludwig von Blankenhayn, Herr Heinrich von Arnstete, Herr Ludwig von Pölnitz, Hr. Heinrich von Lichtenhayn, Herr Friederich von Würtzburg, Herr Dieterich von 280 Wintesleiben, Herr Herman Goldakker, unsers Herren Marschalk, Meister Walther, unsers Herren Oberster Schreiber, und Thyme von Lubenitz.

In diesen Worten nennet er sich nur einen Herren zu Elsterberg, da er doch zugleich war ein geborner Graf zu Arnshag es ist aber diese Grafschaft Arnshage nicht gelegen am Voigtlande, wie Spangenberg part. 1. Adelspigel lib. 10. c. 15. fol. 277. a. schreibet, sondern in Thüringen, dahin das Voigtland weiland gehöret: darzu gehören diese vier Städte: Neustadt an der Orla: Auma: Bösneck und Triptis, und 72 Dörffer. Uber das nennet er Herman von Lüchtenberg seine Ohm nur einen Edlen Mann, der doch auch zugleich war ein geborner Graff zu Arnshaukk. Ferner nennet er nur einen Herren, theils Ludwigen von Blankenhayn, theils Heinrichen von Arnstete, welche beide doch geborne Graffen waren, jener von Gleichen, dieser aber zu Schwartzburg.

(3) Weil die Graffen zu Arnshauk oder Arnshag bei der Neu- 281 stadt an der Orla sich in unterschiedene Linien und Stammhäuser ein- und abgetheilet, namentlich in die (1) Arnshaukische, (2) Elsterbergische, (3) Leuchtenburgische, (4) Lobdeburgische, (5) Berg- oder Burgauische, und dannenhero bald Graffen, bald Edle, bald Grafen und Herren sich zugleich in ihren Brieffen geschrieben haben, iedoch mit unterschiedlichen Nahmen und Wappen. Suche meine M.S. Thuringiam Antiquo-novam lib. 5. cap. 5

1. Mit unterschiedenen Nahmen. Zum Beweiß setze ich diese Exempel:

Otto, Graff zu Lobdeburg, genant von Arnshag, der letzte seiner Linien, lebet noch A.C. 1280 und verlässet hinter sich seine Gemahlin Elisabeth, und seine Tochter Elisabeth; welche beide die Historici zum Unterschied nennen die Eltere und die Jüngere. Jene eheliget Landgraf Albrecht zu Thüringen, diese aber sein Sohn Friederich, der Freudige und am Bakken gebissene genant, 282 weil ihn seine Frau Mutter, als sie itzo auf der Flucht war, in Bakken bisse, und ein Denkmahl der Liebe gegen ihn, und ein Mahlzeichen der Rache wieder seinen Vater hinterliesse. Vber kam mit ihr den vierten Theil an der Stad Jena A.C. 1301. Hernach A.C. 1315. Kauft er zu Zwetzen den andern vierten Theil von Busone Herrn zu Elsterberg: endlich A.C. 1331. zu Wartberg kaufft Landgraff Friederich zu Thüringen dessen Sohn, genand der Ernste und Hagere die andern zwei Viertel oder das halbe Jena von Albrechten und Johansen Herren zu Leuchtenburg genant zu Lobdeburg.

Herman, Edler zu Lobdeburg, wird A.C. 1265. eingeführet als ein Zeuge der Gesetzen, welche Marggraff Heinrich zu Meissen, und erster Landgraff zu Thüringen, aus seiner Linien, den Jüden in seinen Landen vorgestellet hatte, Georg. Fabricii Annales Urbis Misniæ lib. 1. fol. 42

283 .Herman und Albrecht, Brüder, Edele Herren zu Lobdeburg, genant von Leuchtenberg, übergeben A.C. 1288. ihren Freihof, in der Brüdergassen zu Jena, dem Kloster zu S. Marien und Bartholomei in Kapellendorff, auf daß die Nonnen oder Klosterfrauen ihrer im besten, bei ihrem Gottesdienste, gedenken wolten.

Herman, der Edle Mann und Herr zu Leuchtenburg, wird A.C. 1315. ein Ohm genennet von Bosone, Herrn zu Elsterberg, wie schon vermeldet worden.

Albrecht und Hanß, Bruders Söhne, Herren in Lüchtenburg, genant von Lobdeburg, verkauffen A.C. 1331. am Tage Dorotheae, ihren halben Theil an Jehna dem Landgraff Friederichen, dem Ernsten und Hagern, zu Thüringen.

Johannes und Otto Gebrüdere von Lobdeburg, genant von Bergau verkauffen Ihr Schloß Lobdeburg, so gantz frei und eigen war, umb bessern Schutzes willen, den Landgraffen zu Thüringen, .Friedrichen, Balthasar, und Wilhelmne I. Gebrüder umb 50.
284 Schok Schmaler Groschen, und nehmen es wieder von Ihnen zur Lehn A.C. 1356. am Sontag Misericordias Domini.

Herman von Lobenburg, Herr zu Elsterburg übergiebt das Dorff Osmeritz dem Spittel zu S. Nicolai vor dem Saalthore zu Jena. Suche meinen Annales A.C. 1358.

Hans und Albrecht Gebrüdere genand von Burgau, Herrn zu Lobdeburg übergeben dem Spittel zu S. Nicola und dem Rath zu Jena zum Brukenbau Ihr Holtz zu Leutra, suche meine Annales A.C. 1377.

2. Mit unterschiedenen Wappen: Diese Edele Männer, Herren, Graffen zu Arnshaukk, zu Elsterberg, zu Leuchtenburg, zu Lobdeburg, zu Bergau oder Burgau haben zwar mit einander einerlei Wappen und Panier geführet, aber mit unterschiedenen Farben. Den die Lobdeburgischen, Leuchtenburgischen, Bergauischen haben im weisen Felde rothe Balken, hingegen die Arnshaukkischen und Elsterbergischen im rothen Felde weise Balken geführet, vid. M. Petrus Albinus in Albo Saxon. p. 254. 272. 462. beide aber Büsche von Pfauenfedern auf dem offenen Helm. 285

Sie sind in solchem hohen Ansehen gewesen, und haben sich auch etzliche darein zu schikken gewust, daß sie, wie Fürsten, von Gottes Gnaden sich geschrieben haben.

A.C. 1308. haben Herman und Albrecht bestätiget dem Kauff des Holtzes Tutzelme, bei der Stadt Trips, im Vogt- und Ober-lande (Nariscorum vel Variscorum Provincia) geschehen von Günther von Robutz, (Rabis itzt genant, bei Schlöben, einem Adelichen Sitz der Heßler) an das Nonnenkloster zu S. Michael in Jena, und heben ihr Diploma in Lateinischer Sprache also an: Nos Hermannus Dei gratia & Albertus, Nobiles Viri de Lobdeburg, dicti de Leuchtenberg, das ist: Wir Hermann von Gottes Gnaden und Albrechs, Edle Männer von Lobdeburg, genant von Leuchtenberg. 286

Die Graffen und Herren zu Lobdeburg Leuchtenburg 2c. Wil ich erzehlen nach Ihren Namen und Jahren in meinen Buch Thuringia Antiquo-Nova lib. 5. c. 30. wie ich gethan habe mit den Burggraffen zu Kirchberg, Ibid. cap. 26.

Dieses, über Verhoffen, lang gemachte Capitul beschliesse ich mit diesem Denkzeddel des Weltberühmten JC. und Historici Herrn Friederich Hortleders, F. S. Hof-Raths zu Weimar, meines Hochgeehrten Patroni, aus dessen, nunmehro verschlossenen, Munde ich viel denkwürdiges von Jehnischen Geschichten gehöret und gemerket, so wohl in seinen in öffentlichem Druk ausgegangenen Büchern, und Manuscriptis gelesen, und daraus seine eigene Worte wohl ehemahls führe: Non pudeat quemquam eorum benè meminisse, quorum viva voce scriptisque eum bené profecisse, non pœnituir.

Es ist zwar nicht ohne, saget und schreibet Er (in MS. de istis Lobdeburgensibus) daß die Nahmen Graffschafft oder Herrschafft, Item Graffen und Herren mit ein ander verwechselt werden, und vor gleich gelten, und gebraucht, auch wol gar (wie in 287 vielen Titulen zu sehen) mit und neben einander geführet und gesetzet werden, zum Exempel und Beweiß, die Graffschafften Lohre und Klettenberg, nunmehro Herrschafften Lohre und Klettenberg im Titul der Graffen zu Schwartzburg. Die Graffen und Herren zu Gleichen; Die Graffen und Herren zu Beichlingen; Welche beide Geschlechter nunmehr aus- und abgestorben sind. Also können sie sich auch geschrieben haben Graffen und Herren zu Lobdeburg.

Die Nahmen und Thaten solcher Edelen Männer, Herren, Graffen von 750. und mehr Jahren her sollen erzehlet werden in Chronico und Annalibus Jenensibus. Den Graff Andreas zu Lob-
deburg ist mit auf dem ersten Thurnier und Ritterspiel gewesen, welches Kaiser Heinrich I. Auceps, der Vogler oder Finkler genant, nach gehaltener Schlacht wieder die Heunen oder Hunnen hat aus geschrieben, und auch gehalten zu Magdeburg A.C. 938. vid. Ruxner im Thurnierbuche. fol. 14. 30. Es ist aber dieser Kaiser also zugenahmet worden, weil ihm die Kaiserlichen Zierden sind angeboten und angetragen worden eben zu der Zeit, da er auf dem Vogel- und Finken-Herde sich ergötzte, sindemahl er Lust und Liebe trug zur Jägerei, Waidwerk, und Vogelfang und Sang.

Das Sechzehende Capitel.
Vom zerstörten Schlosse Orlamünde.

Als Schloß Orlamünd ist zu betrachten nach seinem Nahmen, Fällen, und Herren.

1. Nach seinem Nahmen: Den hat es von seiner Lage. Denn
es hat gelegen an dem Orte, da der Fluß Orla in den Saalstrom sich ergeust, und mit demselben sich gleichsam vermählet.

2. Nach seinen Fällen: Ob es gleich auf einem hohen felsichten Berge gelegen, und auf einer Seiten, gegen Abend, mit tieffen Graben und Thälern, darinnen eine Echo und Wiederschall sich etzliche mahl hören lässet, ist ümgeben gewesen, dennoch hat Landgraff Friederich zu Thüringen, Admorsus, der Gebissene genant, dem Graf Herman zu Orlamünd durch Kriegsrecht solches abgenommen, und zerstöret, biß auf ein altes festes Gebäude, welches noch stehet, und zum Schutt- und Korn-Hause gebraucht wird, ümb das Jahr Christi 1311.

3. Nach seinen Herren: und die sind vor Alters gewesen nicht allein Reichs-Grafen, denn Friederich zu Orlamünda hat schon A.C. 968. den Thurnier zu Mersburg besucht, Ruxner im Thur-

nierbuch fol. 48. Dessen Gemahlin Apollonia, Gräfin zu Henneberg, eine Beschauerin der Farben, Wappen, und Helmen, hat Marggraffen Ortolpho zu Salzquell, wegen ein und zwantzig 290 gebrochener Lantzen, den Dank zuerkennet und ausgetheilet, Idem ibid. fol. 49. sondern auch Marggraffen zu Thüringen, oder Kaiserl. Landpfleger. Denn Wilhelm I. Graff zu Orlamünde, ist A.C. 1059. Kaiser Heinrichs III. Landpfleger oder Marggraff gewesen; nach ihm seine Brüder, Udo oder Ulricus und Otto I. Dessen Sohn Otto II. Graf zu Orlamünde, und Marggraff in Thüringen, ist der erste unter den Thüringischen Graffen, Herren, Edlen gewesen, welcher dem Ertzbischoff Sigfriedo zu Maintz den Zehenden von allen Vieh und Früchten, in der Ehre S. Martini, zugesaget hat, stirbt A.C. 1067. über seinem Tode hat sich gantz Thüringen, als eine Liebhaberin und Beschützer in der alten Freiheit, gefreuet, Rivander in Chron. Thur. pag. 167.

Diese Graffen zu Orlamünda, und Herren in Wymar, ꝛc. wollen wir betrachten nach ihrem Herkommen, Wappen, Linien, und 291 Gütern.

1. Nach ihrem Herkommen: Sie sind entsprossen vom Burg graffen Friederichen zu Sorbekk, Graff Witekinds II. zu Wethin Söhne König Witekinds I. zu Sachsen Enkel, welcher A.C. 876. in einem Aufruhr, wegen einer neuen Auflage, von den seinigen ist erschlagen worden. Von diesen Fridrichen suche Reusneri Geneal. Witk. fol. 269. Fabric. lib. 5. Orig. Saxon. fol. 511.

2. Nach ihren Wappen: Sie haben geführet einen schwartzen aufgerichteten, und mit einer güldenen Krone gezierden, und mit rothen Rosenblättern ümbgebenen Löwen, in einem gelben Felde, vid. M. Petr. Albinum in Albo Sax. p. 228. Aber vor die rothen Rosen setzet Spangenberg rothe Hertzen, vid. Adelspigel part. 2. lib. 12. cap. 35. fol. 321. b.

3. Nach ihren Linien: Wie sie sich mänlich vermehret: also haben sie sich in sonderliche Linien, Stammhäuser und Herr- 292 schaften ein- und abgetheilet, und sich darnach geschrieben, und unterschieden.

A.C. 1337. sind berühmt gewesen drei Linien, als Friederich in Löwenstein, Friederich in Wymar, Herman in Wyhe, alle Graffen zu Orlamünde, und diese letzten beide, als Brüder, haben in selben Jahre die Erblande unter sich getheilet. Der Mitlere unter ihnen hat sich dannenhero geschrieben Herren in Droissig, und ist gestorben A.C. 1365.

4. Nach ihren Gütern: Ob gleich sie viel Land und Leute hatten von Römischen Kaisern, derer Landpfleger und Marggraffen zu Thüringen, ihrer etzliche gewesen sind, wie schon gemeldet ist: Jedoch haben sich nach Absterben Otten II. des letzten Grafen zu Meran und Andechs (welcher A.C. 1248. in seinen Schloß Niesten, bei Bamberg, von einem Edlen Hager genant, dessen Eheweib er genohtzüchtiget hatte, ist umbgebracht worden) mehr Land und Leute überkommen, weil Graff Otto zu Orlamünda dessen Schwester Beatricem, geehliget hatt vid. Gruger in Catalogo mille Viror pag. 209. 232. welche sie mit der Zeit verkauffet, im Kriege verlohren, andere darmit belehnet haben, wie nachfolgend Historien bezeugen.

293

A.C. 1225. ist Graff Friderich zu Orlamünde Königs Woldemari II. zu Dennemark Stadthalter gewesen zu Hamburg: dieser Stadt verkaufft Er sein Recht umb 1500. Mark Silbers, und giebt der Stadt den Anlaß zur Freiheit. Henninges in Tabul. Geneal. de quatuor Monarchiis part 2 p. 247.

A.C. 1280. macht Graf Otto zu Orlamünda, mit Einwilligung seiner dreien Sönen, Ottens, Hermans, Ottens, des Jüngern, aus seinen Schloß Pretzendorff, am Mainstrom, zwischen Culmbach und Gefreß, das Nonnen-Kloster, Himmels-Kron genant, und setzet seine Tochter Agnes zur ersten Eptißin, vid. M. Enoch Wedman MS. Chronico Curiensi, continuato à meo Socero, M. Paulo Reinelio Ecclesiaste Curiæ.

294

A.C. 1290. verkaufft Graff Hermann zu Orlamünd Zwernitz mit den Gütern umb Wiedersdorff, Burggraff Friderichen zu Nürnberg vor 400. Mark Silbers Limneus tom 2. Jur. publ. l. 5. c. 7. u. 125. p. 193. M. Elisa Wedman in MS. Chron. Curiensi. fol. 113. setzet diesen Kauff in das 1343. Jahr und die Verkaufung Mittelberg, Goldcronach, Meinaw, und Wirsberg in das 1347. Jahr und nennet den Verkauffer Graff Otten zu Orlamünd.

A.C. 1311. wird Graf Hermannen zu Orlamünda durch Kriegsrecht von Landgraf Friederichen, dem Freudigen, zu Thüringen, abgewonnen Orlamünda, Wymar, Madela, Wipach, oder Vippach, Fabricius lib. 1. Orig. Sax. fol. 629. 631.

A.C. 1321. haben die beiden Brüder und Graffen zu Orlamünde, Herren in Droißig, Fridrich und Herman mit ihrer Mutter Elisa, Frauen in Löbwenstein, den Edelen von Wangenheim Friederichen, Ludwigen, und Apeln (Apollonio) in die Lehn gegeben Haina, Osterberingen, Weida, Lohochheim, Westhausen,

295

Forta, Pfolndorff, Hutzharteroda, Mchlborn, Haßdrungfeld, Leichberg, Vach, Metbach, Thungerthal, Frankenroda, Wyden: Diese beiden Brüder haben A.C. 1332. das feste Schloß Wendelstein an der Unstrut gebauet, welches zu meiner Zeit Philippus Heinrich von Witzleben besaß noch A.C. 1613. in welchem Jahr er mich in seine Klosterschul zu Rosleben aufnahm, und ümb ein leidlich Kostgeld erhilte, biß A.C. 1618. Heute zu Tage ist es ein Fürstl. Sächs. Ampthauß worden.

A.C. 1336 verkaufft Graf Otto zu Orlamünda die Herschafft und Schloß Plassenburg, mit darbei gelegenen Stadt Culmbach, und Kloster Himmels-Kron, beiden Burggraffen zu Nürnberg, Johanni und Alberto, vor 7000. Pfund Heller, J. Limnæus Tom. II. Jur. Publ. lib. 5. cap. 7. num. 21. fol. 105. Ein Pfund Heller ohngefehr zu 4. fl. gerechnet, Idem ibid n. 84. 85. pag. 189. _296_

A.C. 1344. Nach S. Georgen verkaufft Graff Heinrich zu Orlamünda sein Schloß und Stadt Orlamünda Land-Graff Friederichen den Ernsten zu Thür. Suchen meine Annales 1344.

A.C. 1365. stirbt Graff Friederich zu Orlamünda: Sein Bruder Herman hat A.C. 1371. Dinstag nach Christi Geburt, dem Raht und Gemeine zu Weinmar den Zoll und die Wiesen hinter dem Schlosse gelassen, darfür solten sie jährlich 22. Pfund Pfennige (ein Pfund zu 20. oder 26. Groschen, 8. Pfennige gerechnet) zahlen, und darfür die Schloßbrükke und das Kegel-Thor im baulichen Wesen erhalten; Als dieser darauf bald gestorben, sind ihre andere Lehn-Güter auf die Landgraffen zu Thüringen kommen, nemlich die Herschaft Wiehe, die Kloster in Meinleben und Dondorff, Zimmern, Vogtei Brembach, Schloß Wendelstein, Graffschaft Olbersleben, sonsten Albrechtsleben, Teutleben, _297_ Hardisleben, Eberstet, Matstet, Neustet, Vogtei Gebstet, Städtlein Raspenberg, oder Rassenburg, Gutmannshausen, Willerstet, Heßler und andere Dörffer mehr.

A.C. 1393. am Tage Antonii, haben die Brüder und Graffen, Otto und Herman zu Orlamünda, und Herren in Läwenstein, ihre Güter, Buchfurt oder Buffart, Melding oder Mellingen, Kötendorf und Madala unter geben Landgraff Balthasarn zu Thüringen, der darfür 600. Schokk Freiberger Groschen gezahlet.

A.C. 1395. Dienstag nach Kiliani, giebt er Graf Otten und seinen Erben, Wilhelm und Sigismundo, solche zur Lehn, und nach ihrem Tode soll Graff Herman zu Orlamünd, Domher zu Würtzburg, die Schlösser Schauenforst, Magdela, Buchfurt auf

sein Leben besitzen. Was geschicht; A.C. 1428. haben Graf Wilhelm, Sigismundus, und Otto zu Orlamünda, Herren in Löwenstein, Liechtenberg und Liechten-Thanne, Gebrüdere, alle ihre
Recht an Magdala, Melding, Kötendorff, Buchfurt, und ihre Allod-
ia und Edel-Sitze zu Drömlitz und Lesenitz verkauft Heinrichen,
Graffen zu Schwartzburg, Herren in Arnstet und Sundershausen,
vor 4000. Rheinische Gülden, mit der Bedingung, daß solche
Güter die Landgraffen könten einlösen, wenn sie wolten. Wie
auch geschehen ist. Suche in meinen Annalibus A.C. 1393. 1395.
1428. 1480.

Das Siebenzehende Capitel.

Von der Wilhelms-Burg

Die noch anitzo bewohneten Schlösser ümb Jehna sind die
Wilhelmsburg, Leuchtenburg, Burgau, Dornburg, zu geschweigen
der Nieder- oder Unter-Lobdeburg, Kapellendorff, Apolleda,
derer wir in Beschreibung der angräntzenden Städten ümb Jehna
schon gedacht haben im vorhergehenden X. Capitel, so wohl des
Altenbergs, Gleina, Schlöben und Trakkendorffs, derer wir in
nachfolgenden XXII. Capitel schon gedenken wollen, dahin soll
der günstige Leser gewiesen sein.

Die Wilhelmsburg ist das itzige Fürstl. Sächs. Residentz-
Schloß zu Weinmar, also genennet nicht von Wilhelmo I. Cocles
Einäigig genant, Marggrafen zu Meisen, welcher durch Kriegsrecht Königsstein und Pirn, kauffweise aber Ilenburg, Coldiz,
und Rosenberg in Böhmen an sich gebracht, und gestorben ist
ohne Erben A.C. 1407. 10. Febr. nicht von Wilhelm II. Dives,
der Reiche genant, Marggraffen zu Meissen, welcher das Marg-
graffthum Brandenburg von Marggraf Jodoco zu Mähren kaufte,
und welches nach 2. jahren von Kaiser Sigismunden eingelöset
wurde, stirbt ihne Erben A.C. 1425. in Mertzen, und wird begraben zu Altenburg in seiner, von ihm gestiffteten, Georgen Kirchen; nicht von Wilhelm III. Parvus oder Klein genant, Hertzogen zu Sachsen, welcher die von den meisten Ständen ihme ange-
botene Königliche Böhmische Kron abschlug, und Georgio
Poidebradio willig zuschluge, sturbe ohne mänliche Erben A.C.
1482. 17. Sept. wie wohl etliche, aber Vnrecht, setzen das 1483.
vide Annales. sondern von Wilhelm IV. Geminus und Bellicosus,
Zwilling und Streitbar genant, welcher A.C. 1598.* 14. Aug. zu
Altenburg gebohren, und 1662. 17. Maii zu Weimar gestorben ist.

* Korrigiert von 1698 zu 1598

Denn das alte Kaiserliche Schloß, darauf Kaiser Heinrich I. Auceps, Vogler oder Finkler genant, und sein Sohn Otto I. A.C. 938. und sein Enkel Otto II. A.C. 975. Hof, und Reichstage gehalten, hat weiland geheisen Hornstein, und ist gestanden jenseit des Ilmstroms, am Berge, der Horn genant, welcher noch die Altenburg genennet wird, und ist bei Mannes Gedenken ein grosser steinerner Ziehbrun darauf gefunden, und ausgefüllet worden; _301 Hat demnach einen lustigen Prospect und Aussehen gegen den Ettersberg, und in das flache Feld, und fast ebene Landstrasse nach Erffurt; Wenn aber, und ob es durch Feuer- oder Kriegesnoth ist ein- und untergangen, davon hat man noch zur Zeit keine unfehlbare Nachrichtung. Es hat schon A.C. 1430. weder Strumpf noch Stiel, weder Mauer noch Thurm mehr gestanden, und sind Weinberge und Obstgärten daselbst, gegen Ober-Weinmar, angebauet worden.

Das itzige Fürstl. Schloß lieget dieseit des Ilmstroms, im Thale, und ist ohne allen Zweiffel von den überbliebenen Werkstükken und Mauersteinen des allmählig abgegangenen Schlosses Hornstein oder Altenburg erbauet worden; Wird heute Tage in drei unterschiedene Schlösser ein- und abgetheilet, und heissen: Das Neue, das Alte, das Gartenhaus.

Das neue und grosse Hauptschloß, darauf die uralten Graffen _302 zu Orlamünda, und nach ihnen etzliche Landgraffen zu Thüringen, Churfürsten und Hertzogen zu Sachsen Hof gehalten, lieget gegen Mitternacht, und hat gerings ümbher einen runden tiefaus gemauerten Wassergraben, darein alle Abzugten des Schlosses gehen, und sind drei unterschiedene Zugbrükken darüber. Im Wassergraben sind Schwane und Wasser Hunichen mit Lust zu sehen, so wohl die neuen, von Hertzog Wilhelm IV. zu Sachsen, erfundene Schiffe, darauf er das Schloß ümfahren, ja aus den durchgebrochenen Schloß- und Wassergraben in den nechst darbei gelegenen grossen Küch und Fisch Teich, auch wohl ehe den Ilmstrom hinauf zu dem Fürstl. Kloster-Vorwerk oder Leib-Geding mit seiner Fürstlichen Gemahlin und Fürstlichen Jungen Herrlein und Fräulein schiffen kunte.

An diesem neuen grossen Haupt-Schlosse haben etzliche Hertzoge zu Sachsen grosse Baukosten aufgewendet:

1. Hertzog Friederich (Pacificus & Simplex) der Friedfertige _303 und Einfältige genant, Landgraff Balthasars zu Thüringen einiger Sohn, hat den Thorbau unter der Cantzelei, gegen dem Markte,

aufgeführet, und darüber gesetzet das Thüringische Wappen, mit vier Schilden, und darbei diese Schrifft: A nativitate Domini M. CCCC. XXXIX. sunt hæc arma Thuringica & structura valfe (valde) completa.

2. Hertzog Wilhelm III. zu Sachsen hat die Schloß-Capelle S. Martini des Bischoffs zu einer Pfarr- und Dum-Kirchen erhoben, wie diese Schrifft am Kirch-Thurm, so im Schloßbrande A.C. 1618. den 2. Aug. eingerissen, ausgeweiset: Sub Anno Domini M CCCC. LXX. completa est fundatio hujus Ecclesiæ Collegiatæ per Illustrissimum Principem, Dominum Wilhelmum, Ducem Saxoniæ, Landgravium Thuringiæ, Marchionem Misniæ.

3. Churfürst Johannes I. zu Sachsen, hat 5. Jahr vor ererbter Churwürde die Schloßkirche verneuret, und über die Thür, bei der alten Renterei, das aus Ertz gegossene Bild S. Martini, welcher ein Stükk von seinem Mantel einem Bettler darreichet, setzen lassen, neben seinem, und seiner zweien Gemahlin, Sophien, Hertzogin zu Mekklenburg, und Margarethen, Fürstin zu Anhalt, Wappen, und diese Schrifft: Structura Illustrissimi Principis Johannis, Ducis Saxoniæ, Præsidis Provinciæ Thuringiæ, Marchionis Misniæ præconium D. Martini Pontificis à Natali Christi inchoata millesimo quingentesimo, pridie nonas Mart. Es kan wol sein, daß er kurtz zuvor, aus heiliger Andacht, die schönen Glasscheiben in der abgebrandten Tafelstuben hat setzen lassen, in derer schönsten einen weiland zu sehen war ein Marienbild, welche das Christkindlein auf den Armen truge, und ümb sie herum zu lesen war die Jahrzahl 1514. und dieser Vers.

Virginis hic proles Puer est: TeCæsare major,
Orbem qui magnum Maximus Ipse regit.

Im nachfolgenden 1515. Jahre hat Er auch den grossen Christoffel am Schloß, und Hausmans-Thurme, anmahlen lassen, welches Bildnüß A.C. 1555. durch Peter Gotland erneuert worden ist.

4. Hertzog Johann Wilhelm zu Sachsen hat, nach seiner glükklichen und siegreichen Wiederkunfft aus Frankreich, A.C. 1559. den Aufritt erbauet, durch dessen Bequemlichkeit man kan vom Schloßhofe biß vor daß Fürstliche Gemach und Frauenzimmer reiten und fahren, auf- und absitzen, welchen Aufritt sein ältester Herr Sohn Hr. Fridrich Wilhelm mit einem Thürmlein gezieret, wie diese Schrifft daran ausweiset: Von Gottes Gnaden

Friederich Wilhelm, Hertzog zu Sachsen, Landgraf in Thüringen, Marggraf zu Meissen, Gefürsteter Graf zu Henneberg, A.C. M.DC.II.

5. Hertzog Friederich Wilhelm und Hertzog Johannes zu Sachsen, haben ein Thor gegen das Fürstliche Vorwerk vor dem Kegelthor bauen lassen, darüber stehet also: A.C. 1590. haben die Durchleuchtigen, Hochgebohrnen Fürsten und Herren, Herr Friederich Wilhelm und Herr Johannes, Gebrüdere, Hertzogen ___306 zu Sachsen, Landgraffen in Thüringen und Marggraffen zu Meissen, diesen Thor-Bau angefangen, und mit Göttlicher Hülffe vollendet.

6. Hertzog Johann Ernst, der Jüngere, zu Sachsen, hat nach dem grossen Brande die Schloßkirche zu bauen angefangen, A.C. 1620. ist aber, wegen seines Feldzuges in Böhmen, Pfaltz- und Ober-Ungern, in dessen Markflekken S. Martin A.C. 1626. den 4. Decemb. Er verschieden, davon verhindert worden.

7. Hertzog Wilhelm zu Sachsen, wegen des Nahmens der Vierdte, wegen der Geburt der Zwilling, wegen des Kirges-Lob der Freudige und Streitbahre, hat die Schloßkirche ausgebauet, und in der Ehre der heiligen Dreieinigkeit eingeweihet, A.C. 1630. auf dem ersten Osterfeiertage, damahls ist M. David Lipach, der ältere, Hofprediger, und M. Johannes Henselman Hof- und Stadt Diaconus gewesen; auch sonsten die abgebrandten und abgetrage- ___307 nen Fürstlichen Zimmer nach einander ergäntzet, und das Schloß mit neuen Lust-Gärten, Spatziergängen, und andern Bequemlich- keiten, als ein sinnreicher, und in der Architectonica, oder Bau- kunst, erfahrener und glükkseeliger Fürst, überaus herrlich gezie- ret und erhöhet. Endlich A.C. 1658. den 28. Maii, Mitwoche nach Exaudi, hat er das von ihm erneuerte Haupt-Schloß, und darin- nen die neue Kirche eingeweihet, beider Nahmen geändert, jenes Wilhelmsburg, diese die Himmelsburg genennet, und verordnet, daß 120 fl. Zinß von den vermachten 2000. fl. jährlich auf dem Tag Wilhelmi unter Kirchen- und Schul-Bedienten solten ausget- heilet werden. Die Einweihungspredigt verrichtete der General- Superintendens, Pfarrer und Hofprediger, D. Nicolaus Zapfius, aus dem 28. Cap. Gen. v. 10. 22. In Beisein vieler Fürstlicher Personen, und der Universität in Jena Legaten, und waren ihrer ___308 aus einer ieden Facultät einer, nahmentlich D. Christian Chem- nitius, Theologus, D. Christophorus Philippus Richter JC. D.

Guernerus Rolfink, Medicus. M. Erhard Weigel, Mathematicus, PP.

Das alte und Mittlere Schloß, aus welchen man durch einen langen Gang und Auffzugbrükken über den tieffen und breiten Schloß- und Wasser-Graben in das neue grosse Hauptschloß kommen kan, hat seinen Zunahmen erlanget nicht von dem Alter des Baues, als wenn es ehe, und vor den andern zweien, wäre erbauet worden, sondern von der alten Hertzogin, Frauen Dorothea Susanna, Gebohrner Pfaltzgräfin bei Rhein, Hertzog Johan-Wilhelms zu Sachen hinterlassenen Witwen, welche es an die Stätte der gekaufften und abgebrochenen Bürgerhäuser A.C. 1574. zu bauen angefangen, auch glükklich vollendet, und darinnen biß an ihr seeliges Ende gewohnet hat.

<u>309</u>   Das Gartenhaus ist ein absonderlich Fürstliches Gebäude, zwischen dem Fürstlichen Baum- und Lustgarten, neben den alten Schloß, voller schöner Landtafeln, Historien-Bilder, Spatziergängen, aus der massen schön, lustig, anmutig, in welchem Hertzog Ernst zu Sachsen A.C. 1638. Hof gehalten, biß auf die brüderliche Landestheilung, da er sich in die Stadt Gotha erhoben, und die apertô Marte unüberwindliche, aber A.C. 1567. 13. April. übergebene, und auf Befehl Kaisers Maximiliani II. zerschleiffte Festung Grimmenstein, auf Erlaubnüß Kaiser Ferdinandi III. aufzubauen einen guten Anfang gemachet, und zwar erstlich mit der Schloßkirchen, welche Er in der Ehre der Göttlichen Drei-Einigkeit gegründet und eingeweihet hat A.C. 1646. 17. Decembr. und weil eben an dem Tage sein anitzo ältester Herr Sohn, Friederich, welcher in selbem Jahre den 15. Julii gebohren,
<u>310</u> darinnen eingesegnet wurde, ist das Schloß nicht mehr Grimmenstein oder Grunenstein, sondern Friedenstein genennet worden, nicht ohne einer guten Ahnung und Wunsche:

Gott, gieb Fried in deinem Lande,
Glükk und Heil in allem Stande.

Das Achtzehende Capitel.
Von der Leuchtenburg.

Das Schloß Leuchten- und Lüchtenburg genant, liegt auf einem hohen mit Gehöltze ümgebenen Berge, gegen der Stadt Kahla, und hat einen, dem Saalstrom gleich, ausgemaureten tieffen Ziehbrunn. Ist unterschieden von dem Schloß Leuchtenberg am Hartzwalte, welches A.C. 1207. Hertzog Wilhelm zu Braunschweig belägert, aber die belägerten Graffen und Herren, Herman und Heinrich zu Wernigeroda, suchten Hülffe bei Landgraffen Herman zu Thüringen und Hessen, und erlangeten sie auch, den er nam zu Hülfe Albertum den Ertzbischoff zu Magdeburg und Marggraff Dieterichen zu Meissen seinen Eydam, und führete den Belägerten Proviant oder Speise zu, und bewegten den Hertzog zu Fridensmitteln. Fabricius lib. 5. Orig. Sax. fol. 565.

311

Wir wollen unser Leuchtenburg betrachten nach seinen Alter, Herren, und Zufällen.

1. Nach seinem Alter: unlängst kam ich über ein Bettbuch der Wolff Detschen, darinen stunden diese Worte: A.C. 1373. am Tage Nicolai ist das Schloß Leuchtenburg zu bauen angefangen. Aber mit Unwarheit: den schon A.C. 968. Haben sich Edle Herren darvon geschrieben, wie folgen wird. Es müste den das vorige alte Schloß im Feur aufgegangen sein.

2. Nach seinen Herren: Und diese sind gewesen die Graffen zu Arnshag, bei der Neustadt an der Orla, wie oben gemeldet ist im XV. Capitel. Gottschalk, Herr in Liechtenberg, ist A.C. 968. zu Mersburg auf dem vierten Thurnier gewesen, vid. Ruxner im Thurnierbuch fol. 48. Johannes und sein Vetter Albrecht verkaufen A.C. 1331. ihre zwei Theil an der Stadt Jehna Landgraff Friedrichen zu Thüringen, dem Hagern und Ernsten genant, die sie vorhero versetzet hatten Günthern, Graffen zu Schwartzburg, Herren in Blankenburg, so wohl Graff Heinrichen und Günthern, Herren in Arnstet.

312

3. Nach seinen Zufällen: Das Schloß Leuchtenburg, und die darbei über der Saale gelegene Stadt Kahla, ist Graff Günthern, und seinem Sohne Johansen, und seinem Enkel Günthern, Graffen zu Schwartzburg, von dem Herren in Leuchtenburg versetzet gewesen, aber beide hat Landgraff Friederich zu Thüringen, Bellicosus, oder der Streitbahre genant, und sein Bruder Wilhelm II. von ihnen eingelöset mit 2100. Schokk Freiberger Groschen, A.C. 1396.

A.C. 1552. nach Kiliani begibt sich Churfürst Johann Friederichs zu Sachsen Gemahlin mit ihren dreien Söhnen uf die Leuchtenburg sicher zu sein für den streiffenden Rotten Hertzog Moritzens zu Sachsen, und Marggraff Albrechts zu Brandenburg.

313

A.C. 1602. den 23. Julii fället der hohe vom Wetter angezündete, Schloßthurm ein, und zündet zugleich die Wohnung des

Amptschössers an, als vorhero den 7. Jul. seelig verschieden war Hertzog Friederich Wilhelm zu Sachsen, welcher war ein geistlicher Thurm und Burg seiner Unterthanen.

A.C. 1658. den 18. Jul. am 6. Sontage nachTrinitatis, kömt in Mitternacht ein Feuer aus, und verbrennet den wieder aufgebaueten Thurm und Ampthauß. Dieser Fall war ein Vorbote eines Todes und Trauerfalls, denn A.C. 1663. den 23. Julii starb der Gottseelige und Gelehrte Fürst Christianus, Hertzog Friederich Wilhelms II. ältester Sohn, gebohren A.C. 1654. den 27. Febr.

Das Neunzehende Capitel.
Vom Schloß Burgau.

Dieses Schloß, welches unterschiedlich geschrieben und genennet wird Beregowe, Bergowe, Bergow, Burgau, lieget auf einem Hügel des Dorffes Burgau, an dem Bache Triesnitz, und an dem Saalstrom, hat seinen Nahmen von Burg und von der Aue, weil es auff einem zimlichen hohen Berge, und in einer lustigen Aue, zu einer Burg und Festung ist erbauet worden, und zwar von den Herren zu Lobdeburg, die sich in unterschiedene Stamhäuser und Linien ausgetheilet haben.

A.C. 1209. hat Albertus, Edler Herr in Burgau, den Thurnier zu Worms am Rhein besucht, Ruxner im Thurnierbuch, fol. 104. 105.

A.C. 1288. hat gelebet Herman von Deberzen, Herr in Burgau, Deberzen wird anitzo genennet Döbritzschen. Seiner wird gedacht in Klosterbrieffen zu Capellendorff.

A.C. 1305. haben Otto, Hartman, und Otto, der Jüngere, Herren in Lobdau und Burgau, Landgraff Friederichen zu Thüringen, Bellicosus genant, eine solche Huldigungsbrieff eingehändiget: Daß wy unse Statt zcu Lobde nicht vester schullen machen, denne sie itzund ist, ꝛc.

A.C. 1377. Hans und Albrecht von Bergau, Herrn zu Lobdeburg, übergeben Ihr Holtz beim Dorff Leutra unweit Rotenstein und Mau, dem Rath zu Jena, zu Erhaltung der Brüder in Nicolaß Spittel und der Brükken über den Saalstrom.

Zu Burgau ist weiland ein sonderlich Ampt gewesen, und endlich dem Ampte Wind- und Gleisberg einverleibet, und zum Unterscheid das Ober-Jenische Ampt genennet worden. Darzu haben vor Zeiten gehöret (1) die Reichsstrasse von Nürnberg nach Leipzig, und von Erffurt nach Zwikkau. (2) Die Gebäude,

als das Zollhaus, mit dem Beigeleite in Wintzerlc, Leutra, Cambsdorf, das Vorwerk, darzu gehören 142. Ahrakker, und 33. Ruthen, 316
Dreizehendhalben Akker Wiesewachs, und 30. Ruthen, 12. träch-
tige eiserne Kühe, (vaccæ amortizatæ) die Schäfferey, darzu gehören 39. Akker Wiesen, und 58. Ruthen, und 431¼ eiserne Schaffe, die Mühle, darzu zwölff und ein halber Ahr-Akker, Wiesen
und Gärten, achtzehen und eine halbe Ruthen gehören. (3) Die
Pfarren, theils als Mutter, in Lobda, Burgau, Maue, Rotenstein,
Buchau, theils als Töchter, Zöldtitz, Rotha, Sultza, Unter- und
Ober-Welnitz nach Lobde, weiland auch Trakkendorff, welche
A.C. 1550. im Widdumbuche für eine Hauptpfarr erkennet wird.
Ammerbach, Wintzerle, Jeschwitz nach Burgau, Ober- und Un-
ter-Leutra nach Maue, Olknitz nach Rotenstein, Schorba, Nens-
dorff, Besen, Osmeritz nach Buchau, Ilmitz und Rabis nach
Trakkendorff. (4) Die Schlösser, theils noch stehende, Bergau,
Unter-Lobdeburg, Schöbla, Zinna, Lukka, theils eingegangene, 317
Trachendorf 2c. (5) Die Dörffer Burgau am Ausgang des Bachs
Trißnitz, Wintzerle bei desselben Ursprung, Ober- und Unter
Leutra am Bach Leutra, Maue und Rotenstein an der Saale,
Schorba, Klein-Krops, oder Kropitz und Gröbnitz genant,
Bucha, Nensdorf, Ammerbach, Müncheroda, Rotha, Jeschwitz,
Sultza, und die Wüstung Frötzsch.

A.C. 1510. hat Christoff von Würtzburg, Erbsaß in Wochau,
das Schloß Burgau von Churfürst Friederichen III. und Hertzog
Johansen zu Sachsen, erkauffet ümb 160. Rheinische Gülden, mit
der Bedingung (1) daß er ein Ritter-Pferd schikken, (2) den
Schaffstall von Steinen erbauen, (3) das Schloß ihnen auf Begeh-
ren eröffnen solte. Jenische Archiva fol. 1129. 1182. 1190. Seine
Söhne Wolff und Jan von Würtzburg haben noch A.C. 1538.
gelebet.

Es ist eine alte Rede-Art, darmit wir einem ungläubigen
Thomisten pflegen zu begegnen, dieses Inhalts: Ich werde dir 318
nicht alle Heiligen hertragen. Ich wil dir bei allen Heiligen
schwehren. Dieses erweise ich mit dieser Historien A.C. 1529.
Freitags nach Exaudi, berichtet des Churfürsten Johansen zu
Sachsen Landrichter zu Jehna, Hanß Schikker, es sey vor der Zeit
im Pabstthum der Gebrauch gewesen. Wenn iemand im Ampt
Burgau den Eid hat ablegen sollen, daß er habe müssen, auf
gnugsame Caution, etzliche Heiligen zu Brießnitz auf seinen kosten gen Burgau schaffen, da gemeiniglich die Land-Gerichte zu

der Zeit gehalten worden. Daselbst hat er sich vor Gericht müssen baarfuß ausziehen, und also baarfuß die Heiligen auf den Schindanger tragen, sie auf ein seiden Tuch legen, und bei einem brennenden Wachslicht kniend den Eid ablegen, ꝛc. Begehrt demnach zu wissen, weil nunmehro durch das Licht des Evangelii der Aberglaube abkommen, wie er sich künfftig in solchem Fall verhalten soll, ꝛc.

Das Zwantzigste Capitel.
Vom Schloß Dornburg.

Dornburg liegt auf einem Steinfelsen, gegen den Saalstrom, und ist weiland weit grösser und fester gewesen, als es nunmehr ist. Daselbst haben weiland gewohnet, und sich davon geschrieben, Graffen und Edele, wie oben im XVI. Capitel §. Dornburg vermeldet ist.

A.C. 1453. hat Boso Vitzthum das Schloß besetzet wider seinen Landesfürsten, Hertzog Wilhelm III. zu Sachsen, und waren in der Besatzung Apel (Apollonius) von Ebleben, sein Stieffsohn, Balthasar von Wangenheim, Christoph von Micheln, und andere mehr, welche sich gutwillig ergaben, und dardurch so viel erhielten, daß des Bosens Eheweib mit ihren sechs Kindern und Vorraht, ihres Mannes Bruder Wilhelm Vitzthum zu Apolleda, als der es mit dem Landesfürsten wider seinen Bruder Bosonem hielte,

320 wurde anvertrauet, und gantz sicher bey Leib und Leben, bey Haab und Gut, bey Ehr und Glimpff erhalten, Fabricius lib. 7. Orig. Sax. fol. 725. Dieser Boso Vitzthum ist mit seinem Bruder Apeln Vitzthum und dessen Sohne ein Lermenbläser und Rädelsführer gewesen des innerlichen Krieges zwischen den zweien Brüdern, Churfürst Friederichen II. und Hertzog Wilhelm III. zu Sachsen, und sind deswegen ewig des Landes verwiesen worden, und darauf in Böhmen kommen.

Das Ein und zwantzigste Capitel.
Von Dörffern umb die Stadt Jena in gemein.

Die Dörffer ümb Jena sind zu betrachten in gemein und insonderheit.

In Gemein: 1. Nach ihren Nahmen: Die Dörffer sollen und können ihre Namen haben (1) vom Worte Durffen; Weil ihre Einwohner vieler Ding bedürffen, derer sie sich aus den nechsten
321 Städten erhohlen müssen, Althammerus in Tacit. fol. 232. (2) Vom

Worte Thor- und Hoff; Weil die Höfe in den Dörffern weite Thor und Thüren haben, die zur Aus- und Einfahrt der Wagen und Karren, so wohl zur Aus- und Eintreibung des Viehes sehr dienlich und nötig sein. Demnach ist ein Dorf so viel als ein Thorhoff, das ist, ein Ort, da viel oder wenig Thorhöffe neben einander gesetzet werden, M. VVolff. Heider Vol. 2. Orat. 25. pag. 1101. (3) Vom Worte Dorff, das bedeutet eine ausgedörrte Erde und Rasen, so man zum Feuer und Wärme, in Mangelung des Holtzes, gebrauchen, auch mit dem grünen Rasen die Dächer bedekken, ja wohl eine Lagerhütte daraus machen kan, wie vor Zeiten in der alten Welt fast sehr geschehen M. Barthol. Scheraeus in Miscellaneis Hierarchicis, lib. 3. p. 147.

Weiland theileten sich die alten Teutschen in zwene Hauffen, in die Krieger, und in die Bauern. Jene zogen aus in Krieg, und stritten wider ihre Feinde. Denn sie bunden ihre Pferde lieber an der Feinde, als an der Freunde Zäune. Diese aber hingegen blieben daheim, und baueten das Land. Ein Edelman mag Vormittag zu Akkergehen, und nach Mittag in Thurnier reiten. Crusius part. 3. Annalium Suev. l. 2. c. 13. fol. 97. 322

2. Nach ihren Einwohnern: Diese werden gemeiniglich genennet Bauern, daher der Reim kommen: Bürger und Bauer scheidet nichts denn die Mauer, Joh. Agricola in teutschen Sprüchwörtern, Prov. 244. pag. 126. Ob gleich nicht alle und iede darinnen wohnende Personen nach der Kleidung, Geberdung und Verrichtung Bauern sind, als die Edelleute, Kirch- und Schulbedienten. Wiewol die Edlen zu Rom sich nicht gescheuet und geschämet haben die Hände mit an den Pflug zu legen, und Bauenarbeit zu verrichten, L. Cincinnatus, zur Dictatur, das ist von Pflug. das ist zur höchsten Botmäßigkeit beruffen worden. Wem 323 ist nicht bekant der Bauer- und Akkerman Primislaus, der vom Pfluge zur Königlichen Krone der Böhmen ist geholet worden. Kaiser Maximilianus I. hat sich nicht geschämet sich selber einen Bauren zu nennen. Denn als sein Leibroß unter ihm, vom Donner gerühret, zu Gottesboden fiel, siehe, da fiel er auf seine Knie, hube seine Augen und Hände empor gegen den Himmel, ruffet und betet also: O du bist allein ein Allmächtiger Herr, sei mir gnädig! Wir sind alle deine Bauren, M. Strignitius Conc. 21. super p. Jonae. cap. 1.

Warumb ist König Casimirus in Polen genennet worden Rex Ruricolarum das ist der Bauren König? weil Er aus Teutschland viel Bauers Leute beruffete, und Ihnen nicht ohne grose Freiheiten, die Aekker eingabe, welche seine Unterthanen in Pest- und Kriegszeiten hat lassen zu Wiesen werden, Cramerus in Hist. Polonic. Von Wol- und Mißbrauch des Bauer- und Dorfflebens sind nach ˌfolgende Sprichwörter auffkommen. 1. Bauern sind Lauren. 2. Es ist kein Dörflein so klein, es wird des Jahrs einmahl Kirchweihe darinnen. 3. Man laß den Edelleuten Ihr Wilpert, und den Bauern Ihre Kirchweih, den Hunden ihre Hochzeit, so bleibet man ungerauft. 4. Sachte ins Dorff, die Bauren sind trunken. 5. Rustica gens est optima flens & pessima ridens. vid. Joh. Agricola in Teutschen Sprüchwörtern, p. 193. 227.

324

In der Reichs-Matricul werden gesetzet nicht allein vier Städte: Augspurg, Metz, Ach und Lübekk, sondern auch vier Dörffer: Bamberg, Ulm, Hagenau und Schletstät, so wohl vier Bauren, als Cöln, Regenspurg, Costnitz und Saltzburg. Warüm? zu Ehren des Baurenstandes. Es ist auf dem heutigen Tag noch die Gewohnheit im gantzen Teutschen Lande, wie Joh. Agricola d. 1. Prov. 245. pag. 126. schreibet, daß, wenn man die Bürger in Städten zum Rahthause berufft,ˌalso saget: Wer Bauer und Bürger ist, der mache sich herbei, wer aber nicht Bauer und Bürger ist der trolle sich davon. Den der Akkerbau und Akkerwerk ist der Teutschen Nahrung gewesen. Dahero kömt das Sprichwort: Wann die Bürger zum Rahthaus gehen, so gehet der Bauer vor, das ist, der meiste Raht gehet auf die erbahre Nahrung und Akkerbau. Confer Scheræum d l. pag. 147. Es stunde vor zeiten noch besser umb die Städte in Schlesin, da die Mistgabeln feyerten, wen die Herrn zu Rathe gingen, schreibt M. Nathan Tilesius part i. Conc. nupt. 12. p. 75.

325

3. Nach ihren Zufällen: Etzliche Dörffer ümb Jehna stehen noch gebauet, und werden bewohnet: Etzliche hingegen liegen wüste, und sind zerstöret, theils im Bruder-Kriege, welchen A.C. 1450. Churfürst Friederich II. Placidus, und Hertzog Wilhelm III. zu Sachsen, wegen irriger Erbtheilung, wider einander geführet, theils in Bauren-Kriege A.C. 1525. welchen die Bauren wider ihre ordentliche Obrigkeit, aus Anstifftung Thomas Müntzers, geführet, sindemahl sie die Schlacht auf dem Schlachtberge, bei Frankenhausen, verlohren, und welchen die Leib- und Lebens-Straffe ist erlassen, die haben zum Warzeichen, die Zeit ihres Lebens über, einen weissen Wanders-Stab führen müssen, Fabricius lib. 7. Orig. Sax. fol. 869. Damahls hat Hertzog Johannes zu Sachsen

326

etzliche Rädelsführer zu Weimar, Eisenach, und Jena köpfen lassen, und ist das Blut, der allhier Geköpfeten, vom Röhrkasten auf dem Markte, herab in den Bach geflossen, Fabricius lib. 1. Rerum Misnic. fol. 24. Rädelsführer sind sie genennet worden, weil die aufrührischen Bauren ein Pflug-Rad in ihren Kriegsfähnlein geführet haben.

Umb Jena liegen noch heute zu Tage wüste und öde nachfolgende Dörffer: (1) Schlendorff, unter dem zerstörten Schlosse Windberg, davon ist noch übrig der Schleen-Garten am Hausberge, gegen dem Jentzig, (2) Ziskau, und Schöndorf, bei Kloßwitz, und haben darzu gehäret drey Huffen Landes, wie Heinricus von Molewitz davon redet, in seinem Kauffbrief A.C. 1355. (3) Lötschen, bei Löberschitz, (4) Ober-Rodegast, bei Rodegast, (5) Gleinehalb, im Leuterischen Grunde, (6) Wigula, bei Bucha, und (7) Nieder-Bucha, auf dem Buchischen Bergen, (8) Uhrda oder Vehrda, (9) Coppantz, bei Nensdorff, (10) Vollersroda, und (11) Nöbiß in Ammerbachischen Feldern und bei Müncheroda, (12) Seltzdorff auf den Lobdeburgischen Bergen, So noch A.C. 1468. in Gebrauch gewesen, (13) Schlotwein bei Ischeistät, (14) Diederstät bei Oberndorff, (15) Gaugau bei Gittern. 327

4. Nach ihren Vorzug: Etzliche sind Zoll frei: Etzliche müssen Zoll geben.

Zollfreie Dörffer ümb Jena sind weiland zwei und viertzig gewesen, die geben ins Ampt ihr Zoll-Korn, und zwar ein iedes Haus, das liegende Gründe hat, ein Jenisches Viertel Getreide, Gersten, Habern. Das aber keine liegende Gründe hat, giebet nur einen alten Pfennig, wie das Erbbuch im Ampte Jehna ausweiset, fol. 314. Wie sind sie aber Zollfreie? Was ihre Einwohner auf dem Rükken und Achseln in die Stadt tragen, darfür geben sie nichts, ausgenommen auf die Jahrmärkte, und auf der Prediger Ablaß. Wiewohl dieses Privilegium mancher Zöllner freventlich schwächet, und von einen Korbe das Geleite fordert, ohne vorbewust und Erlaubnüß der hohen und niedriegen Obrigkeit. Was sie aber mit Pferden, Eseln und Ochsen herein führen, darfür zollen sie. Wie zu sehen im Ausschreiben Hertzog Johann Friederichs II. zu Sachsen gegeben zu Weinmar A.C. 1552. Donnerstag nach Margarethen. 328

Das Zoll Getreide hat 30. Jenische Scheffel Korn, und 15 Jehner Gersten angetroffen, und diese sind gewesen ein Leibgeding einer Lobdeburgischen Witben, welche ihre Söhne Hart- 329 man, Herman und Albrecht Herren zu Lobdeburg, genant von Leuchtenburg verpfändet hatten Ihrer Schwester Mechtild Eptisin zu S. Michael in Jena A.C. 1316. Suche meine Annales A.C. 1295. 1316.

Solche, auf erzehlte Weise, Zoll-freie und ümb Jena liegende Dörffer kommen herein etzliche durch das Johannes-Thor, als: Müncheroda, Groß-Schwabhausen, Hollstäd, Kötschau, Groß-Romstet, Klein-Romstedt, Koßbeda, Kloßwitz, die Alte Ginna, Lysten, Krippendorff, Hermstet, Schöten, Lützendorf oder Vierzehenheiligen, Lützeroda, Isserstet, Utenbach, Stober. Etzliche durch das Löberthor, als: Liechtenhayn, Ammerbach, Buchau, Nensdorff, Osmeritz, Wintzerle. Was anlanget Jehne-Brißnitz, so giebt das Dorff nur Zoll auf die Dinstags-Wochenmärkte. Etzliche durch das Saalthor, als: Ziegenhayn, Cambsdorf, Wenigen-Jenha, Kunitz, Lasen, Löbenitz. Etzliche durch die Zwetzen oder Schloßpforten, als: Löbstet oder Löbschitz in Weiden, Rödigen, Hainigen, Nerkwitz, Stiberitz, Kösenitz, Zimmern. Wie wir mit mehrern vermelden wollen im Buche genant Magistratus Jenensis. und in Annal. Jenens. oder Thüringischen Chronik. A.C. 1295. 1316. 1566.

330

Etzliche haben das Braurecht im geringsten nicht. Etzliche auf gewisse Zeit und Masse. A.C. 1437. Donnerstag nach Martini, ist ein Landtag gehalten zu Salfeld, und Etzlichen Dörffern das Bierbrauen aberkennet worden, nehmlich: Müncheroda, Welnitz, Isserstet, Ammerbach, Maue, Lasen, Jeschwitz, und Ziegenhayn, ausgenommen zweene Fälle, wenn der Weinwachs würde mißrathen, und wenn sie ihre Kinder ausstatten; Damahls sind Commissarien gewesen Nicolaus vom Ende, Eberhardus von der Thanne in Wartberg, Heinrich von Einsiedel in Gnandstein, Wilhelm von Herda, Amptman zu Saltzungen, Wolffgang von Greffendorff in Gnau, Georgius von Wangenheim, und Carolus Keltz, Bürgermeister in Salfeld.

Vielleich hat zu solcher Verordnung Ursach gegeben, was sich A.C. 1536. begeben hat: Denn am andern Pfingstfeuertag sind zweihundert gerüstete Bürger aus Jena in Löbstet gefallen, und haben den Einwohnern das Bier in Fässern entführet. Heute zu Tage brauen fast alle Dörffer ümb Jehna, mit grossen Nutzen, und dann mit grossen Abgang der Jenischen Bürgerschafft.

5. Nach ihren Herrschern, und diese sind gewesen theils das Kloster, theils der Raht, theils der Adel, theils das Ampt.

Kloster Dörffer, die den Nonnen zu S. Michael in Jena gehöret haben, sind gewesen (1) Löbgeschiz, Logeschitz, oder Löbschiz, erkaufft A.C. 1323. von Ottone dem Jüngern, Alberto und Hartmanno Gebrüdern, Burggraffen zu Kirchberg, (2) Koßbode, oder Koßboda und Koßweda erkauffet A.C. 1348. von den Edelen Vitztumen in Apolleda, (3) Kloßwitz mit der Wüstung 332 Czischka erkauffet A.C. 1351. von Heinrich von Molewitz, mit Einwilligung der Herren zu Helderung, Alberti und Friederici, so wol der dreien Burggraffen zu Kirchberg Hartmanni, Ottonis und Albertti (4) Hayn oder Haynichen A.C. 1354. 1355. theils erkauffet von itzt genanten Molewitz, theils geschenket vom Ottone dem Jüngern und seinen Bruder Alberto Burggraffen zu Kirchberg, (5) Lützeroda, wird in den Steuerbüchern zu geeignet denen Kloster-Dörffern (6) Nerckwitz, erkauffet von Sophien H. Hartmans des Jüngern von Lobdeburg, genant von Bergau, Witben, ist Ihr Leibgeding gewesen dar zu gehöret 12. Höffe oder Heuser und eine huffe Landes, A.C. 1356.

Rahts-Dörffer, die dem Raht und Bürgerschafft in Jena gehören, sind Jehne-Löbniz und Osmeriz. Jenes liegt jenseits, dieses 333 disseits der Saale, beide werden genennet Brükkendörffer, weil sie zu der Brükken-Mühle gehören, und davon zwölff alte, und bei dieser Stadt und in den beiden Dörffern, Jehne-Löbniz und Osmeritz, verarmte, gebrechliche, und sich vorher wohl verhaltende Männer nach notdurfft versorget werden.

Wann, wie und warumb diese beide Dörffer Jenelöbnitz und Osmeritz sind zum Nicol oder Brüder Spittel und in Rahtsbrükken Hoff kommen, da von habe ich diese Nachrichtung funden.

A.C. 1358. Am tage Sylvestri des Pabsts hat Herr Herman von Lobdeburg genant Herr zu Elsterburg sein Recht und Gericht in Dorff und Felde Osmeritz übergeben Heinrichen von Rudelstet, genant von Prage, weiland Probsten zu S. Michael in Jehna, und Conraden dem Pfarr zu Cunitz, und durch sie dem neuen Spital zu S. Nicolai vor dem Saalthor zu Jena, nach dem die vorigen Lehnträger Poppe und Cuntz von Würtzburg ihr 334 Lehnrecht auff gegeben, zu Unterhaltung der armen alten Leuten.

Eben zu dem Ende haben Hans und Albrecht Gebrüdere von Bergau, Herren zu Lobdeburg Ihr Holtz zu Leutra übergeben dem Rath zu Jena: Nehmlich zu Unterhaltung der Bruder in S. Nicolai Spittel und der Saalbrükken doselbst A.C. 1377. am Sontage nach Jacobi.

A.C. 1395. am Montag vor Palmarum hat der Rath und die Gemeine zu Jena, von Walther Zerlen und Hansen von Naumburg gekaufft die Dörffer Neder und Ober-Löbnitz genant, mit dem Kirchlehn, und mit Gericht und Rechte über Hand und Hals darinnen, und in Ihren Trifften: darein hat gewilliget Burggraff Albrecht zu Kirchberg, Herr zu Crannigfeld (welcher sich in Kauff- und Lehnbrieff nennet einen Marggraffen zu Kirchberg.) und für sein Recht daran bekommen XV. Schok guter Meißner Groschen, Uber das noch X. schmaler schok Groschen Jenischer wehr für seine zweene darinnen gesessene Männer, Hans Heinrich und Hans Calhart genand. Damals sein in Jena Rathsmeister gewesen Hans Pfulsborn und Heisewirstete: Die Zeugen aber der Edle Herr, Er Albrecht von Hakkeborn, Ditrich Löwe und Gottschalk von Hoffe.

335

Adels-Dörffer, die den Edelen und Erbahren Männern gehören, sind unter andern (1) Wochau, so den Osterhausen, (2) Löbichau, so den Dietrichen, (3) Trakkendorff, so den Gerstenbergischen Erben, (4) Schlöben, Mökkern, Liechtenhayn, so denen von Heßler, (5) Gleina, so denen von Brand, (6) Borstendorff, so denen von Wolfframsdorff, nunmehr von A.C. 1665. 14. Decembr. ins Amt Jena. (7) Beulbar und Ilmnitz, so denen vom Ende, (8) Schiebelau und Bokkera, so denen Goldsteinen gehören.

Ampts-Dörffer gehören etliche ins Amt Leuchtenburg und Roda, als Seidenroda, Jägerndorff: Etzliche ins Amt Kapellendorff, als diese siebene: Kappellendorff, Duttsch- oder Großschwabhausen, Hammerstät, Frankendorff, Hollstet, Hermstet und Stober. Etzliche ins Amt Dornburg und Kamberg, als Wormstet, Wurchhausen, Etzliche ins Amt Roßla, als Wikkerstet, Flurstet, Etzliche ins Ober- und Unter-Amt Jena.

336

Ausführlicher kan es beschrieben werden ex tom. II. Ath. Salan. lib. 8. cap. 2. p. 394. imo ex Annalibus meis Jenens. A.C. 1667.

Ins Ober-Amt Jehna, welches das Lobdauische und Burgauische weiland gennenet worden, gehöret nicht allein die Stadt Lobedau, sondern auch diese Dörffer: 1. Müncheroda, 2. Ammerbach, 3. Nensdorff, 4. Buchau, 5. Schorbau. 6. Klein-Gröbitz, 7. Leutra, 8. Rotenstein, 9. Maue, 10. Burgau, 11. Wintzerle, 12. Roda, 13. Welnitz. Welche beide letzten Dörfer nur wegen der Folge zur Kriegszeit weiland ins Ampt Jena, sonst ins Ampt Leuchtenburg gehöret haben.

Ins Unter-Ampt Jena, welches das Wind- und Gleisbergische weiland genennet worden, gehören 1. Cambsdorff, 2. Ziegenhayn, 3. Brißnitz, 4. Wochau, 5. Rodegast, 6. Beulbar, 7. Ilmsdorf, 8. Beutnitz, 9. Golmsdorf, 10. Naura, 11. Lasen, 12. Wenigen Jena, 13. Löbstet, 14. Hainichen, 15. Kloßwitz, 16. Lützeroda, 17. Kötschau, 18. Isserstet, 19. Koßweda, 20. Löberschitz.

Diese Jehnische Ampts-Dörffer sind nach ihren uralten Besitzern und Grentzen in gewisse Pflegen und Vogteien ein- und abgetheilet, und genennet worden.

I. Die Isserstetische: Darzu haben gehöret 1. Isserstet, 2. Rhemderoda, 3. Kötschau.

II. Die Gleisbergische: Darzu haben gehöret 1. Golmsdorff, 2. Naura, 3. Beutnitz, 4. Löberschütz.

III. Die Windbergische: Darzu haben gehöret 1. Rodegast, 2. Brißnitz, 3. Wenigen Jehna, 4. Cambsdorff, 5. Ziegenhain, 6. Lasen (dieses Dorff, hat sonst gehöret in das Gleisbergische, es ist aber A.C. 1486. im Naumburgischen Vergleich geschlagen zu der Windbergischen Pflege)

Dieser Vogtei sind auch einverleibet worden 1. Wochau, in welchem das Ampt das Ober-Gerichte, die von Osterhausen das Erb-Gerichte haben, 2. Groß-Löbichau, 3. Graitschen, 4. Jene-Löbnitz, in welchem das Ampt Jehna etzliche Erbzinsen hat, 5. Cunitz, in welchem es nicht allein etzliche Zinsen, sondern auch die Landsteuren, wegen des Fischwassers, so nach Gleisberg gehöret, nehmlich 8. gr. 6. pf. wegen 8. guter Schokken.

IV. Die Burgauische: Darzu haben gehöret 1. Burgau, 2. Wintzerle, 3. Ammerbach, 4. Nensdorff, 5. Ober- und 6. Unter-Leutra, 7. Maue, 8. Rotenstein, 9. Buchau, 10. Klein-Gröbitz, 11. Schorba, 12. Müncheroda. Uber diese sind vor Zeiten darzu gerechnet worden mit Bedingung: 1. Liechtenhayn, so noch A.C. 1448. ins Ampt Jena gehöret, 2. Rhoda, 3. Zölnitz, 4. Trakken- dorf, was den obern Edelsitz betrifft, denn der Untere gehöret ins Ampt Leuchtenburg, 5. Wölnitz, 6. Jeschwitz, 7. Osmeritz.

V. Die Klosterischen.

VI. Die Brükkenhöfische. Beider Dörffer sind schon genennet worden p. 332. 333.

Das Zwei und zwantzigste Capitel
Von Dörffern um die Stadt Jehna Insonderheit

Insonderheit sind die Dörffer ümb Jehna zu betrachten nach ihren Namen, Lagen, und denkwürdigen Sachen und Fällen, die sich darinnen und darbei begeben haben, und solcher wollen wir nur etzliche erzehlen, und zwar nach der Ordnung und Reihe der Buchstaben im Abcbuch:

Altenberga, über den Dorf Rotenstein, unweit Kahla, hat ei-
340 nen herrlichen Sitz, darauf die Burggraffen zu Kirchberg sind ein und abgetheilet worden, nehmlich in Windberg, Altenberg, Kappendorff, und Krannigfeld. Von diesen Burggraffen ist die Herrschafft Altenberg mit seinen andern Gütern kommen an Graff Ernsten, und seinen beiden Söhnen, Ernsten und Erwinen, zu Gleichen, Herren zu Rhemda, von diesem an Ludwig von Redewitz, welcher A.C. 1492. diese Herrschafft von diesen Graffen erkauffet, und A.C. 1515. Herman und Andresen von Weisbach verkauffet, von diesen ist sie kommen A.C. 1574. auf Johann Fabian von Feilitzsch, von dessen Sohne Günthero hat sie gekauffet Hanß von Pustern, in diesem 1664. Jahr besitzet sie Herr Johannes Reit-Esel, in Eisenbach. Suche vorher pag. 247.

Alte Ginna suche Ginna.

Ammerbach, hat seinen Nahmen entweder von dem Bächlein Ammer, oder von einer Art der Kirchen, welche wir pflegen Ammern zu nennen. Unweit gegen Burgau und Wintzerle ist,
341 A.C. 1554. Montag nach Magdalenae, ein runder Erdfall und Grube worden, und in dem selben ein Wasser herfür gequollen, heute zu Tage ist die Erdgrube erfüllet, und das Wasser hat sich auch wieder verlohren. A.C. 1557. Sonabends nach Mathiæ (24. Febr.) wird von Hoff aus befohlen, das die Einwohner zu Ammerbach nicht mehr zu Burga, wie sonst, sondern zu Jena in der Rasen Mühle mahlen sollen.

A.C. 1613. 29. May am H. Trinitatis abends in der Weinmarischen Sündfluth ist ein Knabe von 12. Jahren ertrunken, und sind 6. Wohnhäuser benebenst denen dabei gewesenen Scheunen und Ställen den Bach hinunter im Dorffe zu Grunde eingerissen, auch die schönen Garten, Wiesen Aekker, nach der Saalen warts jämmerlich verderbt und verschlemmet.

Asmenstet suche Osmanstet.

Beutnitz, ein Dorff am Bach Gleise, unter dem Gleisberg, be-
342 rühmet theils von einer Vicarey, welche A.C. 1437. Petrus von

140

Schleiniz damahls Bischoff zu Naumburg und Zeitz bestätdigct, theils von der Pfarrkirche, welche Pabst Paulus II. A.C. 1471. dem Kloster Posau, bei Zeitz, einverleibet, neben der Pfarr zu Brißnitz, mit ihren Filialen (oder Töchtern) in Löbichau, Windberg, Ziegenhayn, Kirchberg, Ober-Löbichau und Wochau.

Die Edelsizze, 1. in Beutnitz und Golmsdorff haben nach einander besessen die Edele Techwitz, 2. Hohlbache, als A.C. 1588. Heinrich und Veit Dieterich von Hohlbach, 3. Liechtenhaine, als Georg Friederich, der Letzte dieser Linien, A.C. 1655. den 28. Decembr. starb, fiel das Rittergut zu Golmsdorff an die Hertzogen zu Sachsen, Weinmarischer Linien, welche die Felder A.C. 1660. 21. Febr. den Inwohnern ausgethan haben. Suche unten § Golmsdorff.

In der Kirchen zu Beutnitz sind etliche Techwizze begraben, wie die Schrifft auf ihren Leichsteinen ausweiset.

A.C. 1495. den 6. Jul. ist verschieden der Erbare und Veste 343 Berthold von Techwiz.

A.C. 1515. den 6. Jul. ist verschieden der Erbare und Veste Carol von Techwiz.

Beulwiz, von diesem Dorffe haben ihren Geschlechts-Nahmen geführet, und darinnen ihren Edelsitz besessen Hartmannus von Beulwiz, welcher A.C. 1316. ein Ritter, und Landgraff Friederichs, Admorsi, zu Thüringen, Raht gewesen ist: 2. Hartmodus (Hartmuth) von Beulwiz, A.C. 1352. 3. Albertus von Beulwiz, Erbsaß in Nerkwiz. A.C. 1383.

Borstendorff, ein uraltes Vorwerk, und darinnen eine Capelle zu S. Niclaß: dabei auch ein Echo und öffter wiederschall und ruff, zwischen Jena und Dornburg, dem Gleisberge über, welches, Hermannus von Saltza schon A.C. 1226. dem Apt Winemaro zur Pforten, bey der Naumburg, vor 565. Mark Silbers verkauffet hat, Bertuchius in Chron. Portens. l cap. 3. p. 104. Als Hertzog Georgius zu Sachsen, der Bärtige genant, A.C. 1539. stirbt, ist 344 das Edle Vorwerk kommen auf Churfürst Johan Friederichen zu Sachsen, und von ihm auf seinen Canzler Gregorium Pontanum, oder Brükk, von seinen Nachkommen auf die Herren Schenken zu Tautenburg, und nach derselben Abgang A.C. 1640. an die Edlen von Wolfframsdorff. Welche es A.C. 1665. 14. Decemb. verkaufft haben ümb 30000. fl. und 400. Thaler Herdgeld Fräulein Marien Hertzogin zu Tremulien, Herzog Bernhardens II. zu Sachßen Gemahlin, der Verkäuffer ist damahls gewesen Herman von Wolframsdorff uff Kesteritz, Churf. Joh. Georgii II. zu Sachsen Ober-Cämmerer, Geheimer-Rath, Ober-Hauptman des Leipzischen Craises, Hauptman der Aemter Colditz, Rochlitz, Leisnitz.

A.C. 1534. am Tage Gregorii sind zu Borstendorff zusammen kommen Sebastian Wölner, Amptschösser zu Jena, und des Apts Petri zur Pforten Abgeordnete, welche diese alte Gewohnheit aufs neue bestätiget haben: Wenn der Müller zu Burstendorf den Mühlstrom wil reinigen, so müssen die Fischer, so die Gleisbergischen Fisch Wasser ümb 14. Rheinische Goldgülden, weniger 3. Alte oder Löwen-Pfennige, jährlichen Zinß zur Miethe haben, die hülffreiche hand langen: Jedoch, woferne es ihnen drei oder vier Tage zuvor angedeutet wird, auf daß sie vorher ihre Fischerei darinnen treiben, und sich ihres Jahr-Zinses erholen können. Damahls sind die fünff Fischer gewesen: 1. Nicolaus, 2. Martinns, 3. Hanß, die Tundorffe, und Brüder, 4. Georg Kaufman, 5. Valentinus Dechand, oder Decanus. Die Zeugen aber werden genennet Johannes von Wolfframsdorff, Amptman zu Dornburg, mit seinen Fischern, Christoff Pflugen, und Lorenz Schmieden, so wohl der alte und neue Verwalter zu Borstendorff.

Es scheinet, als habe das Dorff seinen Nahmen von einem Geschlechte der heilsamen Apfeln, von welchen auch ein Dorff bei der Stadt Meissen seinen Nahmen bekommen hat, Davon schreibet der Chur Sächsische Historicus, M. Petrus Albinus, rit. 23. Meisner Land-Chronike fol. 390. also: Von dem alten gemeinen Obst sind für andern gerühmet die Borsdorfferöpfel, so üm die Stad Meissen, und derselben Gegend dem Gebirge, zu wachsen pflegen, und dannenhero von dem Dorff Borstdorff, in derselben Refier, ihren Nahmen haben, welche, wegen ihrer Güte, im Sprichworte die Teutschen Pomeranzen genennet werden. Worzu sie sonderlich dienen, kan man von denen Medicis erfahren, von welchen eines theils ich solches gehöret, daß sie wider die Melancholiam können gebrauchet werden. So weit Albinus.

Bokkedraw, ein Dorff über Lobeda und Trakkendorff, mit einem Edelsitze, welchen A.C. 1346. bewohnet hat Heinrich von Bokkedraw.

Bölwar, in dem Dorff haben gewohnet etzliche Edele, genant Ritter und Erbare Knechte, als Johannes und Apel (Apollonius) von Bölwar, dieser letztere hat A.C. 1355. seine beide Töchter,

345

346

347

Willika und Catharina, mit ihren Morgengaben in das Nonnen Kloster zu Kapellendorff gethan.

Brißniz, auch Jehne-Brißniz genant, zum Unterscheid des Städtleins Frauen-Brißniz. Die Pfarr ist A.C. 1292. vom Burggraffen zu Kirchberg, Windberg, und Greiffberg, gegeben worden dem Kloster Posen, welche übergab Pabst Paulus II. A.C. 1471. aufs neue bestätiget hat. Das Pfarr-Lehn zu Brißniz, Wenigen Jena, Ziegenhayn, Löberschütz, Greitschen an der Gleise, und Isserstet sind ins Ampt Jena kommen, nach Aussage Johann Gruners, des Amptschössers, im Erb-Buche A.C. 1569. Auf was Weise Brißniz mit Rodegast die Trift und Viehweide in gemeinem Gebrauch habe, suche unten Rodegast. Helt einen Heerwagen mit andern Dörffern. Suche Köttschau. 348

Die Heiligen- und Götzen-Bilder sind weiland, im Pabstthum, von Brißniz nach Burgau auff den Schindanger getragen, und darbei die Eidschwühre abgeleget worden, wie oben erzehlet im XIX. Cap. p. 381. suche meine Annales A.C. 1529.

Buche, ein Dorff im obern Ampte, darinnen oder darbei weiland ein Gräflich Schloß gewesen, von welchem sich die Graffen geschrieben haben. A.C. 1182. ist gestorben Christianus Graff von Buche, ein Thüringer, Kaiser Friederici I. Ertz-Cantzler und Ertzbischoff zu Mainz, welcher des Kaisers Feldher wider die aufrührischen Römer gewesen, und derer zwantzig tausend in einer Feldschlacht erleget hat. Seiner gedenket Cranzius lib. 6. Sax. cap. 28. insonderheit Petrus Merssæus Cratepolius in Elect. Eccles. Catalogo, p. 203. heute zu Tage weder Strumpff noch Stiel von diesem Schloß und Stamme mehr verhanden, und ist manches Geschlechte untergegangen, weil sonderlich die letzten sind 349 in den Geistlichen Stand getreten, und ohne Eheweiber gelebet haben.

Burgau, an dem Sallstrom und Bach Trießnitz, hat ein Schloß auff einem Berglein, unten die Ampts-Mühle, Schäfferey, und Vorwerk, derer oben im XIX. Capitel p. 314. 318. gedacht.

A.C. 1209. hat das Kloster Pforta, an der Saal, ein Gut in dem Dorffe Burgau besessen, welches, neben andern Klostergütern, in seinen Schutz genommen hat Kaiser Otto IV. und unter andern Zeugen gesetzet Hermannunm, Graffen von Wirteneberg, Bernhard von Dorstad, Lutardum von Meinersen. Bertuchius in Chron. Portens. lib. 1. cap. 2. p. 39. 42.

A.C. 1369. ist Voit oder Amptman zu Burgau gewesen Heinrich von Brandstein.

A.C. 1425. hatte in dem Dorff seinen Sitz Hanß von Sparenberg.

A.C. 1445. ist in der Landestheilung, geschehen im Franciscaner-Kloster zu Halla, das Dorff Burgau, wegen des Weinwachs, zugeeignet Churfürst Friederich II. und ist unter ihm die Mühle an der Saale A.C. 1474. erbauet, aber von Churfürst Johann Friederichen zu Sachsen erneuert, und mit einer Schneidemühlen verbessert worden.

A.C. 1491. hat der Edle Hanß Münch sonst Munnich von Wurchhausen, Churfürst Friedrichs III. zu Sachsen, Hauptman zu Jehna und Burgau, an stat der höltzern Brükken, zwischen Lobedau und Burgau, eine steinerne gebauet, (ohne allen Zweiffel von den Mauersteinen der beiden Schlösser Ober- und Mittel-Lobdeburg) welche Churfürst Johann Friederich zu Sachsen mit dreien Schwibbogen A.C. 1538. erweitert, aber das Kriegesheer der Schweden, unter Stallhansen, A.C. 1637. meistentheils eingerissen hat, gleich vor 100. Jahren, nehmlich A.C. 1537. im Jenner sind 12. Häuser abgebrandt.

351 ˌButeniz, über Schiebelau, ins Amt Leuchtenburg gehörig, wird wohl ehemahls mit Beuteniz an der Gleise, aber unrecht, vermenget. Von diesem Dorffe haben weiland ihren Geschlechts-Nahmen geführt Strenge Männer, *Viri Strenui*, Heinrich von Buteniz A.C. 1327. Ulrich und Nikel von Buteniz, Gebrüdere A.C. 1362. welche in diesem Jahr den Altar S. Cosmæ in unser Michaelis-Kirche, zu Jena miteinwilligung ihrer Lehn-Hrn. Herren von Lobdeburg mitgestiftet haben.

Cambsdorff suche Kambsdorff.

Cinna suche Zinna.

Cuniz suche Kuniz.

Cosweda suche Kosweda.

Döbritschen, weiland Dobertzen, ein Dorf mit einer Fürstl. Schäferei, hat seinen Nahmen vom Holze oder Walde, daran es liegt, und haben etliche Herren von Vargila, genant die Schenken von Döbritschen, darinnen gewohnet, als A.C. 1296. Dieterich, 352 Conradus, Heinrich ˌSchenken von Dobertzen, und A.C. 1306. haben die beiden Brüder, Conrad und Rudolff Canonicus zu Naumburg, Schenken von Varile, genant von Dobertzen, ihren

Weinberg am Steiger den Nonnen zu S. Michael in Jehna verkauffet, der noch der Schenkenberg genennet wird.

A.C. 1424. hat Werner von Lichtenhayn darinnen gewohnet, und den bescheidenen Manne Hanßen Korren einen Weinberg Gunderam genandt, zur Lehn gegeben, und einen Scheffel Haffer Jenischen Gemäß, zum Jahrzinß darauff geleget. Suche mehr in Annalibus A.C. 1322.

A.C. 1606. 10. Oct. hat Churfürst Christian II. zu Sachsen bey Jehna im Döbritzschen Holze gejaget, und, unter andern gefangen ein Wildschwein, welches vom Rissel biß zum Schwantz 14. Fuß lang, und 5. Centner und 40. Pfund gewogen, solches Wildschwein ist mit Posaunenschall und im Jägergeleite auf einem Wagen nach Weinmar, von dann nach Dreßden geführet worden. _353_

Dornberg, ein Dorff gegen der Stadt und Schloß Dornburg, wird mit einem Zusatz, wegen seiner Lage, genennet Dornberg an der Brükken, liegt über dem Saalstrom.

A.C. 1544. Mitwoch nach Egidi umb 4. Uhr nach Mittag schlegt das Wetter zwei Kinder, das eine stirbt bald, das andere nach 14. Tagen, zuständig dem Pfarr im Dorffe, Herr Blasius genandt.

Drakkendorff, wird offt geschrieben Drachendorff, von Drachen, oder Trappendorff, von Trappen, welche weiland da genistelt, und sich daselbst haben sehen lassen. Darinnen sind gewesen zwene Edelsitze, der Ober- und Nieder-Hoff genant, welche Nicolaus, Commendator in Altenburg, und sein Bruder Johannes Puster, A.C. 1442. besessen, und nach ihrem Tode der Ober-Hof ihren Landesfürsten, Churfürst Ernsten und Hertzog Albrechten _354_ zu Sachsen, A.C. 1485. hinterlassen haben, welche darmit belehnet haben Janum (oder Jonam) und Adam Pustern.

Ihre Vorfahren sind gewesen, und aus den Lehnbrieffen bekand, Freyding Puster, A.C. 1332. und 1362. Nicol Puster A.C. 1355. Nicol Puster A.C. 1415. Nicolaus und Johannes Puster Bruder A.C. 1442. in Drakkendorff.

Adamus Puster ein Vormund Nicolai und Johannis von Puster A.C. 1515. Insonderheit Andreas Puster welcher einer aus denen Decemviris und Geschwornen ist gewesen, welche die Landstheilung zwischen den zweien Brüdern, Churfürst Friedrichen II. und Hertzog Wilhelm III. zu Sachsen, A.C. 1448. und endlich den Streit darüber geschlichtet. Bernhard, der lezte Puster in dieser Gegend, ist so übel mit seinen Unterthanen ümgangen, daß sie Haus und Hof stehen lassen, und davon gangen sind, dahero kömpt das Sprüchwort: Er hat sie (dieses und jenes) beisammen, wie Puster seine Bauren. Hat noch A.C. 1600. gelebet, und seine Adeliche Güter vorher A.C. 1591. umb 20000. fl. verkaufft Herrn Marx Gerstenbergern, Fürstl. Sächs. Canzler zu Weinmar und Altenburg. Dieser hat A.C. 1612. den 30. Decembr. zu Dreßden sein Testament aufgesetzet, und darinnen seinem Sohn Marxen vermachet das wüste Schloß Ober-Lobdeburg, das Dorff Trakkendorff mit dem Edelhoffe, Pelniz, Selniz, Rhoda, Laßdorf, Ober- und Unter-Welniz, mit dem Holtze in Lutschen, Rhoda, und Rödel.

Die Pfarr zu Drakkendorff hat weiland als ein Filial nach Lobda gehöret, aber A.C. 1550. ist sie eine eigene Pfarr worden, darzu Ilmiz und Rabis, wie zu sehen in Widdums- und Visitation-Büchern, A.C. 1550. 1569.

Ekkelstät weiland Ekkelstet: ein Dorff unter Camberg leidet A.C. 1665. 29. Junii am Tage Petri Pauli gegen 4. Uhr des Abends eine unversehenen Feuerschaden und brennen 21. Wohnhäuser ohne Scheunen ab, niemand wil wissen, wie es zu gangen ist.

Frankkendorff neben Kettschau, Holstet, Romstet hat A.C. 1203. Dieterich der Elter Graff zu Kirchberg vermachet den von Ihm gestifften Nonnenkloster zu Capellendorff.

Flurstet, ein Dorff an dem Ilmstrom, darinnen weiland gewohnet hat ein Adelich Geschlecht dessen Nahmens: Als A.C. 1337. wird Albertus von Flurstet als ein Zeuge angeführt in Archivis. des Ampts Jena, fol. 252. Es scheinet, als habe es seinen Nahmen bekommen von seinen lustigen Auen, Wiesen, und Triften, welche wohl ehemahls Fluren, von Flora, der Göttin der Blumen im Heidenthum, genennet werden. Dahero kömt die gebräuchliche Rede-Art, daß wir die Feldhüter nennen Flur-
Schützen, oder Schirmer, und solche sind offt die Flurdiebe. A.C. 1626. ist zu Jena gestorben Georgius Taubeneck, ein ehrlicher Biederman und Stad-Richter, wenn der einen Feldhüter hat in Pflicht genommen, so hat er ihm einen Spiegel vorgehalten, und ihm befohlen in denselben zu sehen, und darbei gesaget: Er solte diesen, den er im Spiegel sehe, auch merken, und achtung auf ihn geben, daß er nicht selber ein Felddieb würde, ꝛc.

Geschwiz, liegt zwischen Winzerle und Maue, gegen Lobeda über, und ist von den Sorben-Wenden, welche weiland an dem

Saalstrom sich niedergelassen, gebauet, und hat zum Schloß Unter-Lobdeburg gehöret als ein Leib-Geding.

Ginna: Alte und Neue: Die Alte Ginna liegt bei Krippendorff, und die Pfarre gehöret in die Superintendur Eccartsberge. Die Neue liegt bei Borstendorff und Dornburg. Bertuchius in Chron. Portensi lib. 1. c. 2. pag. 68. schreibet, daß Apt Cyriacus, der XX. in der Ordnung, die Neue Ginna A.C. 1488. soll erbauet 358 haben. Vielleicht ein Vorwerk darinnen. Sintemahl schon A.C. 1448. Churfürst Friederich II. und Hertzog Wilhelms zu Sachsen Rähte zeugen, daß die Neue Ginna, mit Zwetzen und Borstendorff, ins Ampt Jena gehöret, dannenhero ist es A.C. 1485. am Tage Francisci zu Leipzig in der Brüderlichen Erbtheilung, zwischen Churfürst Ernsten und Hertzog Albrechts zu Sachsen, und hernach A.C. 1554. zur Naumburg, endlich A.C. 1567. zu Zeiz dem Ampt Dornburg einverleibet, und A.C. 1567. zu Zeitz, mit der Bedingung, daß das Jagrecht im Zwetzner-Rauthal allein das Ampt Dornburg, auf der Platten zugleich Borstendorff, aber das Zoll-Recht und Gericht auf der Reichsstrassen das Ampt Jena allein haben solte.

Gleina, sonst Glina, zwischen Jena und Bürgel, hat ein schönes Schloß, davon sich etzliche Edle geschrieben haben, als Herbotus von Glina, A.C. 1270. wird von M Cyriaco Spangenberg im 359 Adelspiegel, part. 2. libr. 11. cap. 27. fol. 210. unter die Man- und Namhafften Kriegshelden gezehlet. Und Heinricus von Durren Glyna wird A.C. 1321. genennet ein Treuer (Vasall oder Lehnman) der Herren von Lobdeburg. Nach Absterben Georg Friederichs von Lichtenhayn A.C. 1655. den 28. Decembr. ist mit Gleina unlängst belehnet worden Johann Friederich von Brand, Fürstl. Sächs. Raht zu Altenburg, und Hof-Richter zu Jena, und nach ihm sein ältester Sohn Erasmus von Brand. Diese Edle von Brand sind mit denn von Ende eines Geschlechts, und kommen beide her von den Edlen Wolfframsdörffern. Suche oben Cap. XXXIII. p. 453. und meine Annales A.C. 1369.

Golmsdorff liegt unweit der Saale, und fleust dadurch der Fisch- und Schmerlings-Bach Glitza. Die zum Schloß Glitzberg gehörige Akker sind zukommen vieren Einwohnern, als Heinrich Gottschalk, Hanß Leuberer, Nicol Rudolff, und Simon Bodach, 360 umb 50. Scheffel Korn, Achtehalben Scheffel Gersten, Neuntehalben Scheffel Hafern, Jehnisches Gemässe, zur Zeit Landgraff

Friederichs, des Einfältigen, welcher sie darmit belehnet A.C. 1434. Montag nach Jacobi, auf den Schloß Tenneberg.

A.C. 1569. ist Valentin von Lichtenhayn mit den Edel Sitz in Golmsdorff belehnet und helt da von ein Reisiges Ritterpferdt.

A.C. 1655. den 28. Decembr. stirbt Georg Friederich von Lichtenhayn, seiner Linien der Lezte, ohne mänliche Erben, und fällt das Ritter-Gut zu Gleina Hertzog Friedrich Wilhelm II. zu Sachsen am heim, aber das zu Golmsdorff Hertzog Wilhelm IV. zu Sachsen, der einverleibet dem Jehnischen Ampte etzliche Einkunfften, als 10. fl. 10. gr. Bakkofen-Zinß, 7. fl. 6. gr. 4. pf. Erbzinß, 16. Scheffel 2. Maß Hafer, 1. Scheffel Hopffen, Jehnisches Gemässe, Viertehalb Pfund Wachs, 6. Gänse, 1. Lambsbauch, drittehalbe Schokk Michaelis-Hüner, 1. Fastnachts-Huhn, 3. Schokk Eyer, 6. Garben Korn von einem Akker, wann er trägt, 3. Stübichen Weinzehenden, mit der Frohne, auf sieben Personen, zum grummet- und Holz-machen, dieselbe auf 1. fl. 14. gr. gesetzet, und neben der zweytägigen Hasenjagt.

Die andern Güter, als 80. Ahrakker, Drei und funfzig halben Akker Wiesen, 100. Akker Holz, 13. Akker Weinberge, den Edel-Hoff, mit seinen Gebäuden, und Garten, hat ER erblich zu Weiber-Lehn, ohne Ritter-Dienste, verkauffet den Einwohnern in den Dörffern Golmsdorff und Beutniz ümb 7600. fl. auf gewisse Termin, und in memoriam recognitionis, jährlich Michaelis 17. fl. 20. gr. Erbzinß, nemlich 4. fl. vor das Fischwasser, 3. fl. 17. gr. vor 80. Ahrakker, vor ieden Akker 1. gr., 7. fl. 10. gr. 6. pf. vor Drei und funfzig halben Akker Wiesen, vor ieden Akker 4. gr., 13. gr. vor 13. Akker Weinberg, vor ieden Akker 1. gr., 1. fl. 4. gr. vor 100. Akker Holz, vor ieden Akker 3. pf., 18. gr. vor 12. Michaelis-Hüner, vor Haus, Hof, Gärten, Item, 20. fl. Steuer zu ieder Frist, über das dem Pfarrer zu Lobeda, und dem Pfarrer, Schuldiener, Viehehirten zu Golmsdorff von 80. Ahräkkern zu geben 5. Schokk, 3. Mäntel Korn, 3. Schokk 3. Mäntel Gersten garben.

Die Käuffer sind damahls gewesen an der Zahl acht und vierzig, wohnhafftig in zweien Dörffern:

I. In Golmsdorff XXIII. Namentlich 1. Veit Huttich, der Jüngere, 2. Hanß Kauffman, 3. Adam Hertich, 4. Lorenz Rieman, 5. Paul Sieber, 6. Lorenz Haneman, 7. Hanß Haneman, 8. Martin Wolfermans Witwe, 9. Hanß Hartung, 10. Veit Biertümpffel, 11. Thomas Haneman, der ältere, 12. Thomas Haneman, der Jüngere,

13. Lorenz Gottschalk, 14. Michael Ziegler, 15. Hanß Wayner, 16. Walten Felsch, 17. Caspar Gottschalk, 18. Christoff Gälling, 19. 363 Melchior Hanemanns Witwe, 20. Melchior Gottschalk, 21. Melchior Huttich, 22. Hanß Sieber, 23. Paul Fischer.

II. In Beutniz XXV. Namentlich 1. Veit Biertümpfel, der Müller, 2. Nicol Beier, 3. Caspar Weidner, 4. David Hartung, 5. Herman Firnkese, Schulze, 6. Georg Huttich, 7. Hanß Huttich, 8. Andreas Wagner, 9. Melchior Felsch, 10. Thomas Gottschalk, 11. Georg Hartung, 12. Lorenz Faber, 13. Lorenz Beier, 14. Erhard Ende, 15. Hanß Weidner, der ältere, 16. Hanß Weidner, der Jüngere, 17. Hanß Hanemans Witwe, 18. Caspar Seidel, 19. Hanß Beier, 20. Hanß am Ende, 21. Nicol Dondorff, 22. Hanß Schlegel, 23. Valten Hottich, 24. David Faber, 25. Hanß Raue.

Der Kauffbrieff ist gegeben zu Weinmar, auf der Wilhelmsburg, A.C. 1660. den 21. Febr.

Hammerstet, liegt zwischen Jena und Weinmar, hat zweene 364 unterschiedene Richter, einen Ampt- und Frey-Schulzen. Denn XII. Häuser und 16. Huffen sind eine Kaiserliche Schwartzburgische Lehn, davon die Besitzer jährlich zinsen Funfzen halben Malter Getreide, Korn, Gersten, Hafern, welche Zinsen Conradus Göldner A.C. 1435. verkauffet hat Johanni Miltizen zu Erffurt, und Theodorico Horn zu Jena, wie ich solches gelesen habe in den Lehnbrieffe, welchen in Nahmen Kaisers Sigismundi unterschrieben Petrus Kalde, Probst zu Northausen, zu Presburg in Ungern, A.C. 1435. Donnerstag vor Philippi Jacobi. Vor ihnen haben dieses Lehn besessen und genossen Erhartus und Friedericus von Würzburg in Rotenkirchen, Herman von Bergau, Bürgermeister in Jehna. Nach ihnen Johannes Siegfried, Churfürst Ernesti zu Sachsen Canzler, A.C. 1483. Gregorius und Christianus Brukk, Vater und Sohn: Jener ist Churfürst Johann Friederichs, dieser aber Hertzog Johann Friederichs II. zu Sachsen 365 Cantzler gewesen: Und als dieser zu Gotha A.C. 1567. gestorben, hat sein Eidam, Jacob Schröter, Bürgermeister zu Weinmar, und dessen Eidam, Johannes Major, der H. Schrifft Doctor, Prof Publ. und Superintendens zu Jena, A.C. 1639. dieses Lehn überkommen. Ein Huffe wird von Kaiser Carolo Magno genennet Huifa, aber die Lombardi, oder die Longobardi, von ihren langen Bärten, nennen sie Gulffa.

Haynichen, ist weiland ein Kloster-Dorff, und darinnen ein Edel-Gut gewesen, welches A.C. 1354. Heinrich von Molewiz dem Nonnenkloster zu S. Michael in Jehna verkauffet hat, mit Einwilligung seiner Lehn-Herren, Alberti und Hartmanni, Brudern, so wol Ottens und Albrechts Brudern, Burggraffen zu Kirchberg.

Hermstet, gehöret in das Ampt Kapellendorff, und wird unterschiedlich in alten Klosterbrieffen geschrieben, als Hergrimistete, Hergremstet, Hergrimstet, vielleicht von seinem Erbauer Herman.

Hohlstet, sonst Halstet gehöret ins Ampt Capellendorff mit den Städlein Kappendorff, Frankendorff, Groß- oder Teuttsch Schwabhausen, Hermstet und mit funf Wüstungen oder verwüsten Dörfer als Didterstet bei Oberndorff, Gauge bei Göttern, Schlotwein bei Isserstet, Würgula bei Buchau und Coppanz bei Ninsdorff. Suche das 21. Capit. und meine Annales 1435.

Jehne-Brißniz suche Brißniz.

Jehne-Löbniz suche Löbniz.

Isserstet, liegt an einem lustigen Walde, und hat darbei ein Schloß gestanden, davon sich die Besitzer genennet haben, als Bertholdus Herr zu Isserstet A.C. 1325. und vor ihm Rudolff, Herr in Isserstet, hat A.C. 1257. neben Theodorico, Burggraffen zu Kirchberg, Theodorico von Vichbekke, Ludolff Schenken von Varila, und Heinrich von Liebenstete, verglichen die drey Brüder, Heinricum, Waltherum, und Theodoricum von Gelamesdorff wegen einer Insul und Wasser genant, Dibesfort, Bertuchius in Chron. Portens. l. 1. c. 3. p. 111.

Berthold von Isserstet, Ritter, verkaufft A.C. 1272. mit seinen Miterben Theodorico, Conrado, Rudolpho, Bertholdo, und Heinrico, 200. Akker Holz, auf dem Binfang, dem Kloster zu Capellendorff vor 80. Mark Silber, und diesen Kauf bestätigen A.C. 1288. Herman und Herman, Vettern, Grafen zu Orlamünda.

Theodoricus Herr in Isserstet verkaufft eine Hufe Landes in Dorff Schlotwein (nunmehr Wüste) den Nonnen zu S. Michael in Jena, A.C. 1325.

Bertholdus in Isserstet A.C. 1307. Rudolff von Isserstet A.C. 1322. Suche Jenische Chronikke unter A.C. 1257.

Dieses Schloß hat A.C. 1440. besessen Bulo oder Burchardus Vitzthum zu Roßla, wie auch Madela, und A.C. 1452 verlohren. Denn es hat Hertzog Wilhelm III. zu Sachsen solches zerstören lassen, Fabric. lib. 7. Orig. Sax. fol. 724. und sind darauff zwey

Huffen unter die Einwohner getheilet worden. Helt einen Heerwagen mit andern Dörffern, suche Annal. A.C. 1639.

In diesem Dorffe ist weiland eine Fürstliche Schäfferey gewesen, darzu die Trift und Weiderecht in Feldern Isserstet, Müncheroda, Rhemderoda, Kötschau, Coßweda, Lützeroda, Vierzehenheiligen, sonst Lutzendorff, gehöret. Weil aber dieses lezte Dorff, welches ins Ampt Camberg gehöret, darwider geredet, über das die Einwohner zu Isserstet das Heu von Golmsdorff über zwey Meilen zur Frohne hohlen müsten, als ist die Schäfferei abgeschafft, und die Viehtrift den Dörffern Isserstet, Coßweda, Lützeroda erblich überlassen, ümb einen jährlichen Zinß, nehmlich 40. fl. von A.C. 1607. Jedoch mit der Bedingung, daß sie ihr Vieh, so es ihnen zu verkauffen, am allerersten dem Oeconomo Academico in Jena anbieten sollen, wie zu lesen in Ampts Jena Urkunden. Suche vom Herren zu Isserstet in meinen Annalibus A.C. 1257. _369_

Das Backhaus hat gehöret den Herren zu Isserstet, und ist von ihnen ins Ampt Jena kommen, dem Zahlen die Isserseter darfür jährlich 1. gut Schokk, und 30. Meißnische Groschen von A.C. 1569. alß A.C. 1452. Dorinnen das Schloß zerstöret, sind 2. Huffen Landes unter die Einwoner verliehen worden.

Kamsdorf, das nechste Dorf bey Jehna, an der steinern Brükken, hat seinen Nahmen vom Kraut, welches die Hausmütter mit Saltz und Kümmel einmachen und Kumbs-Kraut nennen. In diesem Dorff lieget ein statlich Vorwerk, welches anitzo besitzet D. Georgius Adam Struve, Erbsaß auf Uhlstät unlängst PP. anitzo F. S. Cammerrath zu Weinmar in diesem Dorffe wolte Sebastianus Wölner, Amptschösser zu Jehna, A.C. 1507. eine _370_ Capelle, in der Ehre der H. Catharinen und anderer Heiligen mehr, aufrichten, und ersuchte deswegen den Bischoff zur Naumburg ümb die Bestätigung, auch seine Landesfürsten, Churfürst Friederichen III. und Hertzog Johansen zu Sachsen ümb eine Vorschrifft an andere Herschafften, in ihren Landen, und bei ihren Leuten ein Allmosen oder milde Gaben zu samlen, und ist auch ein Anfang darzu gemachet, aber bald, ich weiß nicht von wem, gehindert worden.

Eben dieser Amptschösser hat A.C. 1507. ein Vorwerk, so in zweyen Wohnhäusern bestunde, von der Land- und Hand Frone, im Schlosse zu Jehna, darmit die Kambsdorffer beleget seyn, lassen frey machen von Churfürst Friederichen III. und Hertzog

Johansen zu Sachsen. Jedoch mit der Bedingung, daß er andere zwey Wohnhäuser aufs neue aufbauen solte, und solche Freiheit haben. A.C. 1554. Freitag nach der 11000. Jungfern Gedächtniß bestätiget Churfürst Johann Friederichs zu Sachsen drey Söhne, Johann Friederich II., Johann Wilhelm I. und Johann Friederich III. Herzoge zu Sachsen.

A.C. 1637. den 3. Febr. haben die Schwedischen Völker, unter Stallhansen und Mortaine, bey diesem Vorwerk und daran liegenden steinern Brükken, (dessen nechsten Schwibbogen mit vieler Menschen Todes-Fall sie vorher eingerissen, und eine Lauff-Brükke von Fässern über den Saalstrom gemachet hatten) sich statlich gewehret wider den Kaiserlichen Feldobersten Graff Johann Götzen, und dieses stratagema und Kriegsränk gebraucht. Sie haben ümb Mitternacht brennende Lunden oder Strikke an die Weinpfahl hin und wieder am Ziegenkopffe des Hausberges gestekket, welche die Kaiserlichen vor Schildwächter gehalten, unterdessen haben die Schwedischen die Flucht in aller stille und sicherheit genommen, und sind ungeschlagen nach Zeitz, und von dannen nach Torgau kommen, ehe die Kaiserlichen über den Saalstrom, der damahls vom Wasser angeloffen war, und über die steinerne Brükken, die allererst mit Bauholze muste ergänzet werden, ihnen nacheilen kunten. Unterdessen wurde die Stad Jena von ihnen geplündert, die doch damahls im Kaiserlichen Friedensbunde mit eingeschlossen war.

Kappendorff suche Kapellendorff oben im X. Cap. p. 176.

Kloßwitz, bei den Dorffe hat weiland gestanden das Schloß und veste Haus Huneburg und Winnelburg, gebauet A.C. 907, beim Einfall der Hunen in Thüringen. Suche meine Teuttsche, Thuringische, Jenische Cronik unter dem Jahr 907. ist weiland ein Edelsitz und Helderungs-Lehn gewesen, A.C. 1319. hat Heinrich von Kloßwitz seinen Weinberg, den Seeligmacher genant, mit Einwilligung seines Lehen-Herren, Herren Friederichs in Helderung, dem Michaelis-Kloster in Jena zugeeignet, und hat mit Hermanns und Albrechts, des Jüngern, Herren von Lobdeburg, genant von der Leuchtenburg, Schwester gezeuget einen Sohn, Dieterich, von welchen der Edel-Sitz mit dem wüsten Dorffe Zukau, und mit dem Gericht über Hals und Hand kommen ist auf Heinrich von Molewitz, dem ältern und seine Söhne, Christian, Heinrichen, Friederichen, Johansen, A.C. 1346. und dieser Heinrich von Molewitz wird im Lehnbriffe von Herren Friederichen, in Helderung, und seinen beiden Söhnen, Alberto und Friederico, genennet ein Erb-Voigt zu Kloßwiz, und hat sein Erbrecht daran itzt gemeldtem Kloster A.C. 1351. verkaufft. Suche Jenische Chronike A.C. 1251.

Kösenitz, eine Meile unter Jehna. Darinnen ist A.C. 1316. ein Conventus Regularium Canonicorum, und einer, mit Nahmen Herman, Probst gewesen.

Kosbode, Kosboda, Kosweda, über dem hohen Steiger, bey _374_ welchem lieget der Weinberg, Beiersberg genant, gehöret dem Altar S. Martin in der Michaelis-Kirchen zu Jehna. Dahin Ihn der Probst Heinrich von Rudelstet oder von Prage genandt 1353. vormacht hat. Davon haben sich geschrieben etzliche Edele, Hermannus, Conradus, Heinricus Gebrüdere, und ihres Vaters Bruder Heinrich von Kosbode A.C. 1292.

A.C. 1311. hat Landgraff Friederich zu Thüringen Admorsus genand, den Meißnischen Kornzinß, so die Burggraffen zu Kirchberg von ihme zur Lehn hatten, wieder zu sich genommen. A.C. 1346. hat Albertus Herr zu Lobdeburg seinen Hoff in Coßweda zugeeignet dem Altar S. Laurentzi und S. Margarethen in der Pfarkirchen zu S. Michael in Jena unter den Glocken Thurm. A.C. 1348. ist das Dorff Koßweda von den vitzthumen zu Apollda kommen an das Nonnen Closter zu S. Michael in Jena. Von Kloster Dörffern suche meine Annal. A.C. 1223. Bertholdus von _375_ Kosbode hat A.C. 1362. von Alberto und Johanne, Herren von Leuchtenburg, erlanget das Gutt, hohe Gericht und den Forst darbei. Diese Edele schreiben sich heute zu Tage die von Koßpot, und haben sich in Thüringen, Meissen, und Preussen ausgebreitet, A.C. 1452. hat Heinrich Leheman, Probst zu Utenbach, dem Dorf einen eigenen Pfarr geordnet, als Dorothea von Stein Eptißin, und Catharina von Metschin Priorin, und Nicolaus Lindner ihr Probst zu Jehna gewesen. Denn vorhin haben nur die Vicarien aus Jehna den Gottesdienst versorget, und ihr Weg dahin wird noch anietzo genenet der Pfaffensteig.

Kötschau, hält einen Heerwagen mit Isserstet, Brißniz, Rodigast, Cambsdorff, Lasan, und Wenigen-Jehna. Darzu gehören nicht allein Wehren und Waffen, als 1. Hakkenbuchse, 2. Schauffeln, 2. Spaiten, 2. Radehauen, 2. Axte, 2. Ketten, 1. Sense, _376_ 2. Sicheln, sondern auch Speise, als 3. Brodt, 1. Hösigen Butter, 1. Thonne Käse, 1. Seiten Spekk, 2. seiten Eß- (oder geräuchert) Fleisch, 1. Scheffel Erbeis. In diesem Kötschau ist das Gut, von seinen uralten Bisitzern das Pietschen gut genant, von Hertzog Wilhelm IV. zu Sachsen, Johann Hoffmann, itzigem Amptman zu Jehna, wegen seiner treuen Dienste, auffs neue befreiet, A.C. 1639. 2. Julii, neben einer Huffenlands erkaufft von Hans Müllers Widben.

Das Dorf Köttschau hat A.C. 1445. gehöret uff das nunmehr zerstörete Schloß Busens oder Burcharts Vitzthums uff Apolla, gelegen am Dorff und Walde Isserstet.

Kunitz, auch Condiz, lieget an der Saal, unter dem zerstörten Schlosse Gleisberg, ist weiland eine Stadt gewesen, und ist noch vor hundert Jahren darfür gehalten worden, wie ich gelesen haben in einem Register der Almosen, so die Universität in Jena gesamlet hat zu Erkauffung der Niclas-Kirchen vor dem Saalthore, zu einem Spittel vor arme kranke Studenten, darzu ihre Einwohner 4. fl. aus milder Hand gut- und freiwillig geschikket haben. Dannenhero kömt die alte Art im reden, daß sie Männer zu Kuniz genenet werden, nicht ohne Lob ihrer Mannheit, und wegen ihres uralten Stad-Rechts und Stat-Raths.

A.C. 1450. hat Kuniz in die Vogtey Gleisberg gehöret, und demnach ins Unter-Ampt Jena. Aber A.C. 1485. Dienstag nach Francisci, ist zu Leipzig die Erbtheilung zwischen Churfürst Ernsten, und seinem Bruder, Hertzog Albrechten zu Sachsen, geschehen, und jenem zukommen das Thüringerland, diesem Meisnerland, mit der Bedingung, daß dieser jenem 1000000. Rheinische Gülden heraus gebe, neben dem Ampt und Stadt Jehna, welche sonsten zum Meisnischen An- und Erb-Theil gehörete, ausgenommen Kuniz.

A.C. 1433 ist das Schloß Gleisberg noch bewohnet gewesen, und haben, unter andern, die Einwohnern zu Golmsdorff und Beutnitz dahin gefrohnet. Suche Jenische Chronikke A.C. 1434. aber hernach A.C. 1450. am Sontage Oculi, hat Hertzog Wilhelm zu Sachsen mit diesem Schlosse belehnet vier Ritter, und seine Rähte, als Busen, Apeln, Burcharden Vitzthum, und Friederichen von Witzleben. Jedoch mit der Bedingung, daß sie das Bau- und Brenholz von dem darbei gelegenen Hayn auf die Fürstl. kelter in Dorff Cunitz jährlich und ewig geben solten. Es ist aber, wie oben im XI. Capitel gemeldet, A.C. 1452. von Hertzog Wilhelm zu Sachsen ihnen abgenommen, und biß auf etliche Mauren zerstöret worden.

A.C. 1449. ist Prietser in Kuniz gewesen Johannes Krebs, der Artzeney Doctor, welcher 10. Rheinische Gülden Heinrich Karpen auf 3. Akker Weinberge, und 2. Ahrakker, geliehen hat. Es ist kein Wunder, sintemahl noch heute zu Tage Pfarrer gefunden 379 werden, welche zugleich Leib- und Seelen-Sorge führen. Sie sind zu loben, und zu lieben, wenn sie sich auf beide recht verstehen, und keine πολυπραγμονερ, Himpeler und Stimpeler sein. Ein guter Meister macht ein Ding recht, aber wer einen Himpeler dinget, dem wirds verderbet, Prov. 26. V. 10. Das Werk lobet den Meister, und einen Weisen Fürsten (Pfarrer und Artzt) seine Händel, Sir. 9. v. 24.

A.C. 1491. hat Bischoff Theodoricus IV. zu Naumburg in einer Bulla, oder Schrifft, allen unter seinen Sprengel gehörigen anbefohlen, eine milde Gabe für die Kirche zu S. Martin in Kuniz zu geben.

A.C. 1540. Mittage nach Peter Pauli hat Nicol Kauffmans Tochter muthwillig das Feuer verursachet, das die Kirch mit den Gloken, die Pfarr, 49. Höfe ohne Scheunen zu Cuniz abgebrand sind.

Lehnstet, hat eine Haupt-Pfarr, darzu gehöret Hammerstet, 380 ist weiland Landolfstet und Landstet genennet worden, lieget auf halben Wege von Jena nach Weinmar.

A.C. 1665. 6. Aug. am XI. Sontag nach Trinitatis früe Morgens zwischen 5. und 6. Uhren schlegt das Wetter in Christianus Unreins Hauß, zündet es an, und Brenen 18. Häuser abe. Eben in der Stunde schlägt das Wetter in das Dach der Collegien Kirche zu Jena in die Mauer gegen Mittag, bei dem Predigstul. Jedoch ohne Schaden. GOTT sei darfür Lob und Dank gesaget.

Lehsten, auch Lasten genant, nicht weit von Zwetzen, in beiden sind Comther-Häuser: Domus Teutonicæ, in welchen die Teutschen Herren, oder Johanes-Rhodiser-Maltheser-Ritter genant, gewohnet, und vor ihren Orden die Allmosen gesamlet haben.

A.C. 1302. ist das Schloß zu Lehnstein von Erfurtern eigenommen und A.C. 1304. wieder eingereumet worden Burggraff 381 Otten dem Eltern, zu Kirchberg, Windberg und Greiffberg.

Vor dreyhundert und mehr Jahren haben sich Erbare Knechte, also wurden weiland die Edlen und Ritter genennet, welche andern im Krige umb sold oder in Friede aufwarteten, davon geschrieben, als Johanns von Lahesten, A.C. 1337. Herman von Lasten, A.C. 1351. Heinricus von Lehesten, welche sind Vasallen der Burggraffen zu Kirchberg, Windberg, Greiffberg gewesen, und benennet werden in Klosterbrieffen zu S. Michael in Jena.

Leutra, Klein und Groß, Ober- und Unter-Leutra, haben ihren Namen von hellem Quellwasser, welches durch sie lauffet, und Fisch, sonderlich Forellen, reich ist. Liegt zwischen Kahle und Jena uff halben Weg, in diesen beiden Dörffern sind in der Weimarischen Sündfluth A.C. 1613. 29. May am Heiligen Trinitatis Abend 9. Personen ertrunken. Item der Fürstlichen Herrschaft 382 Keller Gebäude, sambt einer Schraubkelter und etzlichen Böttigen darinnen, desgleichen sechs Wohnhäuser und eine Mahlmühlen zu sambt Scheunen und Ställen eingangen und von Wasser hinweggeführet.

Liechtenhayn, liegt nahe bei Jena, und ist darmit von Hertzog Johan Wilhelm zu Sachsen A.C. 1568. belehnet worden Günther von Bünau in Schlöben. Die Kirche zu S. Nicolai daselbst ist der Kloster Kirchen zu S. Michael in Jena also einverleibt worden, daß die Einwohner durch einen Vicarien auf alle Son- und Festtage mit dem Gottesdienst sind versehen worden, hingegen haben sie sich verpflichtet den Decem (die Decimas und zehenden) von ihren Feldfrüchten ins Kloster zu geben, welches geschehen ist A.C. 1419. am Montag nach Quasimodogeniti. Der Vertrag ist geschehen zwischen Herman von Berge, und Nicol Richart, 383 Rahtsmeistern, Heinrich Byc, Probsten zu Jena, und der Gemeine zu Liechtenhayn. Die Zeugen sind im Vertrage genennet der Edle Hanß von Bergau, Herr zu Lobdeburg, Nicol Puster, Vogt zu Burgau, Otto von Würtzburg in Lobeda, Müsebach, Rahtsmeister zu Kahla, das Original ist in der Kirchen zu Liechtenhayn, und die Abschrifft in der Jenischen Chronik unter den 1419. Jahr.

A.C. 1569. hat M. Adam Rempius, Corrector der damals zu Jehna gedrukkten Schrifften D. Martini Lutheri, hernach Pfarrer zu Krölp- und Grünstet, das Predigamp in Liechtenhayn verwaltet, wie zu lesen im Jenischen Widdums-Buche fol. 23. Daraus ist zu schliessen, daß ümb diese Zeit kein Diaconus oder Capellan von Jehna aus nach Liechtenhayn hat gehen dörffen, weil sie zu der Zeit den Gottes Dienst im Dorffe Wenigen Jehna verrichtet haben. Suche unten Wenigen Jehna. Von A.C. 1626. 13. Octobr. 384 biß auf dieses 1672. Jahr, habe ich, als ein Pfarrer, mit meinen Herren Collegis, M. Christophoro Müllern, M. Johanne Schwenigen, M. Johanne Wilhelmo Wallichen seel und mit itzigem M. David Lipachen, dieses Predigampt verwaltet, dafür ein ieder, das gantze Jahr über, nicht mehr hat, denn 4. Dikkethaler, (1) auf Ostern, (2) auf Pfingsten, (3) auf Nicolai, (4) auf Weihnachten. So viel bekömt auch der Superintendens, die vorigen hiessen Joh. Major, und Christianus Chemnitius, der itzige Sebastian Nieman, alle dreie der H. Schrifft Doctores und Prof. Publ. und solche zwölff Dikkethaler sind weiland zur Pfarr-Mahlzeit angewendet, denn auf die drey hohen Feste sind am dritten und letzten Feiertage die Prediger, mit ihren Weibern und Kindern zur Mahlzeit hinaus gebeten worden.

Das Jus Episcopale über die Kirche zu Liechtenhayn ist bey der Jehnischen Superintendur verblieben biß A.C. 1656. 23. Jan. da wird es gänzlich dem Superintendenten zu Orlamünda über- geben, wegendes Vertrags zu Eisenberg, A.C. 1648. den 19. Octobr. in welchem beliebet worden, daß die Kirche, Mutter oder Tochter, dem Landesfürsten gehöre, in dessen territorio oder Gebiete sie liege. Es ist aber im Trakkendorffischen Recessu versehen, daß alle Befehle von Orlamünda aus nicht an die Diaconen zu Jehna, sondern an die Kirche zu Liechtenhayn, sollen geschikket, auf den Altar geleget, und darnach der Gottesdienst von ihnen verrichtet werden.

Von diesem Dorffe Liechtenhayn schreiben sich die uralten Edelen in Thüringen und Meissen, als Heinricus von Liechtenhayn, Ritter, welcher A.C. 1309. zum Zeugen wird angezogen in einem Brieffe, darinnen Herman und Albrecht, Brüder, Herren zu Lobdeburg, genant von Leuchtenburg, ihrer Schwester Mechtild, Eptißin zu Jehna, das Schul-Recht mit dem Geleute zueignen.

Lobgeschütz vor Alters Löbegeschitz und Löbschitz, an dem Bach Gleisse, über Beutnitz und unter Graittsschen. Dieses Dorff verkauffen Otto, Albrecht, Hartman, Burggraffen Ottens des Eltern zu Kirchberg Söhne dem Nonnen Kloster zu S. Michael zu Jena ümb 20. Mark Silbers. A.C. 1323. Suche meine Annales Jenenses.

Löbniz ist zum Brückenhoffe kommen A.C. 1395. Suche oben in diesen 21. Capitel § Rathsdörffer p. 332.

Löbstet, hat seinen Nahmen vom Lob, und ist Löbstet so viel als eine Löbliche Stäte. A.C. 1385. hat Nicolas von Grunberg, Pfarr in Löbstet, Capellan in Jena, eine Ewige Messe gestifftet in der Kirchen zu Löbstet, und darzu gewidmet den Weinberg genand Grünberg. Ist eines unter den Dörffern, welche weiland kein Bier haben brauen und schenken dürffen, an itzo aber ihre beste Narung und Einkunfft davon haben. Denn A.C. 1536. sind

zweihundert bewehrte Bürger von Jehna ins Dorff gefallen, und haben das Bier in Fässern darvon geführet. Heute zu tage ist fast kein Dorff umb Jena, das mehr Bier brauet, und in Jena verkauft als Löbstet. Acht und zwantzig Akker Wiesewachs, bey dem Dorffe, hat weiland der Raht zu Jehna erblich besessen, hernach A.C. 1610. dem Landesfürsten ümb 3000. fl. wieder käuflich überlassen. Das Heu und Grümmet von diesem und andern Wiesewachs zu samlen, und auf den Fürstenkeller in Jehna zu führen, gehöret den Einwohnern in Löbstet, Golmsdorff, Beutniz, Naura, Löberschütz, Lasan, Rodigast, Ziegenhayn, Kötschau, Isserstet, Lützeroda, Haynichen, wie zu lesen im Erbbuche A.C. 1569. fol. 53. 340. Von diese 28. Akkern haben die Einwohner zu Löbstet Erblich an sich bracht 17. Akker vor 1200. fl. A.C. 1662.

A.C. 1663. den 9. Mart. Abends ümb 8. Uhr, kömt das Feuer aus in Georg Tröschels Hause, und werden 6. Höfe, mit ihren Scheunen und Ställen, in die Asche geleget.

Löbichau, groß und klein, lieget eine halbe Meil von Jena, nach Bürgel, davon sich ein Edel Geschlecht geschrieben. Denn A.C. 1301. ist Conradus von Löbichau ein Schiedesman gewesen zwischen Landgraff Friederichen, Admorsus genant, und zwischen Herman und Albrecht, Brüdern, und Herren von Leuchtenburg.

Den Edelsitz besitzet in diesem 1672. Jahr Peter Rudolff Dieterich, mit seinem Bruder, derer Vater war Petrus Dieterich, beider Rechten Doctor, Prof. Publ. und Ordinarius in Jehna. Starb A.C. 1640. 9. Maii.

Lutzendorff suche Vierzehenheiligen.

Lützeroda, hat nach Ab- und Eingang, der Fürstlichen Schäfferey zu Isserstet, mit Isserstet und Cosweda die Viehe-Trift und Weide-recht an sich gebracht, und jährlich darfür geben Anfangs 18. fl. darnach 30. fl. A.C. 1569. nunmehr 40. fl. von A.C. 1607. in welchem Jahr ihnen solches Recht erblich ist zukommen.

Maue, ist so viel als meine Aue, lieget zwischen Rotenstein und Jeschwitz, an der Saale. A.C. 1640. den 18. May, als Johannes Bauer, Schwedischer Feld-Oberster, einen Durchzug am Saalstrom hält, wil ein Soldat nach einer, auf einem Strohdache, sitzenden Taube schiessen, und zündet dardurch das Haus an, und verbrennet die Kirche und die Mühle.

In diesen Dorffe sind A.C. 1613. 29. May. am H. Trinitatis abend in der Weymarischen Sindfluth 26. Personen Ertrunkken, auch 16. Häusser nebenst Scheunen und Stellen aussen Grunde hinweg gerissen, die andern Häuser alle im Dorffe ausser 2. oder 3. so nicht Schaden genommen, sondern vom Wasser übel verderbet, und haben die Leute von Viehe und Haus gerethe gantz und gar nichts retten, noch in eil davon bringen können.

Mellingen suche im vorhergehenden X. Capitel von Städten und Markflekken ümb Jena, p. 182.

Moekkern, ist mit Schlöben und Liechtenhayn ümb Sechsze- _390_ hen tausend Rheinische Gülden denen von Heßler, von denen von Bünau, A.C. 1555. verkauffet worden, wie wir bald mit mehrerm bey Schlöben gedenken wollen. Suche meine Annales A.C. 1555.

Müncheroda, lieget zwischen dem Jehnischen Forst und Döbritzschen Holtz. Davon haben die Edlen von Minnigeroda ohne Zweiffel ihren Ursprung. A.C. 1550. hat gelebet Johannes von Minnigerode, Herzog Philipps zu Braunschweig und Lüneburg Raht, Elias Reusnerus in Geneal. Ascan. fol. 423. 442. Aber Nicolaus Reusnerus in Oper, Poêt. 2. lib. 2. Odar. pag. 173. nennet ihn einen Hofmeister am Holsteinischen Hoffe. Beide haben Recht, nach unterschied der Zeit. H. Hans Georg von Münchenroda Cammerherr des Churfürsten zu Meinz auff den Reichstage zu Regensburg A.C. 1594. im Majo, Junio, Julio. Hans von Münchenroda Hertzog Friederich Wilhelms Administratoris der Chur-Sachsen Hoffdiener Ibidem. Ein Kloster dieses Namens Mün- _391_ cheroda in Stifft Würtzburg ist A.C. 1168. erbauet von Bischoff Hermanno, Margraff Conrads des Reichen zu Meissen Sohne, Reusnerus in Stemmate Witik. fol. 11. Dieses Dorff hat weiland kein Bier brauen dürffen, wie zu lesen im vorhergehenden XXI. Capitel, §. Etzliche haben das Brau-Recht.

Nerkwitz Frau Sophia Hartmans des Jungern Herren von Lobdeburg genand von Burgau Witbe hat ihr Leibgeding, als 12. Höfe in Nerkwitz und eine Hufe Landes verkauffet 1356. den Nonnen zu S. Michael in Jena.

Osmanstet, sonst Atzman- und Asmanstet, von seinem ersten Erbauer oder Erbherren, Erasmus genant, welchen Namen der gemeine Mann in Thüringen verkürtzet, und Asman außspricht. Das Pfarrlehn der Kirchen S. Petri in Asmanstet haben Otto und Hartman, Vater und Sohn, so wol Hartman und Otto, Brüder, von Lobdeburg, genand von Bergau „übergeben den Marien oder unser lieben Frauen Knechten A.C. 1297. A.C. 1343. hat gelebet Hermannus von Atzmanstet. Bey diesem Dorff lieget Ulrichshalben. Es kan sein, daß weiland zweene Brüder, die von Harras, Erasmus und Ulrich, sich in die Flur- und Triftstäten ein- und abgetheilet, und Ursache zu solchem Nahmen gegeben, das eins unter ihnen Asmanstet, und das andere Ulrichshalbe ist genennet worden. Weil Osmanstet vor etlichen hundert Jahren derer von Harras, auch Arras genant, Stammhaus gewesen ist.

Osmariz, wird auch Osmeriz, Ustinbriz, Ossenbriz geschrieben, ist ein Rahts-Dorff in Brükkenhoff. Ob es gleich dem Ober- und Burgausichen Ampt näher liegt, als dem Unter- und Gleisbergischen, iedoch ist es nich jenem, sondern diesem zugeeignet worden A.C. 1448. am Tage Clementis, von denen ernanten Zehnmännern und Schiedsleuten, wegen der streitigen Erbtheilung Churfürst Friederichs ,II. und seines Bruders Wilhelms III. Herzogs zu Sachsen, vom diesem Dorff Osmaritz suche, in diesem 21. Capitel §. Rathsdörffer p. 332. 333.

Rabis, Robus, und Robiz, ist ein Adelich Dorf, darinnen hat gesessen Güntherus von Robus, welcher A.C. 1308. das Holz Tutzelme, bey Triptiß, mit Einwilligung Hermans von Lobedeburg, genant von Leuchtenburg, dem Michaels-Kloster in Jehna verkauffet hat. In Ampts-Urkunden fol. 418. wird also geschrieben, A.C. 1355. der Erbare Mann, Er Conrad von Robis, Capellan zu Trakkendorff. Seine Brüder sind gewesen Heinricus und Rudolff von Robitz, A.C. 1323.

Rhemderode, auch Reinbotenrode, von seinem Erbauer oder Besitzer so viel als Reinbotsflur, Feld, Trift, ist ein altes Adeliches Vorwerk, welches Friederich von Würtzburg von den Graffen zu Glichen, oder Gleichen, zur Lehn bekommen, und ,mit ihrer Bewilligung A.C. 1308. dem Apt Bürgelin verkauffet hat neben der Pfarr-Lehn.

Dieses Vorwerk hat A.C. 1539. wüste gelegen, und ist A.C. 1549. Dienstag nach Andræ, dessen Tag felt auff den 30. Nov. von Hertzog Johann Friederichen Churfürsten zu Sachsen auffs neue darmit belehnet worden Conradus Hüttenrauch, ein Jehnischer Bürger, mit dieser Bedingung, daß er jährlich 12. Scheffel Hafern ins Schloß Weinmar lieffern solte. Im Jenischen Erbbuch fol. 185. Der itzige Besitzer A.C. 1664. ist Eitel Christoff von Spitznasen.

Rodegast, lieget zwischen Jehna und Bürgel, M. Wolff Heider, vol. 2. orat. 25. pag. 1091 mein lieber Præceptor, meinet, das Dorff habe seinen Nahmen von Rodigasto, welchen die uralten Teutschen im Heidenthum, als einen Gott und Nohthelffer, verehret haben. Marcus Wagner von alten Königreich Thuring. lit. F. 1. nennet ihn Ridegast. und sol sein Tempel oder Götzenhaus <u>395</u> gestanden sein in der Winuler-Wenden Stad Rethre. Es hat mit dem nechsten Dorffe Jehne-Brißniz die Viehtrift im wüsten Ober-Rodegast gemein, und geben jährlich beide 24. fl. hingegen darff niemand in ihrem Flur das Viehe weiden, ausgenommen der Amptsschäffer zu Burgau. Weiland hat ein iedes Dorff, Brißniz und Rodegast, jährlich eine Tonne Hering, oder vor eine iede Tonne 5. Hernach 9. an itzo 12. in einer Summa 24. Gülden lieffern müssen. Jenisch Erbbuch fol. 189. 309.

Rosla, Unter- und Ober. Unter-Rosla ein Fürstl. Schloß und Ampthaus, in welchem A.C. 1462. Hertzog Wilhelm zu Sachsen sein ander Gemahl Catharinam von Brandstein ihm hat trauen lassen, durch Friederichen den Ertz-Bischoffen zu Magdeburg, in beisein Hertzog Ernsten seines Vettern, hernach A.C. 1464. Churfürsten zu Sachsen, Hertzog Wilhelms zu Braunschweig, <u>396</u> und Landgraff Heinrichen zu Hessen, Fabricius lib. 7. Orig. Sax. fol. 732. Rosla ist weiland eine sonderliche Herrschafft gewesen, und hat in einem gelben Schilde oder Felde geführet einen schwartzen Ast mit drey rothen Apffeln, M. Petrus Albinus in Albo Saxonico, pag. 282. 482. Dieselbe hat A.C. 1440. besessen Apel (Apollonius) Vitzthum, und sie im Bruder-Kriege, dessen Lermenbläser und Heerpaukker er gewesen ist, eingebüsset. Denn A.C. 1445. machet Hertzog Wilhelm III. zu Sachsen die Landstheilung, und Churfürst Friederich II. erwehlet das Thüringen, auf einrahten Georgen von Bebenberg, Rudolffs von Bünau, Christian von Witzleben in Wendelstein, und Herrman von Harras. Hingegen wil Hertzog Wilhelm Thüringen, darinnen er schon saß, nicht abtreten, aus Raht der beiden Vitzthum, Apels zu Roslau, und Bosens zu Dornburg, Bernhards von Kochberg, Friederichs von Witzleben. Darauf wapneten sich beide Theile, und <u>397</u> ist in diesem unnötigen Bruder-Kriege Thüringen und Meissen übel zugerichtet worden. Davon in Chronico Thuringo seu Annalibus Jenensibus, vid. Fabr. lib. 2. Annal. Misnens. fol. 63

Von Rosla hat sich auch ein Edel Geschlecht geschrieben, als Arnoldus von Rosla, und ist gewesen ein Zeuge, als A.C. 1348. Conradus und Conradus Vater und Sohn, Herren von Tannenroda drey Huffen Landes (oder 3. Akker Erden) über gaben dem Pfarr, zu S. Petri in Asmanstet. Suche der Jenischen Chronikke A.C. 1297.

Ober-Rosla, lieget an der Ilm, und hat ein Adelich Rittergut, dessen Grund geleget Hertzog Wilhelm III. zu Sachsen, in dem er seinen Thür-Knecht, und seiner andern Gemahlin Mundschenken, Hanß-Rudolffen, erblich und ewig frey gemachet von etlichen Zinsen, die er sonst ins Ampt nach Unter-Rosla hatte gelief-
fert. Zur Er- und Bekäntnüß solcher Gnaden solte er jährlich 2. Kappaunen forthin geben. Datum Wymar, A.C. 1466. Dienstag nach Epiphaniæ.

Churfürst Ernst und Herzog Albrecht zu Sachsen haben dieses bestätiget, und seinem Sohn Conraden Rudolffen darmit belehnet, Datum Weinmar, A.C. 1488. Sonabend nach Bonifacii.

Itzt gemeldter Conrad Rudolff hat A.C. 1488. noch etliche Lehngüter von Bernigern von Meyldingen darzu erkauffet.

Von denen Rudolffen hat diesen Edelsitz gekauffet Hanß von Wernsdorff, und ist damit von Churfürst Friederichen III. und seinem Bruder, Herzog Johansen zu Sachsen, belehnet worden. Datum Weimar, A.C. 1489. Dienstag nach Crispini und Cripimiani. So wohl dessen Söhne, Friederich und Hanß von Wernsdorf, A.C. 1508. in der Pfingst-Woche.

Von den Wernsdorffern hat das Adeliche Gut gekaufft
Sigismund von Neuchinger, Amptman zu Breitingen, und ist von Churfürst Friederichen III. und Hertzog Johansen zu Sachsen belehnet worden. Datum Weimar, A.C. 1512. am Dienstag nach Martini. Über das von Churfürst Johan Friederichen, und seinem Bruder, Hertzog Johan Ernsten zu Sachsen. Datum Altenburg, A.C. 1534. Dienstag nach Erhardi. Unter andern Zeugen wird benahmet Christian Bayer, Doctor und Cantzler.

Von diesem Neuchinger hat den Edelsitz gekauffet Merten von der Marthen, und ist darmit von Churfürst Johan Friederichen zu Sachsen belehnet worden. Datum Torgau, A.C. 1542. Sontags Reminiscere. Hernach seine Söhne, Mathes, Adolff und Georg von der Marthen, von Johan Friederichen II. und Johan Wilhelm I. Gebrüdern, Herzogen zu Sachsen, mit eingeschlossen die Zinsen, erkauffet von Hansen von Gleichen. Datum Weimar, A.C. 1549. Donnerstag nach Vincentii.

Von denen Marthen ist es kauffweise kommen auf Hanß ₄₀₀ Christoff Stigeln, von Beulbar, und von diesem auf Hanß Richtern. Beide sind von Herzog Friderich Wilhelm und Herzog Johansen, Brüdern, zu Sachsen, belehnet worden. Jener A.C. 1590. 20. Jan. dieser A.C. 1593. den 16. Nov.

Von den Richtern hat es A.C. 1614. erkauffet Hanß von Helldorff, und von ihme Wolff Eberhard von Witzleben, und von diesem Johannes Gerhard, der Heiligen Schrifft Doctor und Prof. Publ. in Jena, A.C. 1621.

Unlängst A.C. 1655. hat Hertzog Friederich Wilhelm II. zu Sachsen, darmit belehnet Johann Ernst Gerharden, der Heiligen Schrifft D. und Prof. Publ. in Jena. Seine Mitbelehnten sind seine Brüder, Johann-Friederich Gerhard, der H. Schrifft Doctor und Superintendens zu Eisenberg. Jener ist gestorben zu Jena A.C. 1668. 24. Febr. Dieser aber zu Eisenberg 1667. 6. May. und Johann Andreas Gerhard, Beider Rechten Doctor, Com. Palat. Cæs. ₄₀₁ und Fürstl. Anhaltischer Raht zu Zerbst. Dieses wenige habe ich aus den Original-Lehnbrieffen kürtzlich auszeichnen, und anhero setzen wollen, aus sonderlicher Ehrerbietung gegen die Herren Gerharden.

A.C. 1672. 14. April. Stirbt Hertzog Friederich Wilhelm zu Sachsen, dieses Namens der dritte in der Altenburgischen Liniea (gebohren A.C. 1657. 12. Julii) und kömmet das Ampt Roßla neben dem Ampt Dornburg, Bürgel, Heusdorf, Alstet 2c. an die drei noch lebenden Söhne Herzog Wilhelms zu Sachsen, namentlich an Herrn Johann Ernsten in Weinmar, an Herrn Johann Georgen in Marksuhla, an Herrn Bernharden in Jena. Die Fürstl. Residenzen Altenburg und Coburg aber mit Ihrem Aemptern an Herzog Ernsten in Gotha, als an dem Eltesten Fürsten und Hertzogen zu Sachsen nicht nur in seiner weiland Chur- und Fürstl. Ernestiner, sondern auch in der itzigen Albertiner Linea, welcher ₄₀₂ ist gebohren A.C. 1601. 25. Octobr. eheliget 1636. 24. Octobr. Fr. Elisabetham Sophiam, Hertzog Joh. Philippi zu Sachsen in Altenburg einige Tochter, Ihrer F. Durchl. an itzo noch lebende Söhne sein 1. Herr Friederich gebohren A.C. 1646. 15. Julii, von Ihm hat die Festung zu Gotha Friedenstein ihren Nahmen, Weiland genant Grimmenstein oder Grunenstein, eheliget 1669. 14. Novembr. Fr. Magdalena Sibilla Hertzog Augustii III. zu Sachsen in Halla Tochter. 2. Herr Albrecht gebohren A.C. 1648. 24. Maii 3. Herr Bernhart gebohren 1649. 10. Septembr. ehliget 1671. 10. Novembr. Fr. Maria Hedwigen Landgraf Johan Georgen des II. zu Hessen Tochter. 4. Herr Heinrich geboren 1650. 19. Novembr. 5. Herr Christian gebohren 1653. 6. Jan. 6. Herr Ernst gebohren 1655. 12. Julii 7. Herr Johan Ernst geboren 1658. 12. Augusti.

403 Rodameischel sonst Rottemuschel ligt ‚an Camburg A.C. 1665. Besitzet dasselbe Jesaias Nietner, beim Schwedischen General Wittenbergs Canzelei Secretarius, und Regiments Bedienter, erkaufft von Wolffgang Albrecht von Weidenbach.

Rotenstein, ein grosses Dorff an der Saal, über Jena, und unter Kahla. A.C. 1296. haben dem XVI. Thurnir zu Schweinfurt beygewohnet Martin und Wolffgang von Rotenstein, Ruxner im Thurnirbuch fol. 117. Ob ihre Vorfahren von diesem Dorffe den Zunahmen bekommen, wil ich nicht sagen. Bey diesem Dorffe an der Reichs und Landstrassen ist ein hoher Felß, von diesem hat Apollonius von Gellingen, als ihn seine Feinde, die Erffurterer, feindlich nachsetzten, mit seinem Pferde in und über den Saalstrom gesetzt, und ist darvon kommen, wie Groitschius meldet in Beschreibung des Saalstroms. Ihm ist zu wieder Joh. Agricola Islebiensis, im Buch der Teutschen Sprichwörter, num.

404 189. pag. 89. und nennet solchen Uberspringer Thalman von Lunderstet. Beiden widersetzen sich, was den Ort an langet, Hentznerus in Itinerario p. 409 und J. Dubravius in Histor. Bohem. l. 2. pag. 20. Jener nennet ihn Apel von Geilingen, dieser aber Apel von Gellne. Beide sagen: Er sey mit seinem Pferde über den weiten Schloßgraben zu Nürnberg gesprenget. Es kan beides geschehen sein, zu unterschiedenen Zeiten. Denn dieser Apel von Geilingen hat unweit Nürnberg gewohnet, und seinen Wald hat Kaiser Carolus IV. Burggraf Friederich IV. zu Nürnberg (dessen Sohn Johannes seine Tochter Margaretham geehliget) übergeben A.C. 1376. und ihn vorher A.C. 1363. zum Reichs Fürsten erhoben, M. Elias Widman in MS. Chronico Curiensi. fol. 128.

Hat oft Feuersbrunst erfahren sonderlich A.C. 1553. Sontag nach Laurentii, ist die Kirche, die Pfarr, der Gasthoff und viel Häuser ein geäschert und nur 16. Höffe überblieben.

405 A.C. 1669. 13. Febr. Sonabend vor Sexagesimæ, umb 4. Uhr nach mittage fellet ein groser Stein von Felsen bei Rotenstein und

erschlegt einen Bekkersgesellen, der von Jena nach Cala in seine Heimath reissen wollen, zu tod. Suche meine Annales A.C. 1669.

Saalekk, zwischen Heringen und Rotelsburg, zu ständig dem Stifft Zeitz, das auch seine Advocaten und Voigte darinnen weiland hatte. Hartman, Advocatus Voigt, wird zum Zeugen gesetzet A.C. 1140. als Kaiser Conradus II. die Versetzung des Klosters von Schmöln nach der Port bestätiget hat, Bertuch. in Chron. Port. l. 2. cap. 2. pag. 26.

Schlöben, und Slöben, auch Globen, liegt über dem Holtz Wölnüß, davon haben sich etliche Edle geschrieben A.C. 1301. ehliget Landgraf Friederichen Admorsus, sein ander Gemahl, Elisabetham, die Jüngere Gräfin von Arnshag, und sind zwischen ihm und ihren Anverwandten, Herman und Albrechtem von Lobdeburg, wegen der Mitgifft und Ehesteuer benahmet worden, als Erkenner und Schiedsleute: Heinricus Vogt zu Weida, Conrad von Löbichau, Albrecht von Brandstein, Hartman von Bulewitz, Heinrich von Schlöwin, (Schlöben) Güntherus von Robus. A.C. 1323. werden in einem Brieffe angezogen Apel und Wolffram von Schlöben, Brüder. 406

A.C. 1555. Donnerstag nach Michael, haben auf Einwilligung der dreyen Brüder und Hertzogen zu Sachsen, Johann Friderichs II., Johann Wilhelms I. und Johann Friederichs III. Günther in Vahren, Heinrich der ältere, Rodolf der ältere, im Nahmen Rudolffs, Heinrichs, Günthers, des Jüngern, von Bünau, Brüdern, in Elsterberg und Schlöben, die Adelsitze, Slöben und Moekkern, mit dem Dorff Liechtenhayn, umb 16000. Rheinische Gülden verkaufft ihren beiden Brüdern, Günthern und Rudolffen, dem altern, von Bünau, in Schlöben. Von denen ist es hernach kommen auf die von Heßler, sonst Borgersroda, nunmehro Bürkersroda, den A.C. 1370. hat Graf Herman zu Orlamünda, und Herr zu Wymar, Heinrichen von Borgersroda zur Lehn gegeben den Edelsiz Albrechts von der Wieden, im Dorff Blisingerin und Dithorsrode, und den Edelsitz der Musekken in Nederndorff, und das Gericht über Hals und Hand. Zum Zeugen in den Brieffen werden genennet Hold von Dändorff, Dieterich Zechzel, Raht, Herman von Ober-Wymar, Minister (Erbar Knecht) Clauß Zölner, Friederich Ristetil, Schultz, Gernoldus der Schribend. Unlängst besaß Slöben, Mekkern, Rabis Georg Rudolff von Heßler, und bauete zum ersten einen Lustgarten, der es manchem 407

Herrlichen und Gräflichen, ja Fürstlichen solte gleich, wo nicht zu vor thun.

Schwabhausen: Klein und Groß. Jenes wird Windisch, dieses Teutsch-Schwabhausen genennet, weil vielleicht jenes die Sorben-Wenden, dieses die Teutschen Schwaben erbauet haben. Beide liegen unweit von einander, und gehöret das kleine ins Ampt Weimar, das grosse aber von A.C. 1352. ins Ampt Kappendorff. Suche das X. Capitel. p. 176.

A.C. 1610. den 2. Sept. sind darinnen siebenzehen Wohnhäuser, mit ihren Scheunen und Ställen abgebrand, Binhard. in Chron. Thur. lib. 3. pag. 227.

Schöbelau, mit einem Edelen Vorwerke, ist so viel, als eine schöne Aue. Liegt über Lobeda, gegen dem Gebirge, und sind desselben Besitzer gewesen die Puster, die Gerstenberger, die Goldsteine.

Trakkendorff. Suche oben Drakkendorff. p. 353.

Tautenburg, Schloß und Dorff zwischen Naumburg und Jena hat A.C. 1234. Erbauet Herr Rudolff der II. von Vargela, und sich davon geschrieben. Toppius in Beschreibung Vargela Num. 4.

Vierzehenheiligen, sonst Lutzendorff, lieget eine Meile von Jehna. Den ersten Nahmen hat es von der Kirchen, darinnen weiland im Pabstum vierzehen Heilige, als Nohthelffer, sind verehret worden. Den andern Namen aber hat es vielleicht von seinem ersten Erbauer und Besitzer Ludwig, welchen die Thüringer zusammen ziehen, und Lutze aussprechen, als wie Dieterich Ditz, Albrecht Apex, Johannes Hanß, Heinrich Heintz, Conradus Cuntz, nach ihrem Sprichwort: Ziehet Heintz weg, kömt Cuntz wieder.

Utenbach, unweit Rosla, und über eine Meile von Jehna, ist berühmet wegen der Probstey und des Edelsitzes der Schenken. A.C. 1356. wird ohne Tauffnahmen genennet ein Schenk von Varila, Herr in Utenbach A.C. 1452. wird genennet Heinrich Lehman, Probst des Kreuz-Ordens, Herr in Droyßigk und Utenbach. A.C. 1570. wird genennet Matthæus Schröter, Pfarrer in Utenbach, welcher 50. fl. dem Jenischen Gotteskasten vermachet, mit der Bedingung, daß die eine Helffte des jährlichen Zinses den armen Schul- und Current-Knaben, die andere Helffte den armen Leuten im Siech-Spittel zu S. Jacob in Jena solte gereicht werden. Dessen Stifftung wird noch steiff gehalten. Es hat ihm aber noch keiner, seiner Nachfolger daselbst im Ampte, in solcher Mildig-keit nachahmen wollen.

Wenigen-Jena, liegt an der Saala, unweit dem Jäntzig und Hausberg. Die Kirche, in der Ehre Maria, der H. Junfer und Mut-ter unsers Herren Jesu Christi, ist vor Zeiten grösser, weiter, und höher gewesen, als sie anitzo zu sehen ist. Das alte Gemäuer soll A.C. 1557. zu Erhöhung des S. Michaels- und Kirch Thurms in Jena sein gebraucht worden.

A.C. 1347. hat Heinrich Reiß, Herr von Plauen, etzliche Zin-sen in Wenigen-Jena vermachet dem Michaels Kloster in der Stadt Jehna, mit Vorbehalt des Gerichts und Vogtey Rechts auf dem Gleisberg, wie zu lesen in Ampts Jena Copialbuche part. 1. fol. 277.

A.C. 1569. den 6. Decembr. nach gehaltener Kirchenbesich- <u>411</u> tigung und Todes-Fall Francisci Steringers, Pfarrers in Wenigen-Jehna, hat Hertzog Johann Wilhelm zu Sachsen die Verordnung gethan, daß die beiden Diaconi in Jena, M. Valentin Lange, und M. Martin Mirus, den Gottesdienst eine Zeit lang versehen, und dafür die Pfarr Besoldung einheben solten. Unterdessen hat M. Adam Rempius, das Dorff Liechtenhayn, mit dem Gottesdienst versorget. Suche auff Jenisches Widdumsbuch fol. 35. 36. und oben §. Lichtenhayn. p. 382. 384.

Welnitz, Ober- Mitler- und Unter Welnitz. Liegt zwischen Jena und Lobda, am Bach Penika, welcher aus dem Quellbrun Penika, nunmehro Fürstenbrun genant, seinen Ursprung hat, wie soll vermeldet werden unten im 23. Capit. vom Wasser, in und umb Jena. In diesen dreien, nicht grossen, Dörffern sind unter- <u>412</u> schiedliche Edele Geschlechter weiland Herren gewesen, und ein iedes hat seine sonderliche Gerichte, die von Schauroht, die von Sommerlatten, die von Gotfart. Die von der Pforten, die von Drenkbek, die von Wurtzburg, die von Welnitz, die von Pustern. Und wenn unter ihnen wil ein Streit sich erheben, so er wehlen sie unter ihnen einen Dictatorem, Oberrichter und Schiedsmann, und das ich nur ein Exempel anziehe, so ist auf Churfürst Johann Friedrichs zu Sachsen Befehl A.C. 1540. zum Dorf-Herren durch den Amptschoösser, Wolff Döpfern, erwehlet worden Freydank von Gottfart, vor ihm ist ein solcher Dictator und Dorff Richter gewesen Andreas Drenkbek. Nach ihm aber A.C. 1544. Martin Dernkbek, A.C. 1545. Johann Leman Amptschösser zu Jehna, A.C. 1546. Joachim von der Pforten A.C. 1559. Joh. von Wurtzburg, A.C. 1576. Johann von Puster. Suche Jenische Chronik A.C. 1579. als A.C. 1468. ein Mann in der Saale, unfern Welnitz,

413 ertrunken war, siehe da verglichen sich wegen des Gerichts daselbst Churfürst Ernsts, und seines Bruders H. Albrechts und ihres Vetters, Hertzog Wilhelms III. zu Sachsen abgeordneter Richter und Gevollmächtigte. Auf jener Seiten sind gewesen Hugold von Schleiniz, Marschalk, und Johannes von Metsch. Auff dieser Seiten aber Heinrich Reuß zu Gera, und Petrus Knor, Probst zu Wetzlar, Buchardus Schenk, Herr in Tautenburg, Hoff-Marschalk, Herman Cügler, Amptman zu Gotha, Johannes Siegfried Cantzler. Ampts-Urkunden part. 2. fol. 1046.

A.C. 1659. den 8. April, gehet ein voller Bierzaffe unvorsichtig mit seiner Tabakpfeiffe ümb, und verursachet eine grosse Feuersbrunst, daß 18. Hauser eingeäschert, 70. Schaffe, 12. Kühe, ein Kindermägdlein verbrennet, und eine Sechswöchnerin fast tödtlich beschädiget wurde.

Wintzerle, ein Dorff, bey Jehna, am Bach Trießnitz, so

414 dadurch fleust in die Saale, hat seinen Nahmen von Wintzern, welche in den Weinbergen und Gärten arbeiten, derer nicht wenig ümb dieselbe Gegend angeleget sind. Vom Wein haben ihren Nahmen die Freiherren von Weinsberg in Schwaben, die Edelen von Wins in Schlesien, so wol die Städte: Winetha in Pommern, Winden in Schwaben, Wintzig in Schlesien, Weimar in Thüringen. Die Reichs- und Landstrasse gehet dahin, und derowegen ist ein Zollhaus darbey, der Hauptzoll ist zu Burgau, das Beigeleite aber zu Welnitz und Kambsdorff. A.C. 1542. am Sontag Letare sind 6. Höffe darinnen abgebrand A.C. 1668. 6. Junii. Sonnabends vor dem 3. Sontag Trinitatis in Mitternacht kömmet in der Schul-Christinen Haus, ein Feur aus und äschert ein 3. Wohnhäuser, Scheunen und Ställe. Des Freitags vorher zündet das liebe Wetter in dem darbey gelegenen Dorff Burga das Hirtenhaus an. Suche meine Annales A.C. 1668. in Octobr.

415 Wochau, auch Wachau genant. Davon haben sich etzliche Edelleute geschrieben: als Wirich von Wachau, verkauffet A.C. 1322. 40. Akker Holtz ümb 20. Mark Silber dem S. Michaels-Kloster in Jehna. Mit Einwilligung seiner Lehn-Herren, so gewesen Otto, Albrecht, Hartman, Burggraffen Ottens des Eltern zu Kirchberg Söhne. Es hat auch darinnen gewohnet Wolff von Rechenberg, und Johannes Heinricus von Osterhausen. Dessen beide Söhne, JOhannes Thilo und Eustachius sind A.C. 1623 den

21. Nov. zu Weimar belehnet worden mit einer Wiesen beim Dorff Groß-Löbichau, von sechs Akkern, und ein Viertel, und zwar von Hertzog Albrechten zu Sachsen, im Nahmen seines abwesenden Bruders, Hertzog Johan Ernsts, des Jüngern.

Wurchhaussen, ein Dorff unter Dornburg und über Camburg, an der Saale, ist ein Castel der München. A.C. 1375. hat gelebet Heinrich von Wirchhausen. A.C. 1553. ist zu Wittenberg 416 als ein Studiosus eingeschrieben Alexander Münch, in Bernsdorff. A.C. 1600. 10. Decembr. ist gestorben Philippus Wilhelm Münch in Wirchhausen, Raht und Amptman in Weinmar. Ihme hat D. M. Gerstenberger Weimarischer Cantzler dieses Epitaphium gemacht:

Ejus honos nomenque viri laudesq; manebunr,
  DumSala fundet aquas: dum Verichusa merum.
Charus erat Dominis, collegis semper amicus:
  Afflictis promtam ferre paratus opem.
Perpetuo felix (id quod mireris) in Aula,
  At nunc aethereis assidet Aulicolis.
Felix qui mundum & dubiam superaverit Aulam:
  Ad cœli portam Mundus & Aula nihil.

Daraus schliesse ich, daß Edlen Münche sind urspringlich Wirchhäuser, und haben den Zunahmen bekommen von ihrer Lust und Liebe zum und gegen den Münchorden, und haben sich in unterschiedene Linien eingetheilet.

Diese Edele haben sich wol ehemals die von Münnich geschrieben, als Heinrich von Münnich Hoffmarschalk zu Weinmar, und hat A.C. 1549. dem Roßlauischen Lehnbriff unterschrieben. p. 399.

Ziegenhayn, wird A.C. 1372. in Briefen genennet Zeymerhayn, und A.C. 1425. Zegenhayn, und vorher A.C. 1372. 1385. 417 1388. 1389. den in diesen Jahren hat gelebet Burggraf Albrecht zu Kirchberg, der hat sich geschrieben einen Herren zu Windberg und Zeymerhayn. Lieget unter dem Schloßthurm Kirchberg, hat seinen Nahmen entweder von den Ziegen, die an den Bergen herüm ihre Weide gesuchet, und gefunden, oder von Vögeln, genant die Zeymer, welche ümb diese Gegend gefangen worden, oder von den Walbrüdern zu der Kirchen darinnen. Denn wenn einer gefraget: Wohin? gabe er zur Antwort: Zieh ich gen den Hayn. Oder vom Brun und Bächlein Ziege, daher der gantze Berg die Ziege, und dessen Vortertheil noch heute zu tage der Ziegenkopf oder Koppe genennet wird. Dieweil das Wasser mit seiner gewölbten schönen springquell daselbst, als einem reichen ZiegenEyter, auf einer Seiten, allem Ansehen nach, die alten Schlösser Kirchberg, Windberg, Greiffberg, auf der einen Seiten das Dorff Ziegenhayn vor Alters getränket hat, und dieses noch anitzo tränket.

Die Kirche zu Ziegenhayn muß über 800. Jahr und drüber alt sein. Den von ihr führet den Namen das Burggräfliche Geschlecht von Kirchberg, dessen oben gedacht ist. Cap. 12. und ihr Inspector Rector, Pfleger und Versorger ist gewesen Boso Bischoff zu Merseburg A.C. 968. p. 244. ist weiland gar lang und weit ümbfangen gewesen, erbauet in der Ehre Mariæ Consolatricis desolatorum, das ist der Trösterin aller Trostlosen, denn also nennet sie Johannes II. Bischof zur Naumburg in einer Bulla und Gnadenbrieff A.C. 1425. 28. Octobr. in welchem er viertzig Tage Ablaß verspricht allen den jenigen, die solche Kirche besuchen, darinnen Messe hören, Abends beim Glokken-Klang das Ave Maria dreimahl beten, und ihre milde Gaben darbei bringen würden.

A.C. 1452. wird Wilhelm von allen Blumen, Johannis des Chur Meinzischen Cantzlers, und Chur Sächsischen Gesanden an Herzog Philippen zu Burgundien, Sohn gefänglich gehalten zu Kappendorff, und bei der Belägerung auf die Schloßbrükken gestellet, an einem Strikke. Er thut eine Gelübde zu der Trösterin Mariæ zu Ziegenhayn, und entspringet in Graben, und kömt davon. Zum Gedächtnüß hat er solchen Strikk in dieser Kirchen aufhängen lassen.

A.C. 1453. 21. Aug. erlässet Pabst Nicolaus V. sieben Jahr von der aufgelegten Busse denen, welche auf den Geburtstag Mariæ diese Kirche würden besuchen, und darbei ihre milde Hand aufthun.

A.C. 1461. den 13. Octobr. befielet Pabst Pius II. dem Probst zu S. Morizen, bei der Naumburg, daß er die Kirche Maria in Ziegenhayn in Ewigkeit vereinige mit dem Benedictinerkloster in Bürgel. Jene hat jährlichen 8. Marksilber, dieses aber 400. Reinische Goldgülden eingetragen.

A.C. 1464. hat die Marien-Capell in Ziegnhayn besessen und versehen M. Johannes Eccelstet, Licentiatus in Decretatalibus und solche damahls übergeben dem Apt Erhardo zu S. Georgen in Bürgel.

A.C. 1466. 4. Febr. hat Pabst Paulus II. drei Jahr Ablaß verheisen, welche die Kirche in Ziegenhayn auf die Marientage gutthätig besuchen würden.

A.C. 1471. hat er die Marien-Kirche zu Ziegenhayn einverleibet dem Kloster Posau, bei Zeitz.

A.C. 1486. wird das Dorf Ziegenhayn verwechselt mit dem Dorff Knebsdorff, itzt Kniebsdorff, und aus der Bürgelischen Vogtey versetzet in die Gleisbergische, oder Unterpflege des Ampts Jena, nach dem Naumburgischen Schide, am Sontag nach Johannis.

A.C. 1641. 18. May, hat Herzog Wilhelm IV. zu Sachsen Heinrich Hoffmans, Mathem. P.P. Bauer-Guth in Ziegenhayn <u>421</u> befreyet vom Zinß, der 1. fl. 1. gr. 1. pf. und von Steur, die 10. gr. 6. pf. uff jeden Termin und Frist antraff.

Zoddelstet unweit Mattstet, darinnen brennen am Sontag Rogationum 26. April. 1664. 34. Bauerhöffe abe durch verwarlosung des Brauknechts. Das heisset dem Feiertag heiligen.

Zinna, oder Cinna, ein Dorff mit einem Edelhoffe, welchen mit Lukka A.C. 1474. besessen haben die Edlen Koller, die von Gleina, und endlich die von Pölnitz.

Zwetzen, ein Dorff nahe unter Jena, bey Löbstet, berühmet von dem Comtherhause, so jährlich 3947. fl. 12. gr. 2. pf. trägt, dem Commendatorn der Baley in Thüringen unterworffen, wie auch das Teutsche Haus zu Lehesten, zu Liebstet, zu Negelstet, zu Altenburg, zu Eger, und zu Mülhaussen. Er aber dem Teutschen Meister in Mergenheim, und dieser dem Johanniter-Hospitaler-Hierosolymitaner-Rhodiser-Maltheser-Orden, welcher unter dem Schutz der Heiligen Marien, vielmehr des Almächtigen <u>422</u> GOTTES, wider den Ertz- und Erb, Feind, den Türken, sonderlich zu Wasser, streiten und siegen wil. Der Orden ist bestätiget worden unter dem Röm. Kaiser Heinrico VI. und Pabst Coelestino III. A.C: 1191. Unter den Teutschen Comther- und Kreutz-Herren in Zwetzen sind mir in Historien vorkommen nachfolgende.

Bertholdus von Topffstete, A.C. 1332.

Hartman von Sommerlatte hat A.C. 1493. das Comther-Haus in Liebstet gebauet, damahls ist Nicolaus Baumgart Pfarrer, und Hanß Fruthstet Comther gewesen, wie die Schrifft daselbst anzeiget.

N. von Utterod.

Antonius von Harstal. Beider gedenket Hortleder de Causis B. G. l. 5. c. 26. n. 4.

Johannes von Germer, in Gebesen, beweibet, Churfürst Augusti zu Sachsen Rath, hat nicht allein A.C. 1564. gegeben 100. fl. zu Erkauffung der Niclas Kirchen ,vor dem Saal-Thor, zu einem Hospital vor kranke Studenten, sondern auch 100. Thaler zu Erkauffung eines Garten bei dem Zwetzner-Thor, und 38. gr. Jahrzinß vor die Armen im Siechspittel zu S. Jacob in Weiden.

Wilhelm von Holdinghausen, A.C. 1559. hat das Hauß, das anitzo Johannes Hoffman, Amptman in Jena, besitzet, und neben dem Rosen Keller lieget, an stat der Schuld von einem Bekker erkauffet, und dasselbe forne her A.C. 1568. steinern aufgebauet.

Burchardus, Graff und Herr in Barby und Mülingen, A.C. 1570. ist beweibt, hat die Comtherhäuser in Mülhausen dem Rathe daselbst ümb 8000. fl. verpfendet, zur Erneuerung der baufälligen Häuser.

Fridericus, Graff von Hohenloe A.C. 1586. 15. Octbr. auch beweibt, stirbt 1590. im April, damahls ist Comther gewesen Caspar von Hotzstet in Lehesten, Georg Ritscher zu Altenburg, Joachimus von ,Rieth zu Nehlstet, Procurator oder Schösser Erasmus Wild zu Zwetzen, Heinrich Hasbach zu Liebstet, Georgius, Bodensteiner zu Eger.

Johannes von Gleichen ist zwar vom Capitel erwehlet, aber ihm ist vorgezogen nachfolgender:

Bernhardus, Fürst zu Anhalt, A.C. 1591. 12. April, hat dem Capitel 400. Thal. Respons Gelder, in signum recognitionis, jährlich auf die Leipziger Oster-Messe gezahlet, stirbt zu Thirne, in Ober-Ungern, A.C. 1596. den 24. Nov.

Unter Ihn, und zwar A.C. 1593. 25. Jun. ist zu Dresten zwischen Hertzog Fridrich Wilhelm zu Sachsen Administratorn, und zwischen Maximilian König im Pohlen Administratorn des Teutschen Orden ein Vertrag auffgericht. Suche meine Annales 1593.

Johannes Ernestus, Hertzog zu Sachsen, A.C. 1597. 27. Sept. stirb zu S. Martin, in Ober-Ungern, A.C. 1626. den 4. Decem.

,Albertus, Hertzog zu Sachsen, A.C. 1627. 29. Sept. stirbt A.C. 1644. den 20. Decembr.

Mauritius, Hertzog zu Sachsen, Postulirter Bischoff zur Naumburg und Zeitz, A.C. 1645.

Das Drei und Zwanzigste Capitel.
Von Wassern, Brunnen, und Bornen
in und ümb die Stadt Jehna.

Nach den Wassern ist die Stadt Jehna zu betrachten in gemein und insonderheit.

In gemein: In und ümb Jena ist kein Wassermangel, wie in
der Insul Cubagia, die hat Perlen vollauff, aber kein Wasser und
keine Bäume, Seb. Schröter Tom. 2. Hist. Geogr. libr. 4. cap. 21.
pag. 880. Die Revier und Gräntze unsers Jehna ist wie das gelobte
Land, ein gut Land, ein Land, da Bäche und Brunnen sind, die an
den Bergen und in den Auen fliessen, Deut. 8 v. 7. In und ümb
Jehna ist kein ungesundes Wasser, wie über Saltzburg, und unweit
Cur im Schweitzerland, da die getrunkenen Wasser grosse Kröpf- _426_
fe an den Hälsen verursachen, Georgius Agricola l. 2. de natura
effluentium ex terra. In und üm Jena ist kein Wunderwasser, wie
in der Canarien-Insel Ferro, da die Einwohner kein ander Wasser
haben, als die Blätter an einem Baume ausschwitzen, Benzo in libr.
de Canariis cap. 2.

Insonderheit: In und ümb Jena sind Quell- und Fluß-Wasser.
Jene nennen wir Brunnen und Bornen, diese aber Bäche und
Ströme, von solchen wollen wir ordentlich handeln. Zugeschweigen der Fischteiche von Lobderthor an biß zum Johannesthor.
Zu Dunkkel-Spiel einer Stadt in Schwaben an Wassernitz sind so
viel Teiche und Weiher, als Tage im Jahre sein. Dreßer von Städten p. 161.

Die Brunnen sind die Zieh-Röhr-Rinn-Spring-Brunnen.

Die Ziehbrunnen sind zu finden theils ausser der Ringmauer
vor dem Löberthor auf dem Platze, des von Matthæo de Mon-
cade, Kaiserlichen Kriegs-Obersten und Commendanten, A.C. _427_
1642. 12. April. eingerissenen Spittels zum Heiligen Kreutze, und
vor dem Zwetzner-Thor, bey der Jacobs-Capell und Siechspittel,
theils inner der Ringmauer, I. In Wohn-Häusern, als da ist der
Ziehbrun in D. Mœbii Hause bey der Michaelis-Kirchen, in D.
Schenkens, in D. Olpens nunmehr D. Götzens Hause, in der
Brüdergassen, welches weiland die alte Pröbstei, und unlängst die
Caplanei hiesse, da ist der Ziehebrun in einem Felsen gehauen,
und wenn alle Wasser, wegen steten Regens, trübe werden, so
bleibt doch das Wasser darinnen lauter und klar, wie Crystal. II.
Auf den Plätzen und Planen, als da ist der Ziehebrun beim
Schlosse nunmehr eingegangen, der Ziehebrun auf der neuen

Pröbstei beim Maltzhause, der Ziehbrun auf dem Zitzenplan, in der Lauen- oder Lauchen Gassen, unter dem Markte, welchen der
428 Stadt Baumeister, Petrus von Herden, A.C. 1577. erneuert ‚und mit einem Dache gebessert hat, der Zihebrun im Collegio Academico. III. In den Gassen und Strassen, als da ist der Ziehebrun in der Jener-Gasse, bey D. Gerhards Hause, so A.C. 1665. gantz mit Schiffer gedekket worden und B. Georg. Pascasio Regierung. Und in der Löbergasse, bey D. Windheims Haus, so A.C. 1670. 24. Aug. abgebrochen und abgeführet worden.

Diese Ziehebrunnen und Bornen sind wohl ehemahls von den Nachbahren gereiniget, und darbey ein Gastmahl, auf eines ieden Gasts Zehrpfenning, angerichtet worden. Denn aus viellen Beuteln ist gut zehren. Dieses wusten zu Pariß in Frankreich der Kauffleuten Häuptman, und die Zunfftmeister, als sie wolten die Schweitzerischen Gesanden zu gaste haben, und darauf, unter andern, köstliche Weine auffsetzen, und beim Könige Heinrico IV. ümb Verlaub, eine Brunsteuer deswegen anzulegen, anhielten,
429 bekommen sie von Ihme diesen Bescheid: Es wäre ein ander Geldmittel von der noht. Denn der Herr Jesus hätte ihm das allein vorbehalten aus Wasser Wein zu machen, Johan. 2. v. 7. II. Petrus Matth. in ejus histor. Lansius in Orat. pro Gallia.

Allhier solte ich gedenken des Wasserlauffs vor dem Nasenborn, durch das Johannis Thor in den Saalstrom, weil er aber der Leuterbach ist, als wil ich den Leser dahin gewiesen haben.

Die Röhr-Brunnen und Bornen haben entweder keine Röhrkasten, als der Brun bey dem breiten Steine, in der Saalgassen, und der auf den Platze vor dem Johannis-Thor, oder einige Röhrkasten, theils steinerne, als de Röhrborn in der Johannis Gassen, beim Thore, und der auf dem Kreutze, bey der Kirchen, weiland war auch ein steinerner Röhrkasten, unfern dem Saumarkt, in der Unter-Lauchengassen, aber er hat sich von A.C.
430 1637. verlohren, und etwan in eines guten‚Freundes Haus verkrochen, theils höltzerne, derer etzliche abgegangen, als der bey dem Erffurtischen Thor, und der vor der Schloß Pforte, aus dessen Röhren mancher vorüber Reisender unlängst noch trinken und sich erlaben kunte. Etzliche aber sind noch, theils vor dem Löberthor, und auf dem Fürstenkeller, theils in der Stadt, als im Schlosse, der A.C. 1665. erneuert worde, und in der Leutergassen, sonderlich auf dem Markte, und im Collegio. Jener ist A.C. 1554. unter Bürgermeister M. Burch. Andreæ, und Erasmen Flachen,

dieser ist A.C. 1576. unter dem Rectore Hugone, Herrn von Schönburg, und Pro-Rectore M. Casparo Arnuro, Prof. Publ. erbauet, und weil beyde unterdessen baufällig, sind unlängsten neue darfür hingesetzet worden. Allhier übergehe ich mit stillschweigen der Röhr-Brunnen und Bornen mit ihren Röhrkasten in vielen Wohnhäusern, als da sind D. Richters, D. Struven, D. Rolfinkens, D. Schelhasens, D. Schenkens, D. Posners.

Die Rinn- und Spring-Brunnen und Bornen bey und haben (1) keine saure Wasser, wie Gepping in Schwaben, sondern süsse, wie der Fluß Choaspe bei Susis in Persien, daraus die Könige getrunken, und dessen Wasser auf ihren Reisen mit sich geführet haben, Mich. Neander in Geogr. part. 2. pag. 175. (2) keine heisse Wasser, wie der Brun bey Auria in Gallicien, darmit die Fleischer ihr geschlacht Viehe brühen, sonderlich die Kälber, derer Menge da ist, Casp. Ens in delic. Apod. per Hispan. pag. 8. sondern kühle, aber nicht unheilsame, wie der Brun bey Valenz in Frankreich, daraus ein erhitzeter Mensch und Vieh ohne Lebens-Gefahr nicht trinken kan. Schröter part. I. Geog. Histor. lib. I. cap. 6. pag. 335. Zu Buda in Ungern sind zweene Brunnen, unweit von einander, dieser hat warm, jener kalt Wasser, Idem p. 765. (3) keine schädliche Wasser, wie der Brun bey Cur in der Schweitz, der macht närrisch, Agricola libr. 2 de natura effl. ex terra. Es gedenkket Plinius lib. 25. N. H. c. 4. Eines Brunnens am Rhein gegen dem Meer, eines zwar süssen, aber darneben schädlichen geschmakts, den einen daraus Trinkkenden fallen die Zeene aus und verlämt die Kinnbakken. In einer Canarien Insel sind zwene Brunnen, der aus einen trinkt, der fehet an zu lachen, und muß sich zu tode lachen, wen er nicht alsbald aus dem andern trinket. Mela libr. 3. Sondern nützliche, zu trinken, zum kochen, zum Bier brauen. Und solche Rinn- und Spring Brunnen und Bornen sind nicht allein in Jena, wie schon gesagt, sonderlich der Löberbrun, vor dem Löberthore, und der Lotterbrun, hinter der Ziegelhütten, darnach sich wohl ehemahls die Krankken gesehnet, und mit Gottes Hülffe sich wieder gesund daraus getrunken haben, sondern auch ümb Jehna, und jenseit des Saalstroms.

Das Vier und Zwanzigste Capitel.
Von Rinn- und Spring-Brunnen und
Bornen disseit und jenseit des Saalstroms.
Disseit des Saalstroms sind diese:

1. Der Hungerbrun im Mühlthale, wird von den gemeinen Leuten also genennet, weil er unterschiedlich ausfleust, bald stark, bald schwach, und bedeutet bald ein fruchtbahres Jahr, und wohlfeile Zeit, mit seinem starken, bald aber ein Mißjahr, und theure Zeit, mit seinem schwachen Ausfluß oder gäntzlichen Abgang. Dergleichen Deutungsbrun ist weiland gewesen der Brun Glomaz, zwischen den Elb- und Chemnitz-Flussen, bey dem Keul- oder Kuhlbusche der Stad Lommitsch, der mit seinem Blut- und Aschwasser ein Vorbothe des Krieges sein soll, Fabr. lib. 2. Orig. Sax. fol. 100. Dergleichen Hungerbruns gedenket Camerarius lib. 1. hor. succ. cap. 73. pag. 353. In Ungern ist der Creuzbrun, und verwandelt sich in Blut, so oft ein König in Ungern sterben, oder 434 Ihme sonst ein Unglük begegnen sol. Ex Cuspiniano Camerarius s l. 3. oper. succis. medit. hist. c. 15.

2. Der Nasenborn, unfern des Hungerborns, hat seinen Nahmen von dem Berge, daraus erquillet, gleich wie die Mühle darbei unlängst eine Mehl, nunmehro aber eine Papier-Mühle ist. Er quillet so stark, daß er alsbald ein Bach, und von wegen des lautern Wassers die Leuter oder Leuterbach genennet wird. Groitschius, in Beschreibung des Saalstroms, vermenget ihn mit dem Leuter- oder Lotterborn.

A.C. 1669. in Frühling haben etzliche vorneme Leute aus der Universität, fürnehmlich aus der Burgerschafft angefangen aus der Quelle des Nasenborns Wasserröhren zulegen, und zu der Stadt in Ihre Häuser zuführen, darein auch Herzog Bernhart zu Sachsen gewilliget hat, und Frohnbauren darzugegeben. Suche Annales 1669 in Aug.

3. Der Leuter- oder Lotter-Born, an der Spitze des vordern 435 Haynberges, hat seinen Nahmen nicht von D. Martin Luthern, ob gleich er wol ehemahls in dieser Stadt gewesen, und sonderlich A.C. 1524. darinnen geprediget hat, sondern theils von seinem lautern Wasser, theils von seiner Lage, denn er liegt an dem rechten Arm des Leuter- oder Lotter-Bachs, und wird jährlich von den Vormündern vor dem Johannis Thore, durch ihren Hirten, gefeget, und zu Lohne, vor solche Mühe, ein Eimer Bier gegeben aus dem Rahtskeller. A.C. 1577. ist er unter Bürgermeister, Johan Wolffram, und Andres Stekkenbergern, von ihren Baumeister, Petro (oder Philippo) von Herden, auffs neue gefasset und bemauret, und die von Andrea Ellingern, Orlamundano, Med. D. PP. gemachte Verse in stein gehauen worden, wie sie noch anitzo

wie wohl etwas unleserlich, daran zu finden sind, dieses Lauts und Inhalts:

Limpidus hic scatet & gelidis pellucidus undis
　Fons, sua cuî bonitas nomen habere dedit.
Purus enim tenuem, quâ nulla salubrior, undam
　Alnorum viridi tegmine septus, agit.
Vinitor hanc, Civisque frequens bibit urbis Jenæ,
　Confectus morbis hanc sitit æger aquam.
　　　　　A. O. R. M.D. LXXVII.

Diese Verse schreibet aus Unverstand, Groitschius d.l. zu M. Johann Stigelio, in Jena P.P. aber der ist lange vorher, A.C. 1562. 11. Febr. gestorben. Es hat aber D. Ellinger seinen Nahmen über oder unter diese Verse nicht setzen lassen aus Demuth, und ist demnach nicht gewesen ehrgeitzig, wie Kaiser Ulpius Trajanus, der hat an alle, von ihm erbauete oder erneuerte Gemächer seinen Nahmen anmachen lassen, und ist deswegen schimpfflich genennet worden Herba parientaria, ein Wandkraut.

4. Der Lange-Schwester Lerchenborn, im Lerchenfelde, hat seinen Nahmen von der Schwester, und neben den Feldern, von Lerchen also genennet. Sintemahl er lieget an einem hohen länglichen Weinberge, in einem, anitzo baufälligen, Schwibbogen eingefasset, theils fleust er herunter in den Graben, gegen der Saale, theils aber rinnet er in den Weinberg, Schwester genant, und quillet an dem Wege der Lerchenfelder aus und ein, und giebet manchem müden und matten Wintzer, Schnittern und Wandersleuten einen Labetrunk. A.C. 1582. ist er in Röhren gefasset, und auf den Fürsten-Keller, und von dannen vor die Schloß-Pforte geleitet worden, aber an dem Orte, wie oben gesaget, ist er eingegangen.

Jenseit des Saalstroms sind diese:

1. Der Rollborn: Liegt auf dem rechten Schuldern des Hausberges, unter den eingegangenen Schlössern Kirch- und Wind- und Greiffberg, derer Ziehbrun er weiland gewesen ist. Hat seinen Namen von seinem Lauff, denn er, wie eine Baurolle und Rollwagen, den Berg herab gegen dem Bach Gemda zulauffet, und sich mit demselben gleichsam verehliget, vermählet, vermischet.

2. Der Steinborn: Lieget über Wenigen-Jena, und hat seinen Nahmen von dem Steinfelsen, daraus er springet.

3. Der Fürstenborn: Liegt in einem lustigen Thal, über dem Dorff Welnitz, und ergiesset sich in das Penikenbächlein, unter dem Hayn, die Wölmüsse genant, dahero er auch genennet wird bald der Wölnitzer, bald der Peniken, bald der Hayn Born. Gemeiniglich wird er genennet der Fürstenborn, weil Churfürst Johan Friederich zu Sachsen, nach seiner fünff Jahr wehrenden Gefängnüß und Bedrängnüß, von A.C. 1547. biß A.C. 1552. auf der Jagt mit seiner Gemahlin, Fräulein Sibylla, Gebohrner Hertzogin zu Jülig, Cleve und Berg und dreien Söhnen, sich erlustiget, nicht allein bey Humelshayn, einem Dorffe und Jagthause, von seiner ersten Zusammenkunfft mit ihnen, genant die Frölichewiederkunft, sondern auch auf der Wölmüsse, und bei diesem Welnitzer und Peneken Born, welcher A.C. 1554. ist ausgewölbet, und diese des M. Joh. Stigelii Verse, wie sie auch getrukket. Vol. 1. libr. 9. p. 406. in einem Mauerstein daran zu lesen sein:

Fontis ad hujus aquas frigus captabat in æstu
  Saxoniæ Elector, Mystaque, Christe, tuus.
Tu fons Justitiæ, veræ fons vive salutis,
  Saxoniæ salvos, Christe, tuêre Duces.

Das Wasser dieses Fürsten und Penikenborns hat eine solche Eigenschafft, daß es denen darin gelegten Stäben und Stekken, Sträuchen und Zweigen eine Eisenfarbe giebet, eisen scheinende Grißlein und Kißlein anhenget, und das kömmet her von den Tropffstein, daraus oder dadurch es entspringet und herrinnet, und deswegen solche gleichsam eisenhart machet in wenig Stunden. Es lauffet das Wasser den hengenden Thal herunter in das Dorf hell und lauter, und wenn es eine Mehl-Mühle getrieben hat, fället es in die Saal.

Das Fünff und Zwantzigste Capitel.
Von den Bächen in und ümb Jena.

Die Bäche heissen Gembda und Leutra. Zu Wittenberg sind die zweene Bäche, der Frische Bach und der Faulebach, darfür hat die Stadt den lieben Gott nicht viel gedankket. Lutherus Tom. v. Altenburg fol. 938. b.

Der Bach Gembda, über Wenigen-Jehna, im Thal nach Bürgel, hat seinen Nahmen nicht von der Gemeine, als wäre Gembdau so viel als eine gemeine Aue, wie D. Joh. Fried. Schröter wil in einem Sendbrieff, vid. Mylius in horto Philosoph. pag. 45. sondern vom Berge Jenzig, als wäre Gembda so viel als Jenzau. Denn er fleust von den Dörffern Löbichau und Wochau herab, zwischen zweien hohen Weingebirgen, Jenzig und Hausberg, in die Saale. Das Gembdenwasser ist heilsam und gut wider die Krätze, Grind und Schuppen, wie der warme Brun bey dem Dorff S. Johannis, in der Ungerischen Graffschafft Liptow, wider die Krätze, und wie der Schlam der warmen Bergbrunnen, zwischen den zweien Ungerischen Städten Cremnitz und Semnitz, wider die Schwähren sollen helffen, Schröter p. 1. histor. Geogr. l. 1. c. 10. p. 747.

Der Bach Leutra ist zu betrachten nach seinem Nahmen, 441 Nutzen, Schaden.

1. Nach seinem Nahmen: Er ist der nicht, welcher eine kleine Meil Weges über Jehna entspringet, und zweyen Dörffern, dadurch er fleust, seinen Nahmen mittheilet, und gute Fische, Forellen sonderlich mit sich führet, auch nicht der, welcher in der vom Könige Dagoberto in Frankreich A.C. 664. mit einer silbernen Krone beschenkten Stadt Weissenburg fleust, und die Gassen reiniget, auch nicht der, welcher an der Erffurtischen Strasse über der Stad Weymar entspringet, und etliche Mühlen vor- und in der Stad Weymar treibet, und nach dem er viel Gassen durchloffen, zum Kegelthor in dem Ilmstrom fliessen thut, von gemeinen Man nicht die Leuter sondern die Lotte oder Lotter genennet wird. Sondern der, welcher im Mühlthal, aus dem Hunger- und Nasen-Born, bei der itzigen Papiermühle, entspringet, von den Wasserfängen und Gängen, Theilung oder Leutung der gelegten 442 Wasserröhren über der Weidichs-Mühlen zunimmet, bey dem Wehr der Nau- und Oehl-Mühle sich in zwey Arm und Wasserflüsse theilet. Der rechte Arm fleust in die länge gegen dem Leuter- oder Lotter-Born, neben der Ziegelhütten, und durch das Kreutzbrükklein, so A.C. 1643. erneuert ist, in die Saale. Der linke Arm aber fleust auf die Oehlmühle, von dar auf die Ziegel- oder Gerhards-Mühle, in die Mittelgasse durch das Johannis-Thor auf die Jüdenmühle, die Leutergassen herunter auf das Kreutz, bey der Kirchen, auf die Marktmühle, in die Saalgasse, und aus der selben in den Mühlbach, oder linken Arm des Saalstroms.

2. Nach seinen Nutzen: (1) wegen der acht Mühlen. Denn der linke Arm des Leuterbachs (der rechte Arm troknet offt aus bei wehrenden heissen Sommertagen, oder verkreucht sich auffs weniste unter den Sand) kan in einer halben Stunde treiben 1. die 443 Nasenmühle, unlängst eine Mehl, nunmehr eine Papier-Mühl, 2.

die Paraskenühle, eine Oelschlag- und Walk-Mühle, 3. die Weidichsmühle, eine Mehlmühle, 4. die Nau und Schröters-Mühle, eine Mehlmühle, 5. die Plumbmühle, eine Oelmühle, 6. die Ziegelmühle, eine Mehlmühle, 7. die Joeden- oder Jüdenmühle, eine Mehlmühle, 8. die Markmühle, eine Mehlmühle. (2) Wegen der Fischteiche, denn von dem linken Arm der Leuter wird in der Mittelgassen vor dem Johannisthor ein Bächlein geleitet in die Krautgasse, in den Ober-Mittel- und Unter-Teich, die vom Johannis-Thor sich erstrekken zum Löber-Thor, und mit Fischen, sonderlich mit Karpffen, besetzet sein. (3) Wegen der Gassen, er reiniget nicht allein die Mittelgasse vor dem Johannis-Thor, sondern auch alle Strassen in der Stadt. Sintemahl durch drey Eingänge ergeust sich der linke Leuterbach Erstlich bei dem Johannisthor, theils in die Johannisgassen, nach der Kirchen, theils auf die Jüdenmühl, in die Leutergassen, am Ende derselben in das Rosmariengäßlein, hinter dem Rahthause, und gegen das Kreutz auf die Marktmühle. Darnach bey dem Ober-Teiche in einer Rinne durch die Stadtmauer in das darvon genante Gäßlein hinter der Rinnen, zum Collegigio, da theilet sich das Wässerlein auf den Nonnen-Plan und in die Brüdergassen. Endlich aus dem Mittel-Fisch-Teiche in einer Rinne durch das Löber-Thor in die Löbergasse, neben dem Rahthause, und den Markt hinunter in die Unter-Lauchengasse, und durch das Saalthor in den linken Saalfluß oder Mühlbach.

444

Wegen dieses dreyfachen Nutzens ist wohl ehemahls der Leuterbach, sonderlich der Saalbach, von meiner Vorfahrer einem, M. Immanuel Hasen, Archidiacono allhier, verglichen worden mit dem Bach Kidron, in und bey Jerusalem. Gleich wie der Bach Kidron nicht allein zu sich nam den hell-lautern Born Siloha, sondern auch hinweg nahm allen Unflat vom Opffer und Schlacht-Viehe, Bunting. in Itiner. Bibl. part. 1. pag. 52. Also nimmet der Leuterbach nicht allein zu sich den Leuter-Hunger- und Nasen Born, und andere reine und seine Quellwasser, sondern nimmet auch mit sich weg allerley darrin gemachten und gebrachten Unflat. Die Mühler an dem Leuterbache saubern jährlich etzliche mahl denselben mit ihren Helffern, welchen sie das Tagelohn und Sauffmahl geben. Den ausgeworffenen Unflat, von der Jüdenmühl an biß auf das Kreutz, hat weiland das Michaelis-Kloster mit den Probsten Pferden weggeführet, weil diese Mühl ihm zinsete, anitzo thut es der Gotteskasten, als ihr Erbnehmer.

445

3. Nach dem Schaden: So klein der Wasserbach Leutra ist, so grossen schaden thut er, wenn die Platzregen aus und von vielen darbei gelegenen Thälern und Bergen in ihn sich ergiessen, oder <u>446</u> wenn eine Wolkenbrust bei solchen darnieder fällt, wie aus nachfolgenden Exempeln zu ersehen:

A.C. 1265. den 26. May, ist nicht allein ein starker regen, sonder auch ein Wolkenbrust ümb Jena, Apolleda, Kappendorff gefallen, davon die Leutra und die Saala also gewachsen, daß allein zu Jena 35. Menschen dardurch ersoffen und ertrunken sein, Fabr. lib. 6. Orig. Sax. fol. 586.

A.C. 1535. In Junio ist die alte Leuter, nemblich der Rechte Armb des Leuter-Bachs von Regen so groß worden, das sie den Schäfferreknecht von Isserstät ümb gestossen und erseuffet hat.

In einem Manuscripto und Verzeichnüsse habe ich dieses nach folgende gelesen:

A.C. 1537. Am Donnerstage nach Bonifacii hat das angeloffene Leuterwasser zu Jena Heintze Hänsigen ergriffen mit sich geführt, und ersäuffet. Und ist er also Tod darinnen erhaschet und heraus gezogen worden.

A.C. 1552. 28. April. ist im Mühlthal eine Wolkenbrust nie- <u>447</u> dergefallen, davon die Leutra und Saala also an- und ausgelauffen sind, daß sie die auf der Landfeste A.C. 1544. aufgerichtete Vogelstange weggeführet hat, Andreas Lagus, Rector zu Schmöllen, in Chron. MS.

A.C. 1613. 29. May, hat die bey Weimar niedergefallene Wolkenbrust auch unsere Leutra aufgeblasen, und schadenhafftig gemacht, wie oben gedacht, cap. 5. p. 78. Der seelig verstorbene Superintendens alhier, D. Johan. Major, Prof. Publ. gedenket, in seiner davon gehaltenen und ausgegangenen Predigt, unsers Leuterbachs also:

So viel uns zu Jehna betrifft, hat zwar die Leuter, welche dieser Stadt (Jena) von alters her ein groß Unglükk dräuet, sich dermassen ergossen, dergleichen kein Mann gedenket, also, daß sie grosse mächtige Bauhölzer aufgehoben, mitgeführt, zerbrochen, und schwere Lastwägen fortgetrieben und zurissen, auch an <u>448</u> Häusern, Wasserröhren, und Wenden ziemliche Risse gethan. Aber doch ist kein Mensch im Wasser ümbkommen, und, ausser dreien stükken, kein Vieh. Und so weit der Herr D. Major.

A.C. 1643. 31. Aug. Und wiederum den 3. Septemb. hat der Leuterbach von steten Regenwetter sich so ergossen, das er denen daran liegenden Gärten äkkern sehr geschadet auch die Wasserröhren aus gewihlet hat.

Das Sechs und Zwantziste Capitel.
Von des Saalstroms Nahmen.

Die Saal fleust nicht allein über, sondern auch neben und unter der Stad Jena, und ist das Schied-Wasser in Ost-Thüringen, gleich wie die Unstrut ist das Schiedwasser in Nord-Thüringen, das Mittelwasser ist die Gera, und fleust durch Erffurt, die ist die Hauptstadt, und gleichsam das Hertz im itzigen Sud-Thüringen, 449 wir wollen diesen Strom Saale, welcher mit seinem Wasser unsere Wiesen feuchtet, und die Brukmühlen treibet, so wohl mit seinen viel und mancherley Fischen unsere Mägen speiset und sättiget, zur Dankbarkeit beschreiben.

I. Nach dem Nahmen: Etzliche suchen ihn in Ebraeischer Sprache, als Ernest Brotuff. libr. I. Chron. Mersb. cap. 7. und Petrus Albinus in Meisner Land Chron. tit. 24. fol. 330. vom Wort Salah, und heisset ein Geschütze, Wurfeisen, Pfeil. Diesen Namen hat geführet der Ertzvater Salah, ein Nachkömling Sems, und der soll diesen Fluß von seinem Nahmen also genennet haben. Es haben aber nicht des Sems, sondern des Japhets Nachkommen die Länder gegen Mitternacht eingenommen, und bewohnet.

Etzliche suchen ihn in Lateinischer Sprach, bald im Schimpf und Schertzweise, als Petrus Winstrupius l. 3. Epigram. pag. 336. vom Worte Salus, das ist, Glükk und Heil.

Extra Jenam Sala, intra Jenam salus,
Sala Salum fluit extra Jenam nocte dieque:
450 ˌEst intra Jenam nocte dieque salus.
Sunt Jenæ multi Juvenes, qui nocte dieque
potant, & dictunt, sæpe bibendo, Salus.

Dieser seiner Schertz-Rede von etzlichen Such- und Gern-Trinkern setze ich entgegen den sinreichen Tichter Joh. Audoenum l. 3. Epigr. 14.

Opto tibi multam, nullam tibi poto salutem,
Est potior potâ sicca salute salus.

bald im Ernst, und zwar unterschiedlich: Etzliche vom Wort Salar, das ist, ein Lachsforel, weil die Saal, als ein Fischwasser, Forellen mit sich führet. Etzlich vom Wort Salabræ, das ist, rauch, steinicht, holperich, weil solche örter in der Saale anzutreffen sind. Etzliche vom Wort Salire, das ist, springen, hetzen, tantzen, weil die Saale uff dem Fichtelbcrge entspringet, im Vogt- und Oberlande fort springet, und in Ost-Thüringen hinspringet. Etzliche vom Wort Sal, das ist, Saltz, oder vom Wort Salum, das ist, ein Meer- oder Saltz-Wasser, weil es an etlichen Orten saltzig Wasser giebet, und auch daran Saltzwerke zu finden sind, als zu Sultze, unweit Jena, und zu Hall in Sachsen, oder vielmehr in Nord-Thüringen. Dieser letzten Meinung ist unlängst gewesen 451 mein lieber Præceptor M. Wolff. Heider vol. 2. orat. 27. pag. 1172. auf diese Weise wäre der Name Saale ehe und mehr Teutsch, als Lateinisch.

Der Nahme Saale ist einer unter denen, die vielen Dingen ge- geben werden:

1. Einen Hertzogthumb: den also schreibet Hermann Ham- melman lib. 2. de familiis emortuis p. 150. Saale ist gewesen wei- land ein Hertzogthumb im Stifft Magdeburg, oder sonst in der Markk oder in Nieder-Sachsen, und ist weiland Apt zu Corbei gewesen Ernestus Hertzog zu Sale.

2. Einen Geschlechte: genand der Sala oder Salem. A.C. 1540. ist Wolffgang Graff von Salen der LXVI Bischoff zu Bata- vien oder Passau gewesen, in Lateinischer und Griegischer Spra- che wol gelehrt Dresserus in Millenario 6. part. 2. p. 295. Es ist sonst berühmet ein Medicus genand Angelus Sala und hat ge- schrieben Hemetologiam, Dominicus Sala Medicinæ P.P. zu Padua A.C. 1542. Bornius Sala, dessen Buch von der Gedult und Berei- 452 tung zum seeligen Ende ist zu finden in der Bibliotheca Sambuci. Gastonus Sala hat zu Pariß A.C. 1552. das Ammonii Hermeæ com- mentaria in die Prædicamenta Aristotelis, welche Bartholomæus Sylvanius aus der Griegischen in die Lateinische Sprache versetzet, aus gehen lassen. Wie es vermeldet Gesnerus in Bibliotheca fol. 124. 261.

3. Einem Schlosse, einem Hofe, oder Saale: dahero kömmet das Saalbuch, in welchem beschrieben sind die Einkunfte eines Königes, Fürsten und Herrens, Besold. in Thes. Pract. lib. 5. n. 5. pag. 713.

4. Einer Stadt: In Mauritania liegt eine Stadt dieses Nahmens, und hat vom und mit dem Flusse einerley Namen, Plin. l. 5. c. 1. dergleichen in Lande Groß-Phrygia, Ober-Ungern und Armenia, Ptolom. lib. 4. cap. 1. Daraus ist bürtig gewesen jener Salacon, des- sen Suidas und Cicero lib. 7. Epist. gedenket, der sich reich machte, und war doch ein Bettler

5. Einem Dorffe: Jean de Serres führet auch seine Franzosen von dem Teutschen her, nehmlich aus dem Frankenlande, allda sie an dem Wasser Sala, (so nicht fern von Königshoffen, bei einem Dorffe, auch Saala genant, im Gravenfeld entspringet) gesessen haben, also schreibet Martin Zeiler in seinem Itinerario Gall. cap. 1. Cap. 14.

6. Einem Flusse, theils in Westphalen, zwischen den zweien Flüssen Salas und Rhein wird Drusus, des Röm. Kaisers Augusti Feldoberster, erschlagen, Strabo I. 7. theils in Hispanien. Der Fluß Salia fleust in das Engelländische Meer, Ptolom. lib. 2. cap. 6. theis in Mauritania oder Barbarien, welcher Fluß bei der Hauptstadt Fessa fleust, Schröter part. I. Geogr. lib. 2. pag. 931. theils in Crain, do ist das Schiffreiche Wasser genand die Sale. Fleust bei Ober-Labach. Wie es vermeldet M. Paulus Odontius von Werda aus Meissen Pfarr zu Waltstein in Steyermark A.C. 1598. hernach zu Odern in Meissen, in seiner Historischen Erzehlung von sei- ner Verfolgung A.C. 1603. p. 20. Theis im Frankenland, der entspringet zwischen Halberekk und Kloster Pilhausen, und fleust nach Königshoffen, Neustadt, Hamelburg in Mayn, von dieser Fränkischen Saale haben ihren Nahmen bekommen bald gewisse Völker, als die Saal-Franken, Salii und Salici, weil sie an dem Fluß Saala gewohnet, bald gewisse Personen, als Kaiser Conradus II. Saliqvus, welcher Kaiser Heinrico II. im Reiche gefolget, und ihme sein Sohn Heinricus III. Niger, bald gewisse Gesetze, als Leges Salicæ, welche auf Befehl Königs Pharamundi, (oder Wahrmunds) der A.C. 430. gestorben ist, vier Hofleute gemachet, und darinnen verordnet haben, daß kein Weibesbild die Fränkische Krone beerben soll, und diese sollen geheissen haben Salgast, Wiesegast, Windegast, und Bosogast, Trithem. in Chron. Franc. pag. 98. Reusn. in Geneal. Pharam fol. 9. theils in Thüringerland, und dieser ist unser Landwasser, und wird genennet der gröste Fluß darinnen von Adolario Erichio in Mappa Thur. der Gräntzfluß der Thüringer und Sorben-Wenden, von Albino in Meisner-Land-Chronike, tit. 24. fol. 330. der Jaspis und Goldkörnleinführer, von M. Joh. Stigelio, Vol. 2. Poëm. lib. I. Eclog. 6. pag. 23.

Das Sieben und Zwanzigste Capitel.
Von des Saalstroms Ursprung, Fliessung, und Zunehmung
II. Nach dem Ursprung: Die Saala hat mit andern dreien Flüssen gleichen Ursprung im Voigt- oder Ober Lande, auf dem

Fichtelberg*, im Walde Münchberg, zwischen der Stadt Münchberg und Kirchenlamitz. Und fleust mit demselben kreutzweise gegen die vier Hauptwinde und Theile der Weld, die Eger gegen Aufgang in die Elbe, die Nabe gegen Mittag in die Donau, der Mayn gegen Niedergang in den Rhein, die Saal gegen Mitternacht in die Elbe. Von den zweyen mitlern wird dieser Reim geführet:

Die Donau ist aller Wasser Frau,

Doch kan der Rhein mit Ehren ihr Mann sein.

456

Diese vier Flüsse werden mit den lateinischen Vierbuchstäblichen Wort Mens von den Gelehrten bezeichnet, das M. bedeut den Maynstrom, das E. den Egerstrom, das N. den Naabstrom. Das S. den Saalstrom. D. Christoph Schleupnerus in der Vorrede über die Harmonia Epistol-Evangelica, A.C. 1616. Ebenmäßigen Ursprung hat die Leine in Ober-Hessen, welche mit dreien andern Flüssen Dill, Sigen, und Eder zugleich aus dem Felsen des Berges, Rohthaar genant, entspringet, und gegen die vier Theil der Welt laufft, Conrad. Dieterich in Instit. Orator. c. 10. pag. 69. Ich wil nichts sagen von dem Strom, der im Paradiß gequollen, und in vier Hauptwasser Pison, Gihon, Hideke, und Phrat sich getheilet hat. Gen. 2. v. 10. 14.

III. Nach der Fliessung: Die Saale fleust nicht gar so schnell, wie die Donau, welche sich so schnell in das Meer ergeust, daß über 40000. schritt lang ihre farbe gesehen und ihre süsse geschmäkket wird Neander in Geogr. part. I. pap. 84.85. Die Sale 457 fleust nicht so gar langsam, wie die Arar oder Sagona, welcher bei Lugdun in Frankreich in Rhodan sich ergeusset mit einen solchen langsamen gange oder fluß, das Man fast nicht sehen und spüren kan, ob sie auff oder under warts fliesse. Robertus Stephanus in Dictionario poetico. Die Saale fleust nicht gar so laut, wie der Rhein, welcher unter Schaffhausen durch grosse Steine rauchschet, endlich von einem Felsen tieff herab scheust, und wie ein Wasserwehr brausset und sausset, Ens in deliciis Apod. per Germ. p. 69. Die Saale fleust nicht gar so wunderlich wie der See Labach, dessen Münster lib. 3. Cosmogr. also gedenket. Nicht weit von Labach, im Windischen Lande, am Orte, der da heisset Zircanitz, ist ein See, der zu Winterszeit voll grosser Fische ist, auch voll Wasser samt den Fischen, und seet man Korn in den See, wenn das Korn zeitig und abgeführet ist, kömt gegen den Winter ein 458 Fluß, der bringet Wasser und Fische mit sich, daß der See an allen Ufern voll Wassers ist. Oder wie der fluß Anas oder Guadiana in

* genauer, bei Zell im Fichtelgebirge

Hispanien, der verkreucht sich auf 7. Meil Wegs, und kömpt herfür bei Villahart, dahero sagen die Anwohner. Es sei in Hispanien eine Brükke, darauff viel Tausentstükk Viehe Weiden können Lansius in Orat. pro Hisp. p. 211. 212.

IV. Nach der Vermehrung: Die Saale nimmet zu sich Bäche und Flüsse theils über, theils unter der Stadt Jena.

Uber Jena nimmet die Saale zu sich diese Wasser, 1. Wiesenthal bei Ziegenrükk, welches Schloß A.C. 1357. die Marggraffen zu Meissen den Herren von Plauen abgewonnen und genommen haben, 2. Selbitz bei Lobenstein, 3. Schwartze zwischen Salfeld und Rudelstat, soll Goldkörnlein mit sich führen, 4. Orla bei Orlamünde, 5. Rothe bei Rotenstein.

Unter Jena nimmet die Saale zu sich diese Wasser: 1. Gemb-
459 da unter Wenigen Jena, 2. Gleisse beim Gleisberge, 3. Ilm unter Kamberg und Sultza bei Hering, 4. Unstrut bei Freiburg, 5. Elster beim Dorff Besen über Hall, 6. Saltza bei Saltzmünde unter Gibichstein, 7. Schleinitz bei Friedeburg unter Wethin und Rotenburg, 8. Wipper zwischen dem Dorff Aderstedt und der Stadt Bernburg, 9. Bude bei Calbe.

Das Acht und Zwantzigste Capitel.
Von des Saalstrom Anfliessung.

Nach der Anfliessung: Die Saale berühret und fleust an etliche denkwürdige Örter, Schlösser, Städte, und Dörffer im Voigtlande, in Thüringen, in Meissen, in Sachsen.

Im Voigt- und Oberlande berühret die Saale 1. die Dörffer Moschendorff und Pela, gehören den Edlen von Rabenstein, 2. Hoff an der Regnitz, darinnen ein festes Schloß, erbauet von den Herren zu Plauen, 3. Hirschberg, 4. Sparenberg, 5. Blankenberg,
460 6. Saalburg, 7. Burk, ein Sitz der Herren Reussen, 8. Liechtenberg, 9. Lobenstein, 10. Schlebitz, anitzo Schlaitz, berühmet wegen des Schlosses und Bergkirchen, 11. Ziegenrükk, Schloß und Stadt.

In Thüringen berühret die Saale theils über Jehna: 1. Salfeld, eine Herberge der aus Jena von der Pest A.C. 1578. 1. Aug. vertriebenen, und A.C. 1579. 9. Mart. wieder beruffenen Musen oder Freien Künsten, 2. Rudelstadt, der Graffen von Schwartzburg Sitz, 3. Orlamünd, sonst Arlamünd, 4. Schloß Leuchtenburg und die Stadt Kahla, 5. Lobda und Burgau. Theils unter Jena: 1. Zwetzen, darinnen ein Comtherhof der Maltheser Ritter, gegen über das Schloß Gleisberg unter Cunitz, 2. Dornburg Stadt und

Schloß, 3. Salekk und Rotelsburg, derer von Bünau Edelsitz, 4. Kesenitz, 5. Kloster oder Schulpforte, 6. Naumburg.

Allhier ist zu gedenken, daß Bruno, Graff und Herr des Pleisnerlandes, nach Absterben seines einigen von einem wilden Schweine erbissenen Sohns Ortwin, ein Jungferkloster zu Schmöln, an der Pleisse, A.C. 1127. erbauet, und seine einige Tochter Garburg zur Eptissen verordnet hat. Weil aber die Nonnen darinnen die Keuchheit an einen Nagel hingen, machte er daraus ein Münchkloster Cistercienser-Orden, und holete die ersten Münche aus dem Kloster Walkenrode A.C. 1133. mit Gunst Bischoff Udonis zur Naumburg. Als die Münche viel Dampfs erfuhren von einen Sorben-Wendischen Herren, verliessen sie Schmöln, und begaben sich noch A.C. 1140. nach Kesenitz an der Saale, und endlich A.C. 1175. von dannen nach der Pforte, auff Gunst Marggraff Ottens zu Meissen. Der erste Apt ist gewesen Albrecht aus dem Kloster Walkenrode, zur Zeit Apt Bernhards zu Clarenthal. Der letzte aber Petrus II. erwehlet A.C. 1533. Denn als ihr Patron Hertzog Georg zu Sachsen, Barbatus genant, A.C. 1539. 17. April. zu Dießden starb, hat Hertzog Moriz zu Sachsen (der A.C. 1548. 24. Febr. zu Augsburg Churfürst worden) aus dem Münchskloster eine Schulen vor hundert Landeskinder A.C. 1543. 1. Nov. gestifftet, sein Bruder Churfürst Augustus I. hat die Zahl mit 58. vermehret, und als ihm etliche Hofleute davon abhalten wolten, gesaget: Wenn die drey Betthäuser als Pforte, Grim, Meissen und werden zerstöret sein, so wird es ümb der Seelen Wolfart geschehen sein, xc. Bertuch. in Chron Portens. l. 2. c. 2. p. 82. Der erste Schul-Rector ist gewesen Johannes Gigas, der erste Medicus D. Katzenberger, der erste Oeconomus Michael Lemmerman, der erste Schulknabe Nicolaus Lucius, von Kindelbrükk.

In Meissen berühret die Saale 1. Grochlitz, 2. Schönberg, 3. Eula der von Schleinitz Schloß, 4. Gosik, weiland Gottesek, ein Schloß, daraus Pfaltzgraff Friederich zu Sachsen A.C. 1141. 25. Marti ein Benedictiner-Kloster machte, Rempius in Cal. Saxon. p. 84. 5. Weissenfels, Stad und Schloß, weiland Tauchelitz genant, Fabr. lib. 2. Orig. Saxon. fol. 118. 6. Mersburg mit seinem uralten Kaiserlichen, Gräfflichen und Bischofflichen Schlosse.

In Sachsen berühret die Saale 1. Halle, weiland Drobresoel, das ist, gut Saltz, darüber die Catti und Hermunduri, das ist, Hessen und Schwaben gestritten, Fabr. lib. 7. Orig. Sax. fol. 785. Das

461

462

463

Saltzwerk hat verursachet ein Hund, gleich wie das Carlsbad in Böhmen A.C. 1370. ein Jägerhund, und das Berkwerk zu Freiberg in Meissen A.C. 1169. ein Fuhrman von Goßlar erfunden, M. Wolffgang. Heider Vol. 2. Orat. 28. fol. 1186. 1187. 2. Gibichenstein, auf einen hohen Berge, darauff Graff Ludwig, der Springer, zu Thüringen und Hessen gefangen gewesen, und daraus durch die Lufft A.C. 1070. entsprungen, und auf seinem weissen Pferde,
464 der Schwan genant, entrunnen. Das Schloß wird sonst Gebekenstein genant, weil Kaiser Heinrich II. es dem Ertz-Bischoffe zu Magdeburg mit diesen Worten A.C. 1004. soll geschenket haben. Geb ick den Stein. Denn es vorhin nur der Stein soll geheissen haben, L. Herman. Hamelman in lib. de vetust. in Sax. familiis. pag. 34. darzu weiland gehöret die Stadt halle, Liebegeun könne und in die 70. Dörffer. Spangenberg Adelspigel. part. 1. lib. 10. c. 15. fol. 283. 3. Wethin, 4. Bernburg, 5. Münchenburg, A.C. 975. erbauet von Marggraff Christans zu Laußnitz beiden Söhnen, Gerone, Ertzbischoffe zu Cöln, und Ditmaro I. verbrand A.C. 1242. von Graff Ulrichen zu Reinstein und Graff Heinrichen von Schladern, Hoppenrod in Stambuche fol. 59. 64. 83., 6. Zorbykk, 7. Calbe, so viel als Sal-Elb, denn da fleust die Saale in die Elbe, gegen über lieget das Kloster Gottesgnad, Cistercienser-Ordens, erbauet A.C.
465 1127. von Otton Revenung, oder Rebeling, Andr. Hoppenrod. im Stambuch pag. 79. Ein Fußgänger über die Brükken bey Calbe giebt einen, ein Reuter aber vier Pfennige.

Die Elbe, welche sich mit unser Saale vereiniget, hat ihren Namen bekommen nicht in Lateinischer Sprache, als wenn die Elbe so viel wäre, als Albe, Weißwasser, sondern von ihren eilff Brunnen, daraus sie ihren Ursprung auf dem Riesenberge in Böhmen nimmet, Fabr. lib. I. Annal. Urb. Misn. fol. 16. solche erzehlet mit ihren Namen Albinus in Meisner Land Chronik tit. 23. fol. 324. Sie nimmet zu sich die Mulda bey Prag, die Eger bey Leutmeritz, die Saala bey Calbe, die Havel unter Havelburg, sie fleust bey Hamburg, nach Staden, Ritzebittel, und endlich mit dem Weserstrom in das Meer.

Das Neun und Zwanzigste Capitel.
Von des Saalstroms Beherschung und Schadung.
Nach der Beherschung: Die Sale, nach dem sie durch ein
466 Land fleust, darnach hat sie auch ihren Herren, und sind bald die Marggraffen zu Brandeburg, was ihren Ursprung im Voigtlande

anlanget, bald die Landgraffen zu Thüringen, was ihren Fortlauff anlanget, bald andere Herrschafften. A.C. 1410. haben die Landgrafen zu Thüringen, Friedericus Bellicosus, und sein Bruder Wilhelm II. den Zoll auf der Saalen befestiget, und verordnet, daß zur selben Zeit von einem gantzen Floß Stämme einem Rheinischen Gülden zu Jehna, und zwene zu Weissenfels die Flösser zu zahlen solten.

VII. nach der Schadung: Die Saale schadet mit ihrem Ubergang 1. den anliegenden Feldern, und denen auf der Ebene liegenden Städten und Dörffern, sonderlich im Früling, wenn der Schnee im Gehöltze eilend zerschmöltzet, und im Sommer, wenn stetes Regenwetter anfällt, wie unter andern geschehen A.C. 1265. 26. May, da 35. Menschen zu Jena ertrunken, Fabr. lib. 6. Orig. Saxon. fol. 586. A.C. 1433. Dienstag nach Johannis, soll die Saal über Jena vier Dörffer verwüstet haben, Rivander in Chron. Thur. pag. 475. Da doch umb diese Gegend domahls der Himmel Hel und Clar gewesen und kein Regen gefallen. Binhart in Chron Thur. I. 2. p. 305. A.C. 1531. sein in der Weinlese vier Personen, ein Knabe und drei Jungfern ersoffen, so sich zu Jena über den linken Salstrom oder Mühlbach wollen überführen lassen. Den das Fischer Kahn von vielen Personen, so mit uffgesessen, ist beschwehret und zu köpffen gezwungen worden. Wie zulesen in Archiven oder Urkunden des Ampts Jena. In einen Manuscripto oder Verzeichnüß habe ich gelesen, das 5. Personen, und darunter Brosius (Ambrosius) Klemme der Fischer gewesen sei. A.C. 1610 13. Jan. in die Saale in die Saal- und Schloß-Gassen gelauffen, und hat einen Fischer-Kahn auf dem Stinwege ümbgeworffen, daß ein Bauer von Beutnitz, eine Magd, und zween Schulknaben ertrunken sein, wie schon oben vermeldet c. 5. p. 78. 2. Denen darinnen badenden Menschen: A.C. 1592. 10. Jun. wil Paulus Link, von Adelsreuth in Schwaben, in der Saalen baden, und ertrinkt. Dergleichen Todesfall daselbst hat erfahren Joh. Coboldus von Sule A.C. 1605. 17. Jul. Sebastian Schwedel von Roschild, aus Dennemark, der gehet A.C. 1634. den 4. Aug. früe ümb 5. Uhr an die Saale, setzet sich an das Ufer, lieset im Buch, und fället hinein und ersauffet. Der andern Trauerfällen zu geschweigen. Lust halben soll sich keiner ins Wasser wagen. Cato der Edle Römer hat gesaget: Es gereue ihm dreierley: daß er Heimlichkeit einem Weibe gesagt, daß er viel Tage ohne Guts-

467

468

thuung hingebracht, daß er über Wasser gereisset, wenn er über Land hätte reisen können.

Das Dreisigste Capitel.
Von des Saalstroms Brükken
Nach den Brükken: Die Saale hat zu Jena etzliche kleine, und
₄₆₉ nur eine grosse Brükken. Die kleinen Brükken sind nur über den linken Arm der Sale oder über den Mühlbach, und derer waren unlängst vier, die eine bey der Rasenmühle, die andere auff der Landfeste, aus des itzigen Amptmans, Johann Hofmans Garten, A.C. 1640. die dritte bei dem Siechspittel, welche A.C. 1639. im Hornung gebauet wurde zum Uberzug des Kaiserlichen Kriegs-Obersten, Johann Wolffgang Freyherren von Salis, Comdurn in Regenspurg und Enkhausen, welcher darauf vom General Major Pfulen, zwischen Reichenbach und Oelsnitz im Voigtlande, gefangen, und nach Erffurt geführet wurde, die vierdte und vornehmste beim Studenten spittel und Badstuben, aufs neue A.C. 1523. erbauet, darbey ist der Tümpffel, in welcher wol ehemahls der Raht und das Gerichte ihre Mißhändler ersäuffet haben. A.C. 1545. Mitwoch nach dem Sontage Rogationum ist ein Knabe von

470 11. Jahren ersäuffet worden, welcher aus Boßheit seines Schäffers Hauß angestekket hat. A.C. 1626. im Octob. wurde Erhard Seiffert von Osmeritz ersäufft, welcher seinen in der Kammer auf dem Bette schlaffenden Vater mit einer Axt erschlagen hatte. Die Römer liessen einen solchen Vatermörder lebendig in eine Sak stekken, mit einem Affen, Schlangen, Hunde und Hahne. Die Ursache suche beim Cicerone in Orat. pro Roscio Amerino.

Die grosse Brükke über den rechten Arm gehet vom Steinwege an, bis an das Dorff Kambsdorff, ist gantz steinern, hat 6. Schwibbogen, auff beiden Seiten steinerne Löhnen, auch gegen Mittags Seiten ein steinerne herausgehende Treppen, und Stuffen, daran in Wasserflutten und Nöthen die Leute auff und abe steigen kunten, sind aber mit dem eussersten Schwibbogen von den Schwedischen Kriegsobersten, Stahlhansen und Mortaine A.C. 1637. 3. Febr. abgebrochen worden.

Diese grosse Saalbrükke wollen wir betrachten: I. Nach der
471 Erbauung. Wer der Baumeister gewesen ist, wil niemand wissen, die Baukosten sind vielleicht von der Stadt Jena und gantzen Land gesamlet worden, wie unlängst die wieder Aufbauung des letztern Schwibbogens, darzu ich ümb einen Reinischen Gülden

angeleget wurde, oder von Almosen. Wie die Brükke zu Penig über die Mulda von Almosen der Pilgram zur H. Marien daselbst, und die Brükke zu Torga über die Elbe, von Butter und Käse Ablaß aufs neue sind erbauet worden. Dresser. de Urb. cerm. p. 416. 481.

Solche Muthmassungen bestetiget theils der Brükken-Hoff vor dem Saalthor, darzu gehören zwei Dörffer, Jena-Löbnitz und Osmaritz, derer gedacht in vorhergehenden 21. Capitel §. Raths Dörffer, p. 332. 332. theis das Holtz beim Dorff Leutra, welches A.C. 1377. am Sontage nach Jacobi die Herren Brüder, Hans und Albrecht von Bergau, Herren zu Lobdeburg dem Rath zu Jena übergeben haben, zu Unterhaltung des Brüderspittels zu S. Nicolai und der Saal-Brükken doselbst. theils das vor 300. und mehr Jahren vom Brükken-Meister erbaute Häußlein auf der Brükken, darin ein Mann das Almosen von den Vorüberreisenden bitten thete zum Brükkenbau, auf Zulaß Landgraff Wilhelms zu Sachsen. Denn als der Probst zu Jena das Gesamlete Geld, als Almosen zum Kloster ziehen wolte, hat Hertzog Wilhelm III. zu Sachsen das Urtheil wieder ihn gesprochen, zu Arnshauge A.C. 1460. am Sontage Exaudi, theils das nachfolgende Exempel. A.C. 1480. ist die Brükke erneuert, und A.C. 1575. mit zweien Schwibbogen gegen den Hausberg erlängert worden.

II. Nach der Beschädigung als A.C. 1637. 3. Febr. auf Zwang des Schwedischen, General Majors Thurso Stahlhansens, die Mäurer und Zimmerleute den eussersten Schwibbogen einreissen müssen, sind ihrer viel zugleich ins Wasser gestürtzet, und die meisten an der Zahl 36. jämmerlich ersoffen, und den Saal-Fischen unter den Mauerstükken und Steinen zur Speisse worden. Die Ursache war diese: Sie wolten sich von daraus wieder den Kaiserlichen Feldobristen, Graf Joh. Götzen, aufhalten. Nach beder Abzug haben die Einwohner und fremden Leute von den Fischern, die Tieffthäler und Kesselwitz genant, ümb ein gewiß Fahrgeld sich lassen überführen, biß A.C. 1638. da ist zwar ein Holtzwerk an stat des eingerissenen Schwibbogen aus langen Balken von gutwilliger Beisteur der Einwohner gebauet, aber A.C. 1640. 10. April. auf Befehl des Schwedischen Feld-Herren Johann Baners weggethan, neben andern Bauhältzern auf der Landfeste verbrennet worden. Endlich A.C. 1655. hat Hertzog Wilhelm IV. zu Sachsen den letztern Schwibbogen aus dem Grunde aufbauen, und den andern darneben ergäntzen lassen, darzu alle Einwohner

472

473

474

191

ohne unterscheid der Botmeßigkeit gesteuret haben. Der Baumeister war Joh. Mauritius Richter, der in diesen 1664. Jahr, das
schöne Haus zwischen dem Schlos und Saalthor zu bauen angefangen hat. Wie zusehen aus der in Stein gehauenen Nachrichtung: Hie arcus à Suecis dirutus, cu us ruinâ prærer propter XXXVI.
operarii periêre, Anno M. DC. LV. Directore Serenissimo WILHELMO
Quarto, Duce Saxoniæ, Jul. Cliv. & Montium, Serenitatis ipsius Architecto Johanne Mauritio Richtero, sumtibus Senatûs populique Jenensis restauratus. Suche meine Annales A.C. 1655.

III. Nach der Nutzung: diese erfahren die Reissenden zu Roß
und Fuß, welche aus Thüringen in Meissen oder Oster-Land
ziehen wollen. Ist demnach die schönste und längste Brükke über
den Saalstrom, wie die zu Dresten über die Elbe. Davon ein
Sprichwort, die Dresner Brükke ist die längste, die Regenspurgi-
475 sche die schönste, die Pragische die breiteste und stärkeste. Suche
Petr. Albinus in Meisner Land Chron. tit. 24. fol. 326. die erste ist
90. Elenlang gewesen, von 24. Schwibbogen, davon 5. zur Festung kommen, die andern zwei iede von 60. Schritten, Ibid.

Das Ein und Dreisigste Capitel.
Von des Saalstroms Miß- und Wohlbrauchung.

IX. Nach dem Mißbrauch: von Eigennutzigen und Vorwitzi-
gen Personen. Jena haben wol ehemahls vergifte küchlein in den
Saalstrom geworffen, und darmit, als mit Lekkerbißlein, die Fische angelokket, und gefangen, wieder sie ist ein Verboth geschehen von der Obrigkeit, in sonderheit vom Rectore Magnifico 1613.
15. Aug. Diese haben die Landes-Fürsten wollen bereden, sie
können den Fischreichen Saalstrom auch Schiffreich machen,
welches doch ohne Wegschaffung der Schneid-Brett-Stampf-
Walk-Oehl- und Mehl-Mühlen, nicht wol sein kan. Wie zu lesen
476 bei M. Wolffg. Heider, vol. 2. orat. 27. p. 1174. 1175.

X. Nach dem Wolbrauch, in gemein und insonderheit:

In gemein, für die Anwohner, die gebrauchen den Sal-Strom
zum waschen, zum trinken, zum brauen. Unlängst noch A.C.
1648. hat die Stadt Hoff an der Regnitz, allein aus ihren Brunnen
gebrauet, an itzo A.C. 1664. aber aus der Saalen, und ist ihr Saal-
Bier nunmehr das gemeinste und das gesundeste:

Insonderheit vor die Fischer, Vogler, Flösser: Vor die Fischer, welche im Saal-Strom fangen fremde und einheimische
Fische. Unter jene rechne ich die Lachse, die aus der Elbe herauf

steigen in die Saale, und weiland selten, nunmehr aber gemein sein, und auch ümb Jehna weren gemeiner worden, wenn die Lachs-Fänge von untenauf nicht weren aufkommen. Unter diese rechne ich unter andern die Barben, die Karpen, die Hechte, die Foren, die Eldritzen, welche monatlich ihren Rogen haben, und _477_ gebehren, und sind gleich den Tauben unter den Vogeln, und den Carniklin unter den Thieren. Ob gleich die Fisch-Wasser ümb gewiß Geld ausgelassen sind, iedoch sind gewisse Fisch-Täge ausgenommen, daran die Inwohner mit Angel, und in Wasserfluten mit Hamen fischen dürfen.

Vor die Vogler, welche am Sal-Strom vogelstellen, sonderlich die Zeißige, in der ober-unter-Aue, mit Leim-Ruthen fangen, obgleich auf der Saal, wilde Enden und Gänse und andere grosse Vögel sich sehen lassen. Jedoch darff niemand solche schiessen wieder das Verboht.

Vor die Flösser, welche Bauholtz und Bretter, mit grossen Nutzen, sowol ihrer selbsten, als andere Leute, Jährlich führen, Brotuff. lib. I. Chron. Martisb. c. 7. schreibet also: das Wasser der Saalen ist groß und berühmt, darauf gebrauchet man Fischerschifflein und Flösser aus dem Voigtland und Jährliche etliche mahl, _478_ wenn sich der Flut durch Regen oder Schnee-Wasser zuträgt, Floßholtz von 33. Ellen lang, und gemeiniglich in einem Stükk 30. oder 32. Höltzer, Tennen und Fichten Holtz zu den Gebeuden in die Stadt Jehna, Naumburg, Merseburg, Halle, und zu zeiten auch bis gegen Bernburg, wenn mans sonderlich bestellet und verdinget, so weit Brotuf.

A.C. 1410. ist ein gewiß Zol auf die Floß geleget, Suche meine Annales 1410. 1569.

A.C. 1572. sind zum erstenmahl die Floßscheite zu Jena ausgesetzet und den Einwohnern verkaufft worden, nunmehro geschicht solche aussetzung Jährlich, und werden offt die H. Professores und andere Glaubiger mehr daran gewiesen. A.C. 1438. Ist zum ersten in die Stadt Freiberg an der Mulda Holtz geflöset worden auf angebung Johan Münzers. Dress. von Städten p. 216.

In Summa der Saal-Strom ist ein nötiger und nützlicher Wasser-Strom, nicht allein den Anwonern, sondern auch andern, _479_ fürnemblichen den Landes Fürsten, das haben bedacht die Könige in Ungern, welche die vier Land- und Haupt-Wasser Danubium, Savum, Dravum, & Tibiscum in ihrem Wapen weiland geführet haben. Obgleich unser Saalstrom seinen Trinkern nicht das Gedächtnüß scherffet, wie der Fluß Nous in Sicilia, nicht die Krätze und Grinde vertreibt, wie der Fluß Thearus in Græcia, nicht eine weise Farbe anstreicht, wie der Fluß Clitumnus in Umbria und der Fluß Melas und Boetia. Jedoch hat er auch seine gewisse Nütze. Wie schon gemeld ist.

Das Zwei und Dreisigste Capitel.
Von den Büheln und Hügeln der Stadt Jena.

Nach den Büheln, Hügeln und Bergen ist die Stadt Jena zu betrachten:

I. Nach den Büheln und Hügeln: und sind unter andern, der Hunds-Bühel und der Heinrichsberg.

480 ⌐Der Hundsbühel ligt hinter der Johannes Kirchen bey dem Landgrafenbergen und Gritzgräbigen, ist so viel als Hunnsbühl: denn die Hunnen oder Hungern sind wohl ehemahl in Thüringen, und in den Saalgrund gefallen, ihr Lager darinnen aufgeschlagen, bald obsieget, bald erschlagen worden.

Der Heinrichsberg ligt beym Johannes-Thor, und Kirchen, und ist eigendlich kein Berg, sondern ein Hügel, darauf der erste Magnificus Rector, D. Joh. Schröter, mit der Universität und Stadt-Raht die zwene Brüder und Hertzogen zu Sachsen, Joh. Frid. II. und Johan. Wilhelm I. neben andern Fürsten, Grafen und Herren, mit einer zierlichen Oration oder Rede empfangen, und darauf in einer langen Reihe und Ordnung eingeführet hat A.C. 1558. 1. Febr. als sie des andern Tages die nunmehr vom Römischen Könige Ferdinando I. zu Wien. A.C. 1557. 15. Aug. gäntzlich privilegierte Universität in Jena öffentlich ein führen wolten.

481 ⌐Dieser Bühel und Hügel Heinrichsberg hat seinen Nahmen, entweder von seinem Besitzer, genannt Heinrich, der gleichen Nahmen hat nicht allein das Haus Henrichsberg, damit die Landgraffen zu Thüringen, die Edlen von Wangenheim, A.C. 1340. belehnet, sondern auch das Raubschloß Heinrichsberg am Hartz, welches die Graffen zu Hohnstein, Dieterich und Heinrich, mit ihren Söhnen Bernhard und Heinrich A.C. 1343. eingenommen haben, Spangberg. in Chron. Mansfeld. part. 1. c. 284. fol. 334. b. oder von Hunnen, welche die Thüringer wegen ihres Leibesgrösse und grossen Grims genennet haben die Heunen, und derer viel darunter verscharret haben, das ist nichts neues. Höret hievon Ernst Brotuff. in Chron. Martisb. c. 14. ümb die Stadt Merseburg sind viel Tumuli und kleine Hügel in Feldern geschit-

tet und aufgeworffen, aus fünfferlei Ursachen: zum ersten, daß man auf ezlichen die Nacht- oder Scharwache gehalten. Zum andern, daß man sich des Tages darauf können ümbsehen, denn die alten Heiden keine hohe Thürme noch Kirchen im Felde noch in Dörffern gehabt. Zum dritten, so haben sich etzliche alte Heidnische Herren darein begraben, und darauf verbörnen oder verbrennen lassen. Zum vierdten, die alten Heiden, als die Schwaben, Wenden, Sorabi haben ihren Göttern auf diesen Hügeln geopfert, und daselbst angebetet. Zum fünften, so haben auch etzliche Heidnische vornehme Geschlechte, solche Hügel in die Felder, Höltzer, und vor die Dörffer auffschütten lassen, welche sie vor sich und ihr Geschlechte zum Begräbnüß gebraucht. Derer findet man viel in der Sorben und Hermundurorum Lande, das ist, Meissen, zwischen der Elben und Saala, und in Thüringen, Sachsen, Lausnitz, und sonderlich ümb Lüneburg, in der alten Mark, Saltzwedel und im Holtze, wenn man jenseit Ilenburg von Mukrehen gegen Torga zeucht, und an andere viel Enden von den Wendischen Dörffern. So weit Brotuff. Demnach hiese dieser Bühel und Hügel besser der Heumenberg.

Auf diesen Heinrichsberg, Bühel oder Hügel hat der nahe darbey wohnenden Huffschmid Valten Kötschau etzliche Lindenbäume, ohngefehr A.C. 1626. gesetzet, welche den Weibesbildern, die darauf als auf einen Bleichplan, ihre Leinwand begossen und weiß bleichten, liebliche anmutige Schatten gaben, und werth waren des Schutzes, welchen hat der Lindenbaum bey der Stadt Adoltzheim oder Altzheim in der Pfaltz, wenn davon einer ein Zweig oder ein Blat nimmet, der mus den Pförtner oder Hüter ein Stük von seinem Kleid, Rokk oder Hembde, oder sonst eine Straffe geben. Mich. Heber. lib. 3. servit. Ægypt. c. 12. p. 529.

A.C. 1666. Im Anfang dieses Hügels oder Buhels haben neue Häuser aufgebauet Caspar Vater, ein Wagner und Adam Schmid ein Schlösser. Jener gegen dem Gottesakker, dieser gegen der Stadtmauer, und neben ihn Hans Baum ein Händelsman. A.C. 1671.

II. Nach den Bergen ist die Stad Jena zu betrachten in gemein und insonderheit:

In gemein sind die Berge voller heilsamen Kräuter, Wurtzeln und Blumen, welche den Kräuterberg Dynus eine Meile von Giesen in Hessen, dem Kräuterberg Adonis unfern Athen, den Kräuterbergen Mariola und Renagolosa, in Königreich Valentia, auch denen Bergen in Welschland, auch dem Baldo nichts zuvorgeben, sonderlich der Gleisberg, der Brisnitzerberg und Rauchthal bey Löbstet, nach Aussage D. Guerner Rolfink. in progr. A.C. 1631. 10. Jul. vor ihm hat D. Zach. Brendel den Sonnenberg genennet klein Italien, zugeschweigen der Kräuter auf den Forst und Welmüsse, in Parentatione D. Jac. Flachen A.C. 1611. 22. Jul. diese Berge besuchen wohl ehemahls die Medici P.P. mit ihren Jüngern und gehen nach solchen heilsamen Kräutern.

485 ¸In sonderheit wollen wir die Berge betrachten jenseit und disseits des Saal-Stroms.

Das Drei und dreisigste Capitel.
Von Bergen ümb Jena jenseit des
Saal-Stroms

Jenseit des Saalstroms liegen die Berge unter und über Wenigen-Jena. Jene sind, der Gleisberg und der Jentzig. Diese aber sind unter andern der Hausberg, Töpelsberg und Welnitzerberg.

I. Der Gleisberg wird auch genennet der Cunitzerberg, beide Namen hat er von der Lage. Jenem von dem Wasser Gleissa, das auf einer Seiten unten hinfleust in die Saale, diesen von Dorff Cunitz, das auf der andern Seiten des Berges liegt. Auff diesen Berg hat gestanden das feste Schloß Gleisberg, oderburg, dessen wir oben im XI. cap. p. 232. gedacht haben. An diesen Bergen und im negst daran gelegenen Walt wachsen viel Arzenei-Kräuter,

486 deswegen besuchen ihn die Jenenser, wie die Giesenser Studiosi den Dynsberg, Dieterich in Orat. c. 11. p. 100. Wie die Tübinger, den Berg, auff welchen das Schloß Aentring ligt, Crus. Ann. Suevic. part. 3. l. 8. c. 2. Wie die Wittenberger den Apollensberg, sonst Wollerberg. Joh. Zanger. in Orat. seculari A.C. 1602. 1. Novembr. Auf diesem Berg ist zufinden der Taxbaum, davon die Studiosi Aeste pflegen abzuhauen, und daraus dieses und jenes Gefäse zu drechseln. Hubertus Thomas Leodius beschreibet den Taxbaum in seinen Schrifften von Tungris und Eburonibus. Ihr König Catinulcus hat aus Verzweiffelung von solchen Taxbaum gessen, und ist davon gestorben, schreibet Jul. Cæsar. I. 6. de bello Gallico. In Arcadia ist der Taxbaum mit seinem Geruch und Dünsten-Rauch so schädlich, daß der jenige, der darunter isset, oder schläfft, stirbet. Die Vogel in Italien, wenn sie von Taxbäu-

487 men fressen, werden schwartz, und gleichsam thum davon, und lassen sich ungescheut fangen, Mylius in horto Philos. p. 308. Wer

auf den alten Gemäuer des geschleifftcn Schlosses stehet, der kan Städte und Dörffer Ubersehen, sonderlich Jena und Dornburg, M. Joh. Stigelius hat an M. Victorinum Strigelium davon also geschrieben. vid. Poemat. 2. l. 3. eleg. 20. p. 193.

Per varias rupes, per tot ludibria venti
    Sperata montis Victor in arce steti:
It gaudens patriæ thesauros cernere terræ
    Subjectas oculis sum licitatus opes.
Thessala miretur, miretur & Itala Tempe
    Ebria pegaseis Musa Maronis aquis. & c.

II. Der Jentzig oder Gäntzig liegt zwischen Cunitz und Wenigen Jena. Hat seinen Nahmen entweder von der Lage, weil er jenseit der Stadt Jena ligt, oder von seinen Revier, weil er gantz und gar nichts den Berg ist, oder von den wilden Gänsen, welche auf diesen Berge weiland genistelt haben. M. Heider lib. 4. Poem. p. 473.

Forsan in his scopulis clangebat plurimus Anser,
    Uude tulit nomen Vinea tota suum.

Denn eine Gans wird von dem Lateiner genennet nicht allein 488 Anser, sondern auch Ganza. Als Philipp. Melanchton P.P. zu Wittenberg, etzlich Gelahrte Leute zu Gaste hatte, und bei Aufsezung einer gebraten Gans der jenige solte die Ehre der Aufschneidung und Fürlegung haben, welcher von ihr einen Vers ex tempore machen würde, siehe da sagt Stigelius alsbald diesen Hexametrum

    Vertitur assando nigrâ rubigine Ganza.

Als ezliche über den Wort Ganza lacheten, als wenn es nicht Lateinisch, setzte er hinzu diesen Pentametrum:

    Miraris Ganzam, Plinins autor habet.

Der Jentzig oder Gänseberg wird auch geschrieben und genennet, der Hunnen und Hundskuppe, von den Ungern, welche Hunni und Heunen, auch hohn- und spotsweise Hunne und Hunde sind genennet worden, und auf diesen Jentzigberg ihre Wartung und Schildwachen gestellet haben. Zugeschweigen, daß Kaeser Heinrich I. Auceps den Hunnischen Gesanden an stat 489 eines Jährlichen Tributs und Geld-Zinses, den sie trotzlich forderten, einen schäbichten Schaf Hund mit verschnittenen Ohren und Schwantze, vorwerffen und zugleich sagen lassen, da nemet hin euren gebürlichen Zins und bakket auch aus dem Lande. Fabr. l. 2. Orig. Sax. fol. 116.

An diesen Jenzig ligt ein Weinberg an den andern, unter andern die Burggrafen Berge, der Ohlentz, die Tasche, der Krig, das Lammersheupt, und zwar an der Sommer Leiten, und haben Ursache gegeben zu diesem Sprichwort: wer einen Weinberg an Jentzig, und ein Haus am Marke, und 9. Arakker im Felde und 300. fl. im Kasten hat, der kan ein Bürger in Jena wohl bleiben.

III. Der Hausberg hat seinen Nahmen von den Burggräfflichen Hause, das darauf gestanden hat, und wird sonst der Hußberg genennet, nach der alten Thuringischen Bauern, Ausrede: <u>490</u> Wohin? Iche wehl noch Hus göhn. Wird wegen seiner weiland darauf gestandenen Schlössern genennet Kirchberg, Windberg, Greiffberg, unter Kirchberg liegt das Dorff Ziegenhayn mit seiner Kirchen zur H. Marien, die Trösterin genant. Unter Windberg liegt die Wüstung Schleendorff, davon noch übrig der Schleengarten. Unter Greiffberg liegt Kambsdorf. Es ist nichts neues, daß drey Schlösser gar nahe bey einander liegen. In der Stadt Meissen sind drei Fürstliche Schlösser: das Marggräffliche, das Burggräffliche, das Bischöffliche, alle drey haben ihre Sitze und Stimmen auf Reichstägen, und hatten weiland drey unterschiedene Beheerscher und Besitzer.

Die Spitze des Hausbergs sonderlich des Greiff-Berges gegen der Stadt Jena wird genennet der Ziegen-Kopf oder Koppe, entweder von den Ziegen, die alda ihre Weide gesucht, dahin sihet und zielet M. Heider lib. 4. Poemat. pag. 473.
<u>491</u> Huic caput Oenophyto dedit aspera nomina capræ:
Pavit in his quondam plurima capra jugis.
Oder von andern Ursachen, derer wir oben im 22. Cap. 417. gedacht haben. An diesen Ziegenkoppe werden schöne Bausteine von allerley Farben noch anitzo gebrochen und zum Schlos-Bau gebraucht.

A.C. 1396. wird in Klosterbrieffen zu Jena angeführet Theodoricus, von Hausberg, entweder ein solch Adelich Geschlecht hat an den Seiten des Hausberges gewohnet, oder ist ein gebohrner Burggraff zu Kirchberg gewesen, und hat sich von gesambten darauf gestandenen Schlössern geschrieben. Es ist nichts neues, daß einer genennet werde nicht von seinem Fürstlichen, Gräfflichen, Herrlichen, Adelichen Geschlechte, sondern von seinem Lande, Stad, Dorffe, oder andern Zufall. Unlangst A.C. 1640. erzehlet Nicolaus Schweinitz Universität Verwalter zu Apollde, das die Edelen von Wolframsdorff, von Ende, von Brand eines

Geschlechts weren, und weil einesmahl drei Edele Wolf- 492
framsdörffer in einem Dorffe gewohnet, unter welchen einer
abgebrand der andere am Ende gewohnet, so weren sie von den
Nachfragern also unterschieden worden von dem Vnfall und von
der Lage. Wem ist nicht bekand das Edele Geschlecht der Burk-
kersroder und der Heßler die von einen Stamme sein?

IV. Der Töpelsberg liegt zwischen den Haus- und Welnitzer-
Berg, wird auch genennet der Jehnerberg, unter welchem liegt das
Jenerthal, hat seinen Nahmen von einer Grufft und Loche, welches die Anwohner nennen bald Töpfelsloch von Topfstein, der
darümb gegraben und darmit die Wände der Häuser in der Stadt
anietzo ausgemauret werden, bald Töpelsloch, von einem Stein-
Gräber oder Besitzer derselben Lage, Grund und Bodens, bald
Teuffelsloch von dem Gespengste, welche in Heiden- und Bapst- 493
thum darbey sich ereignet, und die Vorüberreisenden sonderlich
in der Demmerung und bey Nacht, erschrekket, getrukket, ver-
führet haben. Von Teuffels Gespengsten hat mancher Ort seinen
Zunamen bekommen:

Als der Teuffelsgrund und thal zwischen Schlesien und
Böhmen, dardurch die Elbe fleust. Albinus in Chron. Misnens tit.
23. fol. 325.

Das Teuffelsdorff unweit dem flüß Kokkel in Transsilvania
oder Siebenbürgen. Wie in Mappis zu finden.

Der Teuffelsgarten auff der Windischen Markk zwischen den
Seeczirniekker und insul Vegia, wie zusehen in der Landcharta
Karstria, Carniola, Histria, und Windischen Markk.

Die Teuffels Mauer: am Hartz auff einen hohen Berge in der
Graffschafft Blankenburg, genand Hompurg, sind zusehen über
aus große lange Steinfelsen, wie eine Mauer, welch die Einwohner
nennen die Teuffels Mauer. D. Herman Conring helt sie vor Rie- 494
senwerk, im Buche von Zustand Helmstet und seiner Gegend, p.
8.

Die Teuffels Insul Bermuda oder Summers-Insel, bei Virgi-
nea oder neuen Engeland in der neuen Welt, wird von den Schiff-
leuten genant die Teuffels Insel, wegen der grosen Gewitter und
schwerlichen Anfurten, wie davon schreibet Joh. Ludwig Gottfried in Historia Antipodum part. I. fol. 198.

Die Teuffels Arse in der Engellendischen Provintz Darbia
Lansius ex Camdenio in Orat. Contra Britan. p. 421.

Die Teuffels Gasse: Zu Nevers einer Stadt in Hertzogthumb Frankreich wird eine Gasse genennet die Hell und aller Teuffel Gasse. Larve de l' enfer aula rue de tous les.

Die Teuffels Wangen: Grossen oder Teuffels Wangen zum unterscheid Klein Wangen, ein Dorff an der Unstrut zwischen Memleben und Nebra. Wibekand aus der Thüringischen Mappa oder Landcharten Johan-Jansonii.

495 ˌDer Teuffels Thurm bei Bossenburg: darbei ist diese Historia zumerkken.

Als Bischoff Bruno zu Würtzburg mit Kaiser Heinrich III. auf der Donau durch den Strudel fuhr, ist unter einen Felsen ein Schwartz Bild, wie ein Mohr erschienen, und zum Bischoffe gesagt: Hörstu Bischoff: Ich bin der Bösegeist, du bist mein, aber izt Fahre hin, du wirst mich bald wieder sehen. Über X. Meil, als der Kaiser zu Bossenburg Lage, ist das Gebeude, darinnen der Bischoff war, ein gefallen und hat ihn erschlagen auf den 17. Tag May A.C. 1045. Diesen Felsen zeicht Man noch heute, und der Thurm ob den Felsen, wird deshalben der Teuffelsthurm genennet. Dieses schreibt Aventinus und aus ihn Martin Richter von Rebwitz in Chronico oder Geschicht Buche von Kaisern und Päbsten ausgegangenen A.C. 1598. p. 101. 102. Dieser Bischoff ist hernach von Pabste Canonisiret worden.

496 Die Teuffels Brükke zu Hamburg A.C. 1669. 18. Martii frü umb 8. Uhr haben die Engelender daselbst einen Wetlauf mit einen Engelischen und einen Türkischen Pferde gehalten, da den beide mit Ihren Engeländischen Reitern, längst den Elbstrom hin, von der Sägemühle an biß zu der Teuffels Brükken, und von der Teuffels Brükken ab wieder zurükke nach der Sägemühle (in welchem beiden Enden Merkpfahle eingeschlagen waren) den Weg einer starken teutschen und zwei viertel Meilen hin und her gerechnet, in der Zeit von 17. bis 18. Minuten abgerennet haben, welches in tausent Personen mit Verwunderung angesehen. Wie solches vermeldet der Autor den neu einlauffenden Nachricht von Kriegs- und Welthändeln aus Leipzig.

V. Der Welnitzer- oder Wölmüsserberg vom Holtz Wölmüsse, und weil unter seinen Füssen die drey Dörffer Ober-Mittel- und Unter-Welnitz liegen. Wird auch genennet der Penikenberg,

497 vom Wässerlein Penike, der bey den Fürsten-oder Penikenborn, dessen oben gedacht ist, Cap. 23. p. 438. Es scheinet dieser Berg unter allen der höchste und lustigste, und der nützlichste vor die

Liebhaber der Artznei-Kräuter, die an diesem Berge, und im nah darbey liegenden Holtze, die Wölmüsse, zu finden sein. Wie oft ziehen dahin und zum Fürstenborn die Botanici?

Das Vier und Dreisiste Capitel.
Von Bergen ümb Jena disseits des Saal-Stroms.

Disseit des Saal-Stroms setzen die Berge ihre Füsse in ein Thal oder in ein Fled.

In ein Thal entweder ins Mäder- oder ins Mühl-Thal.

In Mäderthal sind zusehen:

I. Der Beutenberg, beym Dorff Lichtenhayn, hat seinen Nahmen von der Beute, welche die Strassenräuber wohl ehemahl auff diesen hohen Berg gebracht und daselbst getheilet haben.

II. Der Madelische Berg oder Steig, hat seinen Nahmen von ___498___ dem Städlein Magdela, darüber der Steig und Weg gehet, wenn die Jenischen unter andern Wandersleuten von Jena aus nach Madela reisen wollen. Auf seiner linken Seiten liegen Weinberge, die Rosenberge genannt.

Es ist nicht neues, daß die wolriechenten Rosenbüsche einem Ohrte ihren Nahmen mittheilen, wem ist nicht bekand das Rosen-Thal bey Leipzig?

In Umbria einer Landschafft in Italien, sind gantze Rosenfelder, welche Cæsar Vopiscus, auch bei den Censorem, genennet hat sumen Italiæ, ein Eyter des Welschlandes. Lansius pro Italia.

III. Der Forstberg ligt gegen dem Mädelischen Steige, und hat seinen Nahmen vom Forste, welcher vom D. Z. Brendeln P.P. in d. Parentat. Flachiana genennet wird ein Epitome, Auszug und Ausbund der heilsamen Artzenei-Kräuter. Dieser Forstberg wird wegen ezlicher seiner Strichen und Revieren genennet bald der ___499___ Birnstiel, wegen des daran stehenden Obst- und sonderlich der Birn-Bäumen, bald der Rotenberg, wegen des Ohrts, Erdbodens und auch des rothen Weins, bald der Tatzung von Schlangen und Ungezifer, die weiland daselbst sich sehen liesen. Wie M. Heiderl. Poemat. pag. 473. solches andeutet in diesem Verß:
Collibus his angues nomen posuisse ferarum,
	Semper in his erret quod fera multa jugis.

In Mühl Thal sind zusehen entweder an dessen Ende, der Maidesteig, oder an dessen rechten Seiten, der Sonnenberg und der kleine Steiger, an der linken aber der Hain- und Galgenberg.

I. Der Maidesteig hat seinen Nahmen entweder von der Müdigkeit, denn er ist zimlich hoch zusteigen, wen der Meisner spricht in bin müde, so sagt der Bauer in Thüringen: Ich bin mäde. Oder von den Grashauern, welche auch Grasmäder genennet werden, und von diesem Berge in Mad und nach Grashausen gegangen sind, oder von der Magd, welche wol ehemahls eine Maid genennet wird. Die alten Leute erzelhen diese Geschicht oder Gedicht: Es habe eine Magd ihren Buhlen von seiner verdienten Leibesstraffe los bekommen, woferne sie ihn würde auf ihren Rükken diesen Berg hinan tragen, sie so sich aber darüber zu Tode getragen haben. Auf den Wege, aus dem Königreich Hispali nach Granaten ist zusehen ein Fels, Amantium Rupes, der Liebesfels genannt, darauf des Königs Tochter mit ihren Bulen geflohen, und als sie beide verfolget, und anizo solten gefangen werden, haben sie sich ümbfangen und mit einander vom Felsen gestörtzet. C. Ens in Delic. Apod. per Hispan. pag. 54.

500

II. Der Sonnenberg gehet so lang als das Mühlthal ist, da zwischen liegt die Papiermühle, die noch A.C. 1650. eine Mehlmühle war, und hat schöne Weinberge, aus ihm entspringet der Hungerborn, und der Nasenborn, wird wegen derer daran wachsenden Kräuter vom Zacharia Brendeln d. parent. klein Italia genennet.

501

III. Der kleine Steiger zum Unterscheid des grossen: Der kleine Steiger gehet an beim Schwabs-Graben und den Schenkenberg. Jener hat seinen Nahmen von Schwaben, welche vor Zeiten ihr Heerlager da geschlagen, dieser aber von den Edlen von Varila oder Vargila, wegen ihres Erbamptes bey den Landgraffen zu Thüringen, genannt die Schenken, der letzte des Freyherrlichen Stands Christian Schenk Freiherr zu Tautenburg starb A.C. 1640. 3. August.

IV. Der hohe und grosse Steiger gehet an bey denen Landgraven- nunmehr Fürstenbergen, weil die daran liegenden Weinberge Jene angebauet, diese aber nunmehr besitzen und geniesen. Auf diesem Berge kan man in alle Gassen der Stadt sehen.

V. Der Haynberg wird ein und abgetheilet in den Vorder- und Hinder-Hayn, und hat seinen Nahmen von Hayn oder Walde, welcher vor Zeiten, ehe den Weinwachs daran geleget worden ist, daselbst gestanden hat, wird auch genennet der Galgenberg, weil darauff das Gerichte oder Galgen unlängst noch gestanden und nunmehr ümbgefallen liegt, darbey ist eine lustige Eben, wer da stehet, der hat die gantze Gegend ümb Jena in Gesicht und

502

kan fast in einem Nu und Huy sehen in die Stadt Jena und Lobda, auf das Schloß Leuchtenburg und Gleisberg, in die Dörffer Traktendorff, Schiebelau, Burgau, Lichtenhayn, Kosweda, Ziegenhayn, Camsdorff, Wenigen-Jena, Cunitz, Löbstet und Borstendorff x.

Es haben die daran hangenden Leibe der Ubelthäter keinen schreklichen Schatten gemacht, wie zu Hall in Schwaben, da hat weiland der Galgen gestanden über den Fluß Kocha auff den Steinbruch bei der Heimbacherpforden, wenn der Wind diese Leibe an Galgen beweget, und die Sonne darzu geschienen, so ist ihr Schatten in die nechsten Häuser gefallen, und hat die furcht- _503_ samen Weiber und Kinder erschrekket, darumb ist der Galgen von dannen weg und anderswo hingesetzet worden. M. Martin Crusius Annal. Suev. part. 3. l. 5. cap. 13. fol. 296.

In dem Felde, und zwar im Lerchenfelde, welches von Lerchen Fang seinen Nahmen hat, und sich anfähet bei dem Zwetzner-Thor, unweit der Jacobs Kirch, und Spittel, sind unter andern Berge diese nachfolgende berühmt:

I. Der Gottewalt hat seinen Nahmen von der Andacht eines frommen Wintzers und Weinherrens, so offt er seinen daranliegenden Weinberg besichtiget, so oft hat er aus guter Andacht zu GOTT umb seinen Seegen geseufzet und gesaget, das walt GOTT, das ist, GOTT helff! GOTT segne! GOTT berathe!

II. Das Hanfmus hat seinen Nahmen vom Hanfe, daraus Bänder, Strikke, Seile geträhet werden. An stat des Hanfs ist der _504_ Wein aufgebauet, und sol billich heisen das Weinmus oder Fas.

III. Das Eulengeschrey hat seinen Namen von Eulen, welche vorzeiten daselbst sich aufgehalten haben, ist ein weingebürge, daran liegt ein Weinberg von neun Akkern, welchen Conradus Stein, beeder Rechten Doctor und Domherr zu Erfurt, bürtig aus Jena, zu dem Kirchlein und Spittal zu Maria Magdalena vermacht hat vor dem Saalthor bei den Schlachthause, suche hiervon weitleufftig in Annalibus A.C. 1504.

IV. Die Blatte ist der Berg über dem Dorff Löbstet und Comtherhaus Zwetzen, darauf noch eine wüste Kirche, als ein Merkmahl eines verwüsteten Dorffs stehet, dahin auf Steffanstag das einfeltige Bauersvolk ihre Pferde geführet zur Aderlasse, und gemeinet, sie werden durch dessen Schutz das gantze Jahr wohl stehen und gehen. Sonst sind im Papstthum befohlen Eulogio die Pferde, Wendelino die Schaffe, Antonio die Schweine, Gallo die Gänse.

Das Fünff und dreisigste Capitel.
Vom Thälern bey Jena.

Nach den Thälern, Ebenen, Gruben und Graben: Die Thäler sind mit den Bergen verwand:
Den es war nie kein Berg so hoch,
    Es war ein Thal darneben.

Und diese werden bey uns genennet der Saalgrund, und wird dardurch die Saale aus dem Voigtland, durch Ost-Thüringen, in Sachsen bey Kalbe in die Elbe fleust. Der Saalgrund bey Jena ist wie eine Schmergrube und gleich der güldenen Auen, als ein Graff von Mansfeld vom H. Grabe kam und gefraget wurde, wie es stünde im gelobten Lande? sagte er: Ach mit dem gelobten Lande, ich nehme die güldene Aue dafür in Thüringen. M. Heider vol. 2. orat. 28. p. 1232. als Keiser Carl V. mit dem gefangenen Churfürsten Joh. Frid. zu Sachsen und Landgraf Philippen zu Hessen A.C. 1547. von Halle auszog, und bey Jena an kam, sagte er: diese Gegend käme ihm vor wie die Gegend ümb Florentz in Hetruria, und hat sie genennt ein ander Frankreich Idem ibid 1230. Die Sorben Wenden haben weiland den Saalgrund besessen, und sind von Kaiser Heinrichen I. Aucupe daraus vertrieben worden, dahero ists kommen, daß sich ezliche Gelehrte geschrieben haben von Jena Soraborum, welche wieder leget M. Heider vol. 2. orat. 26. p. 1122. 1123.

An unserm Saalgrunde liegen ezliche Thäler jenseit, ezliche disseit des Saalstroms.

Jenseit des Saalstroms sind berühmt:

I. Der Thal oder der Dalstein, hat seinen Nahmen von einem Steinfelsen, daran er liegt, oder von den Dalen sonst Dolen einer Raben Art, die sich darümb aufhalten.

II. Steinborner Thal, zwischen den Jenzig und Hausberg, voll Akkerbau und Wiesewachs.

III. Kuttenthal unter den Schlen-Garten und Wüstung Schleendorf, hat seinen Namen von einer Münchs Kutten, welcher er ähnliget.

IV. Reintzen- und Ritzen-Thal, entweder von Ritzen, welche die Platz- und Schlag-Regen gemacht, oder von seinem Besitzer, Ritz, also genant, den Nahmen Friderich spricht der gemeine man aus Ritz. In diesem Thal liegen die Weinberge Arnsbühl und Kelner, und von diesem wird es genennet das Kellerthal, welchen Albertus Ritter und Fridericus sein Bruder, Herren zu Helderung A.C. 1344. dem Michaelis-Kloster in Jena zugeeignet haben.

V. Ziegen- und Jener-Thal, jenes liegt bey dem Dorf Ziegenhayn, dieses aber ist der lange Strich an der Ober-Au von der Schneidmühl und Ziegelhütten bis nach Wölnitz.

Disseit des Saal-Stroms sind berühmt: 508

I. Das Mäder- oder Madeler-Thal, entweder von Grasmädern oder von der Stadt Madel, dahin der Weg gehet, hat fruchtbahre Aekker und Weinberge.

II. Das Langen- und Linsen-Thal, sind an der linken Seiten des Mühl-Thals. Jenes hat seinen Nahmen von seiner langen Lage, dieses aber von den Linsen, die alda gebauet.

III. Das Mühlthal ist fast eine halbe Meile lang, gehet an beim unlängst eingerissenen Erfurtischen Thor, und weret bis an den Mädesteig, und Iserstetische Holtz, hat seinen Nahmen von unterschiedenen Papyr-Mehl-Walk- und Oehlmühlen.

IV. Munkethal über den Lerchenfeld, hat seinen Nahmen vom fetten Erdreich, das vom Regen wie eine Münke, das ist, wie Brey wird.

V. Das Rauh-Raub- und Rau-Thal liegt bey Closwitz und über Löbstet, hat seinen Nahmen entweder vom rauhen Ohrte, 509 oder vom Räubern und Raub-Vögeln, die sich alda auf gehalten, oder von der Reue. Laurentius Hüttenrauch, Einwoner im Dorf Closwitz, erzehlet mir A.C. 1642. 18. Febr. daß der Besitzer dieses Thals in seiner Krankheit hette ein Gelübde gethan, wenn er wiederüm wurde genesen, so wolte er solches der Geistlikeit erblich vermachen, aber nach erlangter Gesundheit habe ihm dieses Gelübde gereuet, und dahero ist dieses Rauhtthal genennet worden das Reuthal. Ist berümbt wegen der Kräuter, und haben A.C. 1585. 26. April. die H. Professores Medicinæ mit dem Studiosis eine Kreuterfahrt dahin gehalten.

Die ebenen sind mit den Thälern verwand gleich wie kein Berg ist ohne Thal, also ist kein Thal ohne Ebene, ohne Gruben oder Graben:

Je höher Berg, je tieffer Thal,

Das siehet man ja über all.

Je grösser Herr, je schwerer Fall.

Theodorus Reinkingk in tractat. de Reglm. l. 2. clas. 1. cap. 1. 510

Die Ebenen: ob gleich viel Ebenen unter, über, und ümb Jena sind, wil ich nur diese erzehlen, welche zufinden und zusehen sein.

I. Bey dem Johannisthor hinter den Gottesakker ist die Leimsgruben, da die Studenten des Bals spielen, die Fahne schwingen, auch wohl eher wieder das ernste Verboth, sich balgen, und daher das Sprüch- und Forderwort: komm in die Leims Grube. A.C. 1668. im Herbst ist daselbst eine neue Ziegelhütt und Schieß Haus gebauet worden.

II. Bey dem Zwetzer Thor, zwischen den Critz Gräbigen von Creutz Wege also genand, und Jacobs-Spittel, ist der lange, unlängst breiter Rase-Rein, genant Campus Philosophicus, das ist, das Feld und Spatziergang der Gelahrten.

III. Bey dem Lobderthor ist das Paradis, das ist, eine Wiese, und sehr anmuhtiger Spatziergang an den Saalstrom, und daran ein grosser Platz und Raum vor die Bau- und Zimmerleute, auf welchem auch die Studiosi mit Ballenschlagen, Fahneschwingen, und andern Kurtzweilen sich erlustigen und ergetzen.

IV. Bey dem Saal-Thor ist die Landveste, darauff bey Mannes Gedenken die Vogel-Stang gestanden, und der Schützen-Plan genennet wird, der Raum vor das Flosholtz, und die sehr lustige Wiese genant die Insul, weil die Saale mit ihren zweien Strömen sie ümringet, und als mit zweien Armen ümbgreiffet. Der runde Rabenstein, darauff die Ubelthätter gerichtet werden, ist fast eingangen, auf der Seiten gegen der Brükken A.C. 1619. Wie der Stein über der Thür ausweisset, gebauet worden.

Die Gruben: Ob gleich viel Gruben ümb Jehna sind, iedoch wil ich nur zweyer erwehnen:

Die Thongrube ist weiland gewesen auf dem Haynberge bey dem eingefallenen Gericht und Galgen, aber aniezo ist sie auf dem Forste.

Die Leimsgrube ist hinter den Fürsten-Keller, unweit dem Hundsbühel.

Darinnen und zwar hinter dem Fürstenkeller hat Hertzog Bernhart II. zu Sachsen lasen aufrichten ein Schießhaus und eine Ziegelhütten A.C. 1668.

Die Graben: Ob gleich viel Gräben ümb Jena sind, wil ich doch nur ezlicher gedenken.

1. Der Kochersgraben hat seinen Namen entweder von seinem Graber, oder von seinem Zufall, weil die Weintrauben in

den daran liegenden Bergen und Gärten von den Herbfrösten bald Schaden nehmen, und aussehen, als wenn sie gekochet weren. 2. Der Steingraben liegt unter dem hohen Creutze über der Rasen-Mühl, an welchem Ohrte die lieben Vorfahren die Steine ausgegraben und Weinberge angebauet haben. 3. Der Jüden-Graben ist das nechste Artfeld beim Neuthor, dessen theil un- <u>513</u> längsten noch Wiesewachs gewesen ist, hat den Nahmen von den Jüden, welche vor 400. Jahren in Jehna gewohnet, dieselbe Gegend besessen, und vielleicht ihre Toden dahin begraben haben. 4. Der Schwabs-Graben, ist das nechste Feld bey dem unlängst eingerissenen Erfurtischen Thor, von den Schwaben also genant, welche daselbst ihr Heerlager aufgeschlagen haben.

Das Sechs und dreisigste Capitel.
Von Haynen, Hölzern, Forsten, Weidichten ümb Jena.
Nach den Haynen, Hölltzern, Forsten, und Weidicht ist die Stad Jena zubetrachten:
1. Nach den Nahmen: Ein Hayn ist so viel als ein heiliger Wald, welchen die Heiden ihren Götzen heiligten, und Höchten, deswegen durffte niemand darinnen nach Holtz gehen, oder ein Holtz abhauen. Von einem solchem Hayn, haben ihren Nahmen bey uns die Dörffer Liechtenhayn, Ziegenhayn, so wohl die beiden Weingebürge Vorder- und Hinterhayn. Dresserus in Isagge <u>514</u> Urb. Germ. p. 260. 261. Furet das Wort Haynher vom Grigischen Wort αγιοσ, und heisset heilig, weil die alten Teuttschen sonderliche Wälde ihren Götzen geheiliget und zugeeignet hetten.

Ein Holtz ist ein Wald voller Wilden Bäume und Bauholtz, ein solches Holtz ist bey uns das Issersteter Holtz, das Gleisser Holtz, die Welmüsse oder Welnitzer Holtz.

Das Kloster Holtz:

Ein Forst ist ein Buschholtz, wie bey uns der Jenisch Forst, darauf der Raht zu Jena die Hasen-Jagt hat. Und der Cosweder Forst beim Dorff Cosweda, welchen A.C. 1332. neben dem Gerichte von Herren zu Lobdeburg bekommen hat Bertholdus von Cosweda ihr Erbar Knecht.

A.C. 1557. ümb Petri Pauli ist die Abmessung der Haynen, Hölzern, Forsten, gehörig ins Ampt Jena, geschehen von Hanß Otten von Rohrbach, Jägermeistern, Nicol Fuchsen, Schössern <u>515</u> zu Rosla, vorhero zu Weinmar, Christoff Wexen, Notario und

Amptschreibern, Martin Richtern, und andern Förstern in Brißnitz, Beutnitz, Hainichen und Isserstet, und deren Amptschult-
zen, und hat sich gefunden, daß 1. der Eichwald, die Welmiß, hat
393. Akker, weniger 5. Ruthen (ein Akker hat 40. Ruthen in der
Länge, und 4. Ruthen in der Breite), 2. der Gleisberg hat 199.
Akker, und 10. Ruthen, 3. der Hayneforst, beim Dorff Hainichen,
hat 362. Akker, und 10. Ruthen, 4. der Issersteterforst Dreihun-
dert eindreisig Akker, einviertel und 5. schritte, (parvipendia seu
decempedas) Summa: Ein Tausent zweihundert und vier und
Sechzig Akker und dreiviertel vid. Erbbuch A.C. 1569. fol. 341.
344.

A.C. 1603. hat Martin Zetsching, Schösser, und Melchior
Frank die Abmessung also gefunden: Es hält Akker der Issersteter 366. und 24. Ruthen, der Hayner 290. Akker, und 60. Ruthen,
516 der Welmizer Fünfhundert und ein Akker und ein Viertel weniger
5. Ruthen, der Gleisberg 199. Akker und 60. Ruthen.

Das Kloster Holtz zu Wochau helt 40. Akker, das hat Wittig
von Wochau den Nonnen zu S. Michael in Jena A.C. 1322. 11.
Aug. verkaufft, und darein gewilliget die Lehnherren Otto, Albrecht, Herman Burggraffen zu Kirchberg.

2. Nach dem Schaden: Sie werden wohl ehemals geheget, wie
das Webicht bei Weinmar, da hänget eine Tafel an einem Baume
mit dieser Schrifft und Jahrzahl 1624.

Wer hier von was thut wegtragen,

Dem soll man die Hand abschlagen.

Aber wie offt leiden die gehegten Hayne, Höltzer, Forste
schaden, bald vom Feuer, A.C. 1447. und 1540. ist eine solche
Sonnen Hitze gewesen, daß die Bäume in Osterlande oder Ost-
Thüringen bei Rochlitz an der Mulda und anderswo bei dreien
517 Monaten gebrennet haben, Dresserus de Urb. Germ p. 437. bald
vom Winde, wie offt geschehen ist, A.C. 1412. 25. Novembr. bei
Nürnberg, Joh. Schmid in Diario Histor. A.C. 1559. 14. Aug. zu
Freiberg in Meissen, Strignit. conc. 23. super c. I. Ionæ. bald von
untreuen Förstern und Holtzausbittern. Churfürst Friederich III.
zu Sachsen hat solchen Leuten lieber baares Geld lassen geben,
anderswo Bauholtz zu kauffen, als daß er solte seine Wälder verwüsten lassen, Joh. Manlius Colect tom. 3 pag. 591.

3. Nach dem Nutzen. Sie erinnern uns der heiligen Schrifft,
die ist wie ein grosser Wald, und ist darinen kein Baum, daran ich
nicht mit der Hand geklopffet und ein paar äpfel herab geklopffet

hätte, sagte einsmahl D. M. Luther zu seinem Amptsgenossen Caspar Creutzigern dem ältern.

Sie haben wohl ehemahls Ursache gegeben Lehrhäuser anzurichten, Academus hat seinen Wald bei Athen zur Schule gewidmet, und Cicero hat sein Vorwerk an einem lustigen Walde beim See Averno auch zur Schreibschule gemacht. ___518

Sie geben oben Bau- und Brauholtz, allerley Speise, und allerley Kräuter. Aber inwendig Bausteine und grosse Werkstükke, wie an unserm Hausberge solche gebrochen werden, vielleicht auch allerley Metall und Ertz, wie man sagt von der rechten Seiten des Hausberges gegen den Jenzig über. Es ist ein Sprichwort: Das Schloß zu Rochlitz stehet auf Marmelstein, der Wald aber und Galgen auf Golde, Dresser. de Urb. Germ. pag. 431. 432. Wer weiß, was vor ein Schatz noch ümb Jena verborgen ist?

Sie herbergen nicht allein allerley Vögel, sonderlich die Krambs-Vögel, Drusseln und Zymer, darvon Ziegen oder Zymerhayn seinen Namen soll herhaben, suche oben Cap. 22. p. 417. sondern auch allerley Thiere, nicht Löwen und Beeren, sondern Hirschen, Rehbökke, und wilde Schweine. Ich hette schier der Haasen vergessen von welchen der Poet Martialis lib. 13. also ___519 gesaget:

Inter aves turdus, si quis me judice, certet,

    Inter quadrupedes gloria prima lepus.

Wölffe werden bey uns nicht geduldet, es müsse denn derselbe sein ein freundlicher, wie derjenige, welcher A.C. 1555. bey Erfurt den Markleuten, sonderlich den Bauers Frauen nachlieff, und wenn er sie ereilete, ohne Schaden ümbfinge und trukkte. Binhart. lib. 2. Chron. Thuringi. p. 145. weiland hat der jenige einen Scheffel Korn bekommen, welcher einen Wolff bey und ümb Jena hat erschlagen, wie die Ampts Rechnungen ausweisen A.C. 1643. 9. Martii arbeiten zweene Jenische Bürger und Wintzer, in Christoff Schapers Lehn-Secretarii Weinberg im Linsenthal, unweit des Mühlthals, Georg Opel, und Martin Faseman, sonst Menewitz, sihe! unversehens erhascht der ersten ein junger Wolf bey den rechten Bein und beisset ihm drey Wunden, wird aber von beyden erschlagen, wug 54. Pfund und wurde nach Weimar geschikket, die Wolfsmörder bekamen einen Ducaten vom Landes-Fürsten. ___520

Diese sind hierinnen gleich worden, theils den Atheniensern, welche vor einen jungen Wolff ein Talent, vor einen alten Wolff zwei Talenta dem Todtschläger zahlten, theils den Englischen König Eadgaro, welcher Liduello dem Fürsten Zins auflegte, darmit Engelland von solchen schädlichen Thieren desto ehe befreyet wurde. Camdenus in Mervinia, pag. 530.

In Frankreich werden vor einen erschlagenen Wolff dem Thäter gegeben 20. Solidi aus dem Fisco, von der Obrigkeit oder Gerichts Herren, ohne freiwillige Verehrung der andern Leuten. Camerarius cent. 1. Med. hist. c. 23. p. 99. Ein ieder Solidus bedeut in Jure einen Ducaten, der gald weiland anderthalben Thaler, nunmehr 2. Reichsthaler.

4. Nach dem Jagen, auf Erlaubnüß des Landes-Fürsten jagten unlängst, der Amptschässer, sonderlich Burkhard Grosmann, der mich als seines Sohns Præceptorem etzliche Jahr am Brode wohl hielte, in Ammerbacher-Cosweder- und Kloswitzer Fluren. Der Raht in Jenischen Forste, und sonst in ihren Weichbilden disseit der Saalen. Die Brükken Herren bei ihren zweien Dörffern Jene-Löbnitz und Osmeritz, aber nur Haasen und Füchse.

Dannenhero war der löbliche Gebrauch, das sie einen iedem im Heiligen Predigt-Ampt Jährlichen zweene einen Martins- und einen Fastens-Haasen schikten. Dieser Wolthat geniessen wir noch heut zutage, wenn nicht allein gute Jag-sondern auch gute Fah-Tage sind.

Nach dem Weidicht. Den Haynen, Höltzern und Forsten ümb Jena ist verwand das Weidigt, von Weiden haben ihren Geschlecht Namen die Edlen von Weidenbach in Thüringen, so wol die Freiherrn von Salis A.C. 1600. am letzten Martii stirbt zu Basel Rudolf Freiherr von Saliß, welcher in seinen Lateinischen Epitaphio wird genennet Baro Salicum Salis Grossius in Epitaph. Basiliens. p. 16.

Ob gleich über und ümb Jena viel Weiden sind, davon die Weidichsmühl im Mühlthal ihren Nahmen hat, jedoch wird allein die Unterau genennet das Weidicht, wegen der Weiden, die alda neben den Erlen und Aeschen zufinden sein. Die sind ein Vorbild der pralenden, wenn Bauren Gold und Sammet tragen, da gilt das alte Sprüchwort: Weidenkoppe und einen stoltzen Bauren, muß man in 3. Jahren einmahl behauen. M. J. Mathesius in der Bergpostill. p. 69.

Es hebet sich an bey dem Jacobskirchlein und Spittel, und weret bis nach den Dorff Löbstet, und wächset darinnen gar süsse, gleich wie in der Oberau, gar sauer Gras. In diesen

Weidichte, wie auch auf andern Wiesen am Saalstrom, werden des Winters über viel Zeißige gefangen, weiland ist dieses im Sommer von etzlichen Venus Kindern misgebraucht, und deswegen ein loser Balg genennet worden ein Weiden Zeisig.

Das Sieben und Dreisigste Capitel.
Von den Feldern und Wiesen umb Jena.

Nach den Feldern und Wiesen ist die Stad Jena zu betrachten:

Die Felder ümb Jena haben gemeiniglich oben Weinberge, unten aber Ahr-Aekker und Wiesen, und führen ihren Nahmen von denen mit der Stadt Jena gräntzenden Dörffern, auch von andern Zufällen, darunter das Lerchenfeld den Vorzug und seinen Namen hat von Lerchen, davon auch eine Kriegsrotte beim Cicerone genennet ist worden Legio Alaudarum, und ein weites Feld zwischen Gerbstet und Joduten Kapel, beim Guelphischen Holtz, in welchem Kaiser Heinrich V. von Lothario, Alcatore, Churfürsten zu Sachsen, und Graffen zu Querfurth, A.C. 1115. 11. Febr. ist überwunden worden, Brotuff. libr. 2. Chron. Martisb. cap. 16.

Das Lerchenfeld muß vor Zeiten haben geheissen Owa, oder mus darinnen ein sonderlicher Strich den Nahmen geführet haben. Den also lese ich in Jenischen Ampts und Kloster Urkunden A.C. 1306. nach Michaelis vermachen Herman und Albrecht von Lobdeburg, genant von Luchtenburg dem Kloster zu S. Michael in Jena, darinnen ihre Schwester Mechtildis Eptisin war, 9. Ahrakker gelegen in Owa bei Lobgeschütz, welche Ditmarus von Dornburg ein Jenischer Bürger vor hin von ihnen zur Lehn hatte.

Die andern Kornfelder bei und umb Jena sein weiland nur Weingärten und Weingebürge gewesen, liegen heute zutage meistentheils jenseit der Saal beim Steinborn uff den Wege nach Wochau, und im Jenerthal nach Ziegenhayn, wenig aber disseit der Saal im Mühlthal und am Wege nach Lichtenhayn.

Die Wiesen ümb Jehna sin jenseit und disseit des Saalstroms. Unser Wiesen bringen keine Wurffel herfür, wen Man darinnen Hakket, wie die Wiese beim warmen Bade zu Baden, von welcher Siegsmund von Birkken in Reisebuch Marggraf Christian Ernst zu Brandenburg Cap. II. p. 43. also schreibet: Bei diesem Ort ist eine Wiese, in welcher von vielen Jahren her Wurffel ausgegraben werden, wie dann auch Hr. Carl von Stein des Fürsten Cantzler und Hoffrichter, und D. Caspar von Lilien Inspector einen daselbst gefunden, der Marggraf aber keinen, wie wol ein Burger in seiner Gegenwart 6. Stükke herfür gezogen. A.C. 1659. 18. May. die Einwohner können keine Ursach derselben anzeichen, wiewol etzliche tausent Wurffel seithero aus gegraben worden.

Jenseit, über und unter Kamsdorff. Jene werden genannt die Ober-Aue, von der Schneidemühle und neuen Ziegelhütten an gegen Welnitz. Die Brükke zu den Wiesen und den Schwibbogen ₅₂₆ zum Burgwasser hat A.C. 1577. der Baumeister Peter von Herden, gebauet. Diese werden genennet theils die Insul, eine lustige Wiese, von beiden Armen des Saalstrohms ümbgeben, theils den Dholstein.

Disseit vor dem Löberthor und vor dem Zwetznerthor.

Vor dem Lobderthor liegt das Paradiß und die Suhne.

Das Paradis ist die schöne Wiese am Neuthor und an der Saale, welche bei Manns Gedenken zwischen der Wiesen und den Gärten ist geflossen, und noch die alte Saale genennet wird, anitzo fleust sie darneben weg, darzu hilft der neue Bau, welcher den Wasserfluthen wehret.

Es wird diese Wiese genennet das Paradiß wegen seiner lustigen Spaziergängen unter den grünen Bäumen, darauf die Vogel lieblich singen, und von dem Saalstrom, darinnen die Fische hin und wieder beim warmen Sommerwetter schwimmen und auffspringen. Anderswo führen etzliche lustige und anmuthige örter ₅₂₇ auch den Namen Paradiß. Der Stadt Antorff in Braband wird solches Lob zugeschrieben, wie zu lesen beim Sigmund von Pirkken im Itinerario Markgraff Christian Ernsten zu Brandenburg cap. 9. p. 195.

Niederland ist das Erd-rundes	Güldenerring Auge Lustwald Paradiß Himmel	und An-dorff ist dessen	Edelgestein Augapfel Lorberbaum Lusthaus Sommer

Die Stadt Mechlinia in Braband wird genennet der Pfaffen Paradiß, Neander in Geogr. pag. 27. b. Das von Silber, Gold, Edelsteinen gemachte Zimmer des Cardinals Thomæ Wolsæi im Schloß Hamptocourt im Engelland wird genant ein Paradiß, Schröter in Cosmogr. p. 1. lib. 1. cap. 8. p. 625. Es wird beim Lansio in Consultat. genennet Padua ein Paradiß in Welschland, Oesterreich ein Paradiß in Teutschland. Aquitania ein Paradiß in

Frankreich. Ja gantz Engelland, wie aber? Engelland ist ein Paradiß der Weiber, ein Fegfeuer der Knechten, eine Helle der Pferde.
Petrus Winstrupius indedic. Epigr. nennet sein Vaterland Dennemark einen Garten der Göttlichen Mildigkeit und ein Paradeiß 528
Europæ. Weg mit denen Paradissen. Wohlbestellte Universitäten
sind ein Paradiß, vid. D. Joh. Gerhard in præfat. Disp. Theol. Es
wird ein Paradiß genennet die Universität zu Cantabrig in Engelland, Middend. de Acad. part. 2. l. 8. p. 462. zu Erfurt in Thüringen,
Kirchner vol. 2. orat. 2. p. 53. zu Rinteln in Sachsen, Stegman in
Paradiso Ernestino. Zu Jehna. Gerhard in dedic. disp. Theol. Ja die
werthe Christenheit und Christliche Kirche alhier auff Erden und
dort im Himmel ist das rechte Paradiß, Luc. 23. vers. 43. 2. Cor.
12. v. 4. Apoc. 2. v. 7. Ja eine iede bußfertige Christgläubige Seele,
Cant. 4. v. 12. Jerm. 31. v. 12. Das solten bedenken die Spazier-
gänger in unserm Paradiß bei Jena.

Die Suhne hat ihren Nahmen von der Sonne, welche sie als-
bald in ihren Aufgang anblikket, wird ein und abgetheilet in die
Ober- und Unter-Suhne. Jene liegt unter Burgau, diese über der
Ragen-Mühl, darbey liegt ein Anger am Ammerbachischen Wege, 529
diesen und noch zwey andere, einen beym Dorff Ammerbach,
den andern bey der Ringwiesen hat eine Adeliche Junfer Catharina
von Hahn ihr zum Gedächtins verehret den Einwohnern in
Ammerbach, Burgau und Wintzerle, zur Koppelweide vor ihr
Vieh. A.C. 1640. 9. April. hielt der Schwedische General Johann
Banier sein Nachtlager in der Weidichs-Mühl, und sein Feldlager
in der Suhne, verschonet demnach die Stadt Jena mit der Einquartirung, aber grosser Schade geschach an Wein-Pfählen und
an Weiden.

Vor den Zwetzenthor liegt die Unter-Au, und darinnen das
Weidicht, und in denselben der allerschönste Wiesewachs, welcher nicht nur Klee-Gras bringt, sondern auch den Kümmel, der
das Haupt zwar stärket, aber ein bleich Angesicht verursachet,
darzu beliebung tragen die scheinheiligen Münche und Nonnen,
von welchen Cobanus Hessus also geschrieben.
Pallida cuigrata effigies & buxea cordi,   530
    Hæc simulacra cohors relligiosa vovet.

Vor meine von Gott mir bescherte Wiesen umb die Stad habe ich Gott gedanket, und deswegen diese Epigrammata, alß Ken-
zeichen und Merkkmahl eines Dankbarn Hertzens gemacht und
anhero gebracht.

A.C. 1630. 24. Aug. In Weidigt:
Pratulum in eximiis campis, de nomine Alaudæ
    Quæ capiunt nomen, possideo ipse meum.
An tanto dignum pretio sit pratulum idipsum,
    Exiguum spatium me dubitare facit.
Quid tum ? persolvi pretium, Deus alme refundas
    Hoc damnum lignis, graminibusque datum.
A.C . 1633. 4. Octobr. In der unter Suhne
Sunt sita ad Altenstein vulgari nomine Suhne,
    De campo aprico pratula dicta, puto.
Perdidit hæc Suecus, salices truncavit & alnos,
    Sub dio faceret quo tegumenta sibi.
Pelle, DEUS, Martis pullos: ast Artis alummos
    Mitte ad Salanæ pulpita docta scholæ.
Non Bellona tibi: Sed Pallas præbeat umbras
    Fraxinus atque Alnus cum populoque salix.
Stramina sint Marti, sint Arti gramina, torvô
    Omnia Marte ruunt, cuncta sed Arte virent.
A.C. 1638. 20. May in Lerchenfeld.
Agris alma Ceres. Sed campis Flora triumphat.
    Isti Flora placet, huic placet alma Ceres.
Hic viridi fundus Floræ sacer audiit olim,
    Atque meis vaccis pabula grata dedit.
531 Post Cereri, parvô sed lucrô, fluctus aquarum
    Seminibus peperit maximadamna meis.
Hinc alias Cereri mandavi inquirere sedes
    Restituens Floræ prisca habitacla meæ.
A.C. 1644. 9. April In Weidichte.
In viridi teneo juste tria prata salicto,
    Quæ mihi largita est gratia larga DEI.
Illasalutari vaccas ut gramine pascant,
    faxit, qui vaccas, gramina quique dedit.

Das Acht und Dreisigste Capitel.
Von Aräkkern und Weinbergen ümb Jena.

Nach den Aräkker und Weinbergen ist die Stad Jena zube-trachten.

Aräkker werden ümb Jehna unterschieden 1. nach der Lage. Etzliche liegen an Bergen, etzliche auf der Ebene. 2. Nach dem Gebrauch. Etzliche werden bestellet über Winter und über Som-

214

mer, etzliche liegen broche. 3. Nach der grösse. Etzliche sind
Jenische, etzliche Lobdeburgische, auf jenen wird geseet ein Jenischer Schefel, auf diese ein Last oder 3. Viertel Getreide. 4. Nach
den Früchten. Etzliche tragen Weitzen, Rokken, Gemang, Gers- _532_
ten, Hafer. Etzliche andere Körner. Als Erbsen, Bonen, Wikken,
Hürsen und Linsen, davon hat ein Thal seinen Nahmen und heisset das Linsenthal, wie oben gedacht ist c. 35. p. 508. 5. Nach der
Beschwerung. Etzliche geben Zinß, etzliche nicht, etzliche sind
hoch in der Steuer, etzliche schlecht und wissen nichts von Hu-
fen-Geld, welches A.C. 1618. aller erst ist jung worden. A.C.
1483. wurde das Pflug-Geld in den dreyen Königreichen Dennemark, Norwegen, und Schweden gebohren, und diesem Kind
eingebunden 200000. Gulden, zur Zeit des Königs Johansen.

Die Weinberge sind ümb Jehna weiland so gemein gewesen,
daß man darüber des Akkerbaues vergessen hat. Vor 72. Jahren
ist auf dem Wege aus Jena nach Liechtenhayn kein einiger Ahrakker, sondern eitel Weinwachs zu sehen gewesen, wie ich von
viellen alten Leuten aus dem Dorffe gehöret, sonderlich von meinem ersten Schweher, M. Philippo Kirchnern, weiland Pfarrer zu _533_
Buttelstet, welcher A.C. 1600. allhier in Jehna studiret hat.

Wir wollen die Jenischen Weinberge beobachten: 1. Nach ihrem Ursprung. Icarus soll bei den Atheniensern, Aruns Tyrrhenus
bei den Galliern, Sieba oder Syba bei den Wenden den Weinwachs erfunden haben, wer aber bei den Thüringern? Das weis
Gott, der einige Schöppfer und Segner des Weinwachs aber nicht
ohne Mittel. Den der Mist Spricht der Wintzer ist der H. Christ.
Es kan sein, daß die Fränkischen Könige, als sie Thüringen und
den Saalstrand eingenommen, auch zugleich den Weinwachs ein
geführet, oder den schon erfundenen vermehret haben. Die
Landgraffen- oder Fürstenberge halte ich wohl vor die ältesten
mit unter.

2. Nach ihrem Nahmen. Und die wil ich erzehlen nach der
Ordnung der Buchstaben im ABC, nicht alle, sondern die führ-
nehmsten, und sonderlich die in die Klöster gehöret haben.

Alteberg liegt über den Lerchenfeld, darbei hat mir Gott der _534_
Herr bescheret zwene Akker, und Ich Ihm zu Ehren diese Verse
davon gemacht A.C. 1651. 14. Jan.

Vinea de Veteris Montis cognomine dicta

Est mihi præsidiô, Jova Triune, tuô

Stercore eam colui, dulces quo gigneret uvas,

Posthac cum magno fænore culta mihi.
Tu Solis radios fœcondos sparge, benignas
  Et Roris guttas funde, Triune DEUS.
Nî DEUS ædificet tectum, ruet improviso,
  Et nî fœcundet, mox sterile scet Ager.

Alterstein liegt bei der Rasenmühle, und hat seinen Nahmen bekommen von einem darbei gelegenen Räuberloch, davon hat M. Wolff Heider diese zwei disticha gemacht, lib. 4. Poemat. pag. 473.

Latronum fuit hæc Saxo constructa vetusto,
  Quod docet Isatis, crebra quod ossa, domus.
Hos Duce Rudolpho nidos Erhordia cepit,
  Jam parit annosum Vinea culta merum.

Ammerbach hat seinen Nahmen von der Lage beim Dorff Ammerbach. A.C. 1307. hat Herr Herman von Lobdeburg, genand von Bergau, diesen Weinberg vermacht dem Kloster zu S.

Michael in Jena, der vorige Lehnman ist gewesen Ditterich von Groittsch und die Zeugen Heinrich von Lichtenhayn, und Friderich von Würtzburg.

Apoldisberg beim Dorffe Löbschütz, hat vielleicht den Namen bekommen von dem Edlen Schenken und Vitzthumen, wohnhaftig in Städlein Apolleda.

Arlsberg oder Arnsbühl in Reinzen oder Ritzenthal jenseit des Saalstroms ist A.C. 1535. unter die berühmten, Weinberge im Ambtsbüchern gerechnet, und hat seinen Nahmen von Eltzerbäumen, die darbei und darinnen gestanden.

Arntzbühl liegt in Reintzenthal, und ist A.C. 1344. von Alberto und Friderico von Heltrung, Gebrüdern den Nonnen Kloster zu S. Michael in Jena verehret worden.

Beiersberg liegt beim Dorf Cosweda gehöret zum Altar S.

Martini, S. Dorotheæ. S. Elisabeth und Allerheiligen in der Michaels Kirchen dahin gestifftet A.C. 1353. von Probst von Rudelstet, oder von Prag genandt.

Birnstil von dreien Akkern, liegt in Mäderthal und gehöret ins Ampt und Schloß Jena.

Brauns- oder Brunsberg hat seinen Namen entweder von der Braunenfarbe oder von seinen Besitzern Brunone oder Braun, diesen Weinberg und noch einen andern Bukkedraw hat A.C. 1325. dem Nonnenkloster, zu S. Michael in Jena vermachet Heinrich von Butenitz, darein haben gewilliget Albrecht und Johannes

Gevettern von Lobdeburg, Herrn in Luchtenburg, und sind Zeugen gewesen Berthold Herr zu Isserstet, Heinrich von Gleina, Heinrich und Wieperman von Lichtenhayn Gebrüdere, und Poppo von Wurtzburg. Dieses Vermächtnüß hat allererst der Lands Fürst Landgraf Friderich zu Thüringen und Marggraff zu Meissen genandt der Ernste und Hager bestetiget.

Bukkedraw kömt an das Nonnenkloster zu S. Michael A.C. 537
1325. Suche Brauns- oder Brunsberg.

Closwitzer hat seinen Namen vom Dorffe und vom Edlen Leuten daselbsten. Den A.C. 1321. hat Heinrich von Closwitz Ritter solcher den Nonnenkloster zu S. Michael in Jena vermacht, und darein gewilliget die Lehn Herren, Herman der Eltere und Albrecht der Jüngere, Herren zu Lobdeburg.

Dacian am Jentzig über den Bach Gembda, diesen Weinberg haben A.C. 1328. nach Epihaniæ dem Kloster in Thal Bürgel vermacht Otto der Jüngere, Albrecht und Herman, Burggraff Ottens des Eltern zu Kirchberg Söhne.

Datzung gelegen an Sawlauff oder Forstwege zur rechtenhand, hat seinen Namen von Ungeziefer, oder von den Datzen der wilden Thier wie M. W. Heider schreibet lib. 4. Poemat. p. 474.
Collibus his angues nomen posuisse ferarum,
> Semper in his erret quod fera multa locis.
Ich bin fast seines Sinnes A.C. 1662. 4. Aug. habe ich an die- 538
sen Orte einen Weinberg gekaufft, und davon diese Carmen gemacht:
Huic fera Vineto sua nomina contulit olim
> Cursu hîc ambiguò quæ vagabunda fuit.
Supra hoc Vinetum, dumeta videntur & infra,
> Qui messem largò fœnore spondet, Ager.
Eule, oder Eulengeschrei, von XI. Akkern in Lerchenfeld, welchen A.C. 1504. neben 380. fl. Conrad Stein bei der Rechten Docter, bürtig von Jena, und Dom-Herr zu S. Mariæ und Severi in Erffurt vermacht hat zum Hospital S. Mariæ Madalenæ gelegen vor dem Saalthor beim Schlachthause, suche meinen Architectum Ienensem. cap. 33. 34.

Fahnerberg liegt über der Saal am Berg Jentzig, helt 4. Akker und gehöret ins Ampt und Schloß Jena.

Frauenflek ist A.C. 1535. ein berümbter Weinberg gewesen, mit der Geithe.

Gantzig suche Jantzig.

Geithe ist A.C. 1535. mit den Frauenflek berümbt gewesen.

Genseberg oder Genselberg liegt unter den zerstörten Raubschloß Greiffberg genandt, unweit von steinborn. M. W. Heider
lib. 4. Poematum p. 474. führet seinen Namen von wilden Gänsen, suche vorher das 33. Capitel. p. 487.

Es hat diesen Weinberg A.C. 1511. Johannes Zimmerman
Vicarius vermacht dem hohen Altar in der S. Michaels- oder
Klosterkirchen.

Gnand- oder Gnondsteiner von 4. Akkern liegt an Jantzig-
berg über der Saal und gehöret ins F.S. Ampt und Schloß Jena.

Gottwald liegt übern Lerchenfeld: Suche oben das 34. Capitel
§. der Gottwald.

Greiffberge liegen unter dem zerschleiften Raubschloß und
weiland auch also genandt.

Hain: vorder- und hinder Hayn, liegt vor dem Löbderthor, an
der Sommer und Winterleite. M. W. Heider lib. 4. Poemat. p. 474.
sagt von Ihm, das vor Zeiten ein Buschholtz doselbst gewesen
sei.

Arbustis locns hîc quondam fuit obsitus, at nunc
fert pyra, poma, lupum, cœtera vitis habet.

An der Winterseite beim Leuter- oder Lotterborn hat mir
Gott der Herr 3. Akker und Garten bescheret A.C. 1642. 13.
Octo. darfür Ihm ich mit diesen Versen gedanket.

Vineto similis Sacro-Sancta Ecclesia Christi est.
Vineti Dominus Jova Triunus ovat.
Est Christus vitis: Christianus palmes habetur.
Gratia, Sol & Ros sunt bona dona DEI.
Vinitor est summi sincerus Mysta Jehovæ.
Instrumenta mament Lex & Evangelium.
Audit Baptismus lætamen, Sacraque Cœna,
Uvæ vera fides, candida spes & amor.
Ista tuam subeat totios Meditatio mentem,
Vinetum quoties visere rite cupis.

Haineman liegt unter Schützedam neben den Rothenberg unter den zerschleiften Schloß Greifberg, ist A.C. 1351. wegen des
köstlichen Gewächs berühmet gewesen, und wird der daselbst
gewachsene Wein in Jenischen Gotteskasten vor dem besten
gehalten. Er hat seinen Nahmen bekommen von einen gutthäti-
gen Manne Heinrich oder Heinzeman genandt, welcher solchen
den Nonnen in Jena zugewendet hat. Den A.C. 1511. ist Vicarius

des Altars S. Marien Magdanenen in der Michaels-Kirchen gewesen N. Heinzeman, und hat vor 7. wöchendliche Messen Jährlich bekommen 50. fl. und freie Wohnung Suche meine Architectum Ienensem cap. 39.

Hatzenberg oder Hatzigberg liegt unweit von Datzung oder Tatzung, bei den Sieben Thürmen oder Hügeln.

Helderung liegt vor den Lobderthor im Anfange des hinter Hayns, ein Stük von 5. Akkern, gehöret ins F. S. Ampt und Schloß Jena, hat seinen Namen von Freyherrn zu Helderung, welche weiland viel Lehngüter in und umb die Stadt Jena besessen, und vorlängst ausgestorben sein. Ihr herrlicher Sitz wird von Hertzog Augusto zu Sachsen Administratore des Ertzbischoffthums Magdeburg annoch in diesen 1672. Jahr befestiget.

Hohebusch uff der Linken Seiten am Wege von Jena nach Liechtenhayn, hat seinen Namen von hohen dorbei gestandenen und noch stehenden Obstbäumen, den also schreibet von Ihm M. W. Heider lib. Poemat. p. 474.   542

Hoc in colle procul spectabilis eminet Arbor,

Et sua vitifero nomina fecit agro.

Hundesbühel vor dem Johannesthor zwischen der Leimsgruben und Critz- oder Creutzgraben ein Weinberg giebt den zehenden ins Michaelis oder Nonnenkloster von A.C. 1384. Suche meine Annales Ienenses im 1484. Jahr domahls ist Eptisin gewesen Catharina von Welnitz, und Probst Herman Stotz.

Jantzig hat seinen Namen vom Berge, darunter der Bach Gembda vom dorff Wochau nach dem Saalstrom fleust, anwelchen von unten an bis oben viel Weinwachs gebauet wird. Suche das Sprichwort von ihm im vorhergehenden 33. C. p. 489.

Jehnerthal hat seinen Namen von der Stadt und von Thal, über welchen das Weingebürge von der Schneidemühlen angehet bis gen Welnitz und Lobda.

Kannewerffigen von Ein und dreiviertel Akkern an Ziegenhainischen Wege hat weiland uff das Burggräfliche Schloß Kirchberg, davon noch hoher Thurm vorhanden, gehöret.   543

Katzenstein beim Dorff Wintzerle, Graff Günther zu Schwartzburg und Herr zu Leuchtenburg hat diesen Weinberg den Nonnen zu Jena vermachet A.C. 1346. hat noch A.C. 1511. gehöret halb zum Altar S. Matthæi, halb zum Altar S. Bartholomæi in der Nonnen- oder Michaels Kirchen zu Jena.

Kessing im Lerchenfeld zu Jena, diesen Weinberg neben 5. Schok Jährliche Zinß bringet mit sich ins Nonnenkloster zu Jena Elisabetha Sommerlattin Conrads von Sommerlatten in Dornburg Tochter A.C. 1415. gehöret zum Altar S. Elisabethæ und Aegidii.

Kelner hat seinen Namen von Kellerthal, welchen Albrecht und Friderich Herren von Heldrung A.C. 1344. dem Nonnenkloster in Jena vermacht, und gehöret zum Altar Petri Pauli daselbst.

Kirchberg wird also genennet wegen der Lage und Lehn, weil er unter dem geschleifftem Schloß Kirchberg gelegen und dahin gehöret.

Kloswitz Suche Closwitz.

Krieg ein Weinberg von andert halben Akkern, liegt an Jäntzig beim Bach Gembda, A.C. 1401. hat Osanna oder Susanna von Thüne Eptisin zu S. Michael in Jena dieses Namens die andere mit diesen Weinberge belehnet Burchart Mornigen, Ihr Probst ist damals gewesen Herr Nicolaus von Hasela.

Lammershäupt von 2. Akkern am Jantzig hat seinen Namen von Herman Lammershoupt (den also ist vor Alters Er genennet und beschrieben worden) welcher A.C. 1321. in Cistercienser Orden trit, und mit Einwilligung seiner Lehn Herren Hermanni des Aeltern und Albrechts des Jüngern Herrn von Lobdeburg solchen, dem Closter seines Ordens zuwendet. Gehöret ins F. S. Ampt und Schloß Jena.

Landgrafenberg von 9. Akkern hinter dem Johannis und Gottesakker Kirche, hat seinen Namen von Landgrafen zu Thüringen und Hessen. Welche an diesem Berg den Weinbau angeleget haben, und ist der Erste Landgraff zu Thüringen und Hessen von seinem Schweher Keiser Lothario II. Aleatore oder Spieler A.C. 1130. gemacht wurden Graff Ludwig dieses Namens der III. Ludwig des II. und Springers Sohn, Ludwig des I. und Bärtigen Enkel. Suche meine Annales Jenenses A.C. 1130. Ihren Landsfürsten sind in Weinbau nach gefolget die Einwohner, und haben uff beiden Seiten dieser Berge Fächser geleget, darunter Ich A.C. 1667. 13. April ein Fleklein erkauft, und davon zur Danksagung diese zwei disticha gemacht:

Landgraviis cordi quondam curæque Thuringis
   Vineta his magna laude fuere locis.
Hinc sua deducunt etiamnum nomina ab Illis,

Contigit hæc juxta, vinea parva mihi.

Lichtenhayne haben den Namen von ihrer Lage, die besten Weine wachsen an dem Berge darbei gegen Abend, weil die Sonne denselben den gantzen Tag über mit ihren Stralen bescheinet, erwärmet und die Drauben vorander weich und reifmachet. Suche Rosenberg.

Loeskauer hat von A.C. 1353. gehöret zum Altar S. Martini, S. Dorotheæ, S. Elisabeth und aller Heiligen in der Nonnen und Michaelskirche zu Jena.

Lohe von 16. Akkern, am Jantzig gehöret ins F.S. Ampt und Schloß zu Jena.

Lotterborn oder Leuterborn vor dem Lobderthor, im Anfange des vordern Hayns, von 3. reichlichen Akkern, Suche oben Hayn.

Mäderthal hat seinen Namen von der Lage, der Weg aus Jena in das Städlein Magdela gehet durch dieses Thal, oder von den Mädern, welche auch Schnitter genennet werden, den uff der rechten Seiten desselben Thales liegen die schönsten Weinberge, uff der linken Seiten über die Fruchtbarsten Aräkker. Vorne an der Spitzen des Weinwachs habe ich dreiviertel Akker A.C. 1637. 27. Julii erkaufft, und zum Gedächtnüß diese drei disticha gedichtet.

Quos nostra appellat vernacula Mäder, eosdem
  Itala Messores Svada vocare solet.
Nomen ab his cepit Mäderthal, illius ambit
  Lætus utrumque latus Bacchus & alma Ceres,
Ut plenis spumet tandem vindemia labris,
  Vitibus his benedic, Jova benigne, meis.

Mauer von 6. Akkern liegt am Janzig und gehöret ins F.S. Ampt und Schloß zu Jena.

Mönch- oder Münchberg lieget unter den zerstörten Raubschloß Greiffberg, neben den Weinberg genandt Rotenberg und Haineman, und ist mit ihnen schon von A.C. 1351. wegen seiner Güte berümt gewesen, hat seinen Namen von Mönchen, welchen der Weinberg vermacht und der Wein gut geschmekket hat.

Niederweingarten in Mühlthal ist beschweret mit einem Pfunde Geldes, dessen Jahrzinß ist gebraucht worden zu einen ewig brennenden Licht in Nonnenchor zu S. Michael in Jena, gestifftet A.C. 1402. von Nicolao Sachsen.

Pappen- oder Poppenberg ist noch A.C. 1535. neben andern Weinbergen berühmt gewesen.

Ried oder Rith von 4. Akkern nicht weit von Dorff Brisnitz unter den zerschleifften Schloß Kirchberg, gehöret ins F.S. Ampt und Schloß zu Jena.

Rochlitzer hat seinen Namen von seinen Stiffter Michael Rochlitzer, einen Vicario und Mespfaffen in den Nonnen und Michaeliskirchen zu Jena, der Ihn zum Altar Fabiani absonderlich gestifftet. Suche von Meßaltarn daselbst in meinen Architecto Ienensi cap. 39.

Roesern- oder Resenberg liegt beim Dorf Lichtenhayn, und hat seinen Namen von Rasen oder Rosenstäken. A.C. 1641. 12. May. und in nachfolgender Zeit habe ich drei Akker Weinwachs erkaufft, und davon diese Verse aus guter Andacht im Felde gemacht.

Non procul à pago, cuî nomina rite dederunt
    Liechtenhanensi nobilitate sati,
Emi vinetum florenis sponte trecentis,
    Cum Troltschis Alii quod tenuere diu.
Pro nummis fundoque ex grato corde paratis
    Persolvo grates, Jova benigne, tibi.
Des alios nummos, alium des ordine fundum,
    Si mihi proficui, si sobolique meæ.
Hoc Lichtenhani cognominat Incola Resen,
    A viridi (Rasen) cespite forte vocat.
Quæn tellus hodie mellitos educat uvas,
    Hæc olim spinas gramen itemque tulit.
Omnia mutantur, mutantur nomina rerum,
    Resque, suas capiunt cuncta creata vices.

Rotenberg ist unterschiedlich, liegt theils in Mäderthal beim Dorff Lichtenhayn, theils beim Dorff Ziegenhayn, unter dem verstörten Schloß Grieffberg, neben Münchberg und Haineman, und diesen hat A.C. 1351. am Abend Matthæi Nicolaus Eiliger Meßpriester zu S. Johannes auf dem Gottesakker erkauffet von Hartungo oder vielmehr Hartmanno Burggraffen zu Kirchberg, mit Einwilligung seines Bruders Albrechts, und seines Vețtern Otten und Albrechts B. zu Kirchberg Gebrüdern.

Saulaufft hat seinen Namen von der Lage, weil er liegt am Forstwege, auf welchen die Schweine aus Jena in dem Forst sind getrieben worden. A.C. 1632. 24. May habe ich an Fuse des Galgenbergs einen Weingarten von anderthalben Akker gekaufft, und davon dieses Carmen gemacht:

Ductorum in saltum vicinum collibus istis
    Porcorum cursus nomen habere dedit,
Hæreticos porcos sacris à vitibus arce,
    A physicis alias, optime Jova, sues.
Sic fidei dulces Ecclesia proferet uvas,
    Effundet que mihi Vinea dulce merum.

Schenkenberg liegt an hohen Steiger nach den Dörffern Kosweda und Kloswitz, hat seinen Namen entweder von Ludovico von Schenkenberg, welchen Landgraff Friedrich zu Thüringen, genandt Gravis oder Ernste A.C. 1329. nennet seinen Protonotarium und Cantzler, oder und zwar unfehlbar vom Herren zu Varila, wegen Ihres Erbamptes, die Herren Schenken genand. Den A.C. 1307. hat Conrad Schenk von Varila Herr zu Dobitz 551 (oder Dobritschen zwischen Weinmar und Jena gelegen) und Rudolff Schenk Domherr zu Naumburg mit Gunst Herren Herman und Albrechts Gebrüdern, von Lobdeburg genandt von Leuchtenberg als Lehnherren solchen Weinberg verkaufft den Nonnen zu S. Michaeln in Jehna. Ich habe A.C. 1667. 3. April. den Schenkenberg gekaufft, und davon dieses Carmen gemacht.

Stirps Pincernarum generosô sanguine creta
    In Thuringiacis floruit alma plagis,
Hæc quoque plantavit vineta & nomina prisca
    Plantatis tribut, ceu Bona Fama canit
Conjugis illa meæ primæ tenuêre parentos,
    Linquentes Soboli post sua fata meæ,
Hæc mihi non parvô proles meavendidit ære,
    Quæ linquam gratis postmea fata lubens.

Scheelenberg ist A.C. 1400. von Andrea Weß oder Weiße der Eptisin Susanna von Thunau der andern dieses Namen zu S. Michael in Jena vermachet worden.

Schlunzig in Jehnerthal.

Schwabhäuser vom Dorff Schwabhausen genandt, wird A.C. 1531. unter die Fürstenberge mitgezehlet, welche ins F. S. Ampt 552 und Schloß Jena gehören.

Schutzdermichen oder Schutzendarm, vielleicht Schutzthurm und Schutzenthurm, unweit gelegen von den Rochlitzer bei Ziegenhayn, gibt den Zehenden ins Nonnenkloster Cistercienser Ordens zu Capelndorff. Diesen Weinberg haben besessen Martin von Gera, nach Ihn Christoff von Taubenheim Amptman zu Leuchtenburg, von ihn auf den Landesfürsten Churfürst Joh. Fridrichen zu Sachsen, welcher A.C. 1554. 3. Martii zu Weinmar verschieden ist.

Seeligmacher in Lerchenfelde also genandt entweder von guten Weine, den er getragen, und dadurch den Besitzer reich gemacht, oder weil er ist angeleget worden in der Ehre des Weltheilandes und Seeligmachers Jesu Christi, der aus Wasser Wein gemacht, und das bittere Wasser des Creutzes kan und wird verwandeln in den süssen Wein des Trosts und Freuden. Joh. 2. v. 7.

553 10. Ist schon A.C. 1319. an die Nonnen zu S. Michael in Jena kommen, von Heinrich von Closwitz, mit Gunst des Lehnherren Friderichs Edlen Herrens zu Helderung. Suche oben das 22. Capitel, § Kloswitz p. 372.

Spigel über den Saalstrom am Burgwege ist von Burggraffen zu Kirchberg gestifftet worden zum Altar Elisabethæ und Aegidii in der Nonnen- und Michaelskirchen zu Jena.

Steiger gelegen am Wege nach Cosweda und Cloßwitz, ist A.C. 1511. unter die guten Weinberge gezehlet worden.

Steingraben gelegen uf der linken Seiten des Weges von Jena nach Lichtenhayn, M. W. Heider hat davon dieses distichon gemacht lib. 4. Poemat. pag. 473.

Hac prior in fossa lapides congesserat Aetas,
unde suum præsens Vinea nomen haber.

Steinerthal jenseit der Saal beim Dorf Wenigen-Jena, von 2. Akkern gehöret ins F. S. Ampt und Schloß Jena.

Tasche am Jantzig gelegen, hinter Wenigen-Jena unter dem
554 Bach Gembda hat seinen Namen von seiner Lage und Gestalt wie ein Tasche.

Tatzung Suche Datzung.

Trukscherffigen von 3. vierteln, gehöret in F.S. Ampt und Schloß Jena.

Viehberg ist A.C. 1535. unter die guten Ampts- und Kloster Weingberge gerechnet worden.

Wensenbau gelegen unter den Zerstörten Raubschlosse Greiffberg. Burggraff Hartman zu Kirchberg, Herr zu Capelndorff hat A.C. 1330. diesen Weinberg zugeeignet dem Altar S. Marien in Nonnenkloster zu Capelndorff.

Ziegenkopff hat seinen Namen von der Lage, den er liegt an der Spitze des Hauß- und Kirchbergs, darunter liegt das Dorf

Ziegenhayn, also genand von seinen Quellwasser und Bächlein Ziege. Suche oben im 22. Cap. §. Ziegenhayn p. 417. M. W. Heider l. 4. Poemat. p. 475. hat an diesen Ort nicht weit von mir einen Weinberg besessen, und davon wie von andern seinen Weinbergen (Steingraben Alterstein, Hohebusch, Hain, Datzung, Genseberg) dieses distichon gemacht. 555

Huic caput Oenophyto dedit aspera nomina capræ,
  Pavitin his quondam plurima capra jugis.

In solcher sinnreichen Andacht bin Ich diesen meinem Præceptori nach gefolget, und habe auch von meinen Weinberg am Ziegenkopf, (wie auch von andern mehr) etliche Versicul gemacht.

Hæc capite â Capræ cognomen Vinea adepta,
  Nam capris quondam pascua grata dedit.
Lascivæ morsû capræ sterilescit Oliva
  Et Vitis, capras pelle, Jehova, procul.
Pelle, Jehova, procul vestigia callida furum,
  Qui similes hedis, qui similesque capris.

3. Nach ihren Schaden, den sie nemen. 1. vom Froste, A.C. 1073. sind die Weinstökke allendhalben in Teutschland, und also auch ümb Jena erfrohren, daß es am Weine hat mangeln wollen, auch beim Gottesdienste. A.C. 1618. sind die Weinstökke um Jena von aussen erfrohren, und haben viel Inwoner aus Kleinmüthigkeit die Stökke ausgerottet, welche am Rebenhauffen wieder gegrünet haben, das ist allhierbekand. 2. Von Hasen, Füchsen, und Wildenschweinen, A.C. 1640. ümb die Weinlese, kömmet ein Wildes Schwein mit vielen jungen Schweinen aus dem Gleisholtze in die Kunitzer und Beutnitzer Weinberge, und thut grossen Schaden. In der Insul Ithaca des Ulystis Vaterlande sterben die Haasen, wen sie aus andern Ländern hinein kommen und die Insul Creta leidet keinen Fuchs, keinen Beeren, keine wilden Schweine. Ravisius in libr. Locorum divers. rebus abundantium vel desicientium p. 193. 556

3. Von Vogeln, Rebhünern, Drosseln, Raben und Stahren. A.C. 1640. fallen die Stahren Hauffen weiß in die Jenischen Weinberge, und verderben die besten und reiffesten Trauben. Zu Athen sind keine Krahen, zu Thebæ keine Schwalben, zu Creta keine Eulen, zu Rhodus keine Adler, zu Tarento keine Störche gesehen worden. Rav. d. l. 4. Von Meusen, Fröschen, Schneken und sonderlich vom Kefern, welche die herfür kommenden 557

Knöpflein und Träublein abfressen. Sie sind aber gemeiniglich Vorboten eines Warmen Wetters und guten Weins. in der Insul Paros werden keine Meuse, und in der Insul Creta, noch zu Rom in des Herculis Kirche keine Fligen gefunden. Ravis d. l. p. 194. vielleicht hat die Fligen ein ander Domitiamus mit seinen Griffel alle erstochen. Den Gelehrten ist bekand das Sprüchwort von K. Domitiano: Ne musca quidem. 5. Von bösen Leuten, welche die Weinpfähle und Weinstekken stehlen. Simon Schurcht ein glüklicher Chirurgus alhier, hat wollen erfahren, wer ihm Jährlich so viel Weinpfähle wegtrage, und demnach solche oben her mit einem kleinen Borel eröffnet, Erbsen darein geleget, und mit Erden verklebet. Uber etzliche Wochen befindet er, daß die Erbsen sind aufgegangen nicht nur in seinem, sondern auch in andern, in diesem und jenem Weinberge.

558   4. Nach Ihnen Stökken und Trauben. Darnach die Stökke, darnach sind auch die Trauben. Es giebt Heinische, Elblinge, Traminer, Frankkische, Klebroht, Muscadeller, und diese kommen selten vor dem Weinherren und unter die Kelter, wegen der Näschiechtten Weinleser. Vnsere Weintrauben sind gut und nicht schädlich, wie zu Arcadien und zu Thaso. Jener machet den Koster Unsinnig, dieser aber schlefferich, wie Theophrastus und Atheneus schreiben. Pabst Paulus III. hat Kaiser Carol V. verglichen nicht mit einer Trauben, sondern mit Herlingen, warumb? weil er den Teutschen Krieg nicht geendet nach seinen Willen. Hordleder tom. II. B. G. l. 4. c. 19. fol. 963.

5. Nach ihren Weine, entsteht eine gute oder eine schlechte Weinlese, da gibts viel oder wenig, süssen oder sauren Wein. Als eines Jahrs sehr saurer und harter Wein im Würtenbergerlande gewachsen, der fast nicht zutrinken war, haben etzliche Pfarrer 559 angehalten, daß man ihnen als Seelsorgern, die guten Magen-Weine von Nöthen hetten, doch einen bessern Dienst-Wein geben wolte, x. Auf diese ihre Supplication hat Hertzog Friederich zu Würtenberg nichts weiters geantwordet, als: mit gesündiget, mit gebüsset, stirbt A.C. 1608. Zinkgreff in Teutscher Nation. Apophtheg. part. 1. p. 163. A.C. 1472. ist viel Wein und eine Kanne vor 4. Pfennig verkauft worden. Fabr. l. 2. Annal. Urb. Misn. fol. A.C. 1626. am Johannis Tage ist der Wein bey uns erfrohren, und der Eimar Wein auf 8. Thaler kommen.

A.C. 1638. ist guter Wein worden, und nach zweien Jahren, A.C. 1640. die Kanne bittweise ümb 3. Groschen auch ümb einen

Schrekkenberger verkaufft worden, warumb? weil der Wein A.C. 1639. erfrohren, und A.C. 1640. wenig Wein wurde, fürnehmlich weil viel Wein aus der Stadt Jehna in das Schwedische Feldlager bey Salfeld geführet wurde, theils umb sonst theils umb gute Bezahlung.

Alhier entstehet eine nöthige Frage, ob der Jenische Wein eine Ursache des Steins sey? darauff ist A.C. 1537. 21. Jul. in der XVI. Disputatione Pathologica mit nein geantwortet. Sintemahl die Einwoner davon befreiet wären, und selten Einer oder der ander damit beschweret, do doch alle damit solten beschweret werden, wen der Stein davon herkeme, sintemal sie alle gern den Jenischen Wein als einen guten Magenwein, über Essens trinken. 560

Der Weinzehend ist erst A.C. 1533. aufkommen, und auf 5. Jahr verwilliget, auf dem Landtage zu Jena, unter Churfürst Johann Friedrichen zu Sachsen, und sind damahls in Pauliner Collegio 176. Tisch gespeiset worden. Der Wein, so zuverkauffen ist, wird nicht allein durch den Weinrüffer in allen Gassen ausgeruffen, sondern auch mit einen Crantz von Tannenreiß, und wenn er noch Most ist, mit einen Kraut-Häupt oder Strunk angezenget. Als Claus Narr in einer Stad viel Bierwische und Weinzeichen sahe, sagte er: das sein Irrwische, die verführen die Leute am hellen Mittag, und lassen sie vor Mitternacht nicht wieder anheim kommen. Zingreff. d. l. p. 385. 561

Das Neun und Dreisigste Capitel.
Vom Gärten ümb Jena.

Nach den Gärten ist die Stadt Jena zubetrachten.

1. Nach ihren Ursprung. Im Heidenthum wird bald ein Mannsbild, Saturnus und Vertumnus, bald ein Weibesbild, Ceres und Flora, als Erfinder der Gärten auf- und ein geführet, weg mit diesen Götzen, der ewige dreieinige Gott ist der Schöpfer aller Dinge, und auch der Gärtner, und hat den ersten Lustgarten, das Paradiß, erschaffen, Gen. 2. v. 8. 17. wer die ersten Anleger der Gärten, sonderlich der Obst- und Lust-Gärten bei uns gewesen sein, kan ich nicht errathen. Den Baumgarten zu Weinmar hat A.C. 1562. Hertzog Johann Wilhelm 1. zu Sachsen anlegen lassen. 562

Die Edelen Römer haben viel auf den Feld- und Garten-Bau gehalten, und von ihren Gewächsen sich nennen lassen, als von Apio oder Petersilgen die Apii von Pisis oder Erbsen die Pisones, von Cicere oder Küchern die Cicerones, von Fabis oder Bohnen die Fabii, von Lentibus oder Linsen die Lentuli, von Cepis oder Zwiebeln die Cepiones. Mit einem Worte, von Horto oder Garten die Hortensii.

2. Nach ihrem Schaden. Die sie erfahren bald von grosser Kälte, A.C. 1663. sind viel Nüß- und Zwetschen-Bäume ümb Jena erfrohren und ausgerottet worden, bald von allerlei Ungeziffer, Rauppen, Wolkendieben und Keffern, welche etzliche Jahr nach einander itzt die Knospen, itzt die Blühte, itzt die Blätter verderbet, und als Vorboten die Land- und Leut-Verderber angedeutet haben, nach der Weissagung Joel. 1. vers. 4. Was die Rauppen lassen, das fressen die Heuschrekken, und was die Heuschrekken lassen, das fressen die Keffer, und was die Keffer lassen, das frißt das Geschmeiß. Bald von durchziehenden Kriegsleuten, welche Feuerholtz hohlen, wo sie es finden, solten sie auch die fruchtbahren Bäume in Gärten ümbhauen, wie A.C. 1637. und A.C. 1640. bei uns geschehen ist, wider Gottes Verbot, Deut. 20. v. 19. 20. Ob das Verbot aus nimmet die grosse Noht, wil ich nicht sagen. A.C. 1546. Diensttag nach Martini, sind alle Gärten zu Wittenberg ümb die Ringmauer verwüstet, und die Bäume darinnen ümbgehauen worden, aus Furcht der Belägerung von Kaiser Carl V. und Hertzog Moritzen zu Sachsen, Hortleder Tom. II. B. G. lib. 3. cap. 37. fol. 452.

3. Nach ihren Lagen. Etzliche liegen in den Vorstädten, etzliche in der Ringmauer.

In den Vorstädten sind heute zu Tage die vornehmsten Gärten. Der Gerhardische bey der Ziegelmühl, der Mühlpfordische auf dem Heinrichsberg, und weiland der Stromerische wegen des steinern Lusthauses, in der Krautgassen vor dem Johannesthore, und der Zeisoldische nunmehr Schröderische bey dem halben Monden, vor dem Löbderthor. Der Rolfinkische vor dem Zwetzenthor, und der Hoffmannische, weiland der Armbnische hinder dem Gasthofe zum schwartzen Beeren, sonderlich der Fürstliche Garten bey dem Fürstenkeller vor der Schloßpforten. Dessen Wände in diesen 1672. Jahr in Augusto weiß angestrichen sein.

A.C. 1630. 10. Sep. habe ich mein Graß und Obstgarten in der Krautgassen vor dem Johannesthor gekauft, und mit einen kleinen Lusthäußlein gezieret, und davon diese Verse, als Denk- und Dankmale gemacht:

Cui curæ cordi est Cor apertum, lingua fidelis,

Dextera amica, domûs parvula tecta petat,
Et mecum flores, herbas & gramina lustret,
 Resque canat Sacras Philosophasque mihi.
Audi, fare, tace, bibe, lude, jocare, precare,
 Est locus hic aptus, poscit & hospes ea.
Et cœlum & tumulum & Paradisum cogitet horti
 Cultor, ei clemens hæc tria Jova dabit.

 A.C. 1642. 13. Oct. habe ich meinen Garten bei dem Leuter-
oder Lotterborn gekauft, und davon diese Verslein gedichtet.

Ad fontem puri de rivi nomine dictum
 Hortum legitime possideo qtque colo, (annis,
Hic mihi dat lupulum, pomuniq, pyrumq, quot
 Atque olera & gramen rapa nucesque bonas,
His pro Clementi magnas persolvo. Jehovæ
 Grates, quas grato pectore et ore queo,
Ut me defuncto Proles mea dulcis eundem
 Hortum possideat, faxit Jova, diu.

 A.C. 1650. 22. Jul. habe ich meinen Obst- und Graßgarten in
dem kleinen Läutergäßlein hinter der Krautgassen gekauft, und
davon solche Andacht auff gesetzet.

In grederis quoties hortum, furctusque tueris,
 Quos Jovæ nutu fertilis arbor habet,
Commissum toties culpam mediteris in horto
 A Protoplastis nempe duobus, Homo.
Ingrederis quoties hortum gtamenque tuetis,
 Sole & rore DEI quod bona Terra parit,
Sangujneos Jesus toties mediteris in horto
 Sudores, preculas, lacrymulasque sacras.
His exasse satis nostro pro crimine factum,
 Extincta æterni Numinis ira fuit,
Et reserata sacri paradisi janua, in illo
 Est Arbor vitæ dulcis & omne bonum.
Ex hujus mundi deserto sulscipe in hortum
 Me Paradisiacum, Jova Triune, precor.

 In der Ringmauer sind auch schöne Lust-Kräut- und Blum-
Gärtigen angeleget, und hin und wieder in Häusern zufinden, als
bey M. Poßnern in der Johannesgassen, bey D. Richtern in der
Leutergassen, bey D. Peilikken in der Löbergassen, bey D. Stru-
ven unter dem Marke, sonderlich bey D. W. Rolfinken, welcher
A.C. 1641. einen Garten von allerley In und Ausländischen Sa-

men, Kräutern und Blumen, in seinem weiten Hoff hinter der Michaels Kirchen angeleget, denn er hat je und allezeit die Floram, das ist, das Blumenwerk, hoch gehalten, die Botanicam und Eigenschaften der Kräuter erforschet, die Wissenschaft der zu Lust und Nutz dienenden Pflantzen gesucht, nach des Galeni lib. de Antidotis c. 5. Ausspruch: Medicus omnium stirpium, si sieri potest, peritiam habeat. Wie er solches bezeuget in Programmat. A.C. 1633. 7. Jul.

4. Nach ihren Arten. Die Gärten ümb und in Jena sind unter-
567 schiedlich. Etzliche sind nur Pflantz und Kraut-Gärten, und diese sind weiland gewesen vor dem Johannesthor, sonderlich in der Gasse, die noch anietzo genennet wird die Krautgasse. Etzliche sind nur Obst- und Gras Gärten, und solche sind in allen Gärten der vier Vorstädten anzutreffen. Etzliche sind nur Blumen-Gärten, unter welchen herfür leuchtet der Kloster- und Schul-Garten bey der Michaels Kirchen, den hat die Aptißin Catharina von Kolbe A.C. 1513. lassen ümmauren, und der ietzige Schul-Rector, M. J. M. Ringler, als ein Liebhaber der Blumen, mit viel- und mancherlei köstlichen und nützlichen Kräutern und Blumen geschmükket. Etzliche sind nur Academische und Medicinische Gärten, und derer waren weiland zweene, von ihren Uhrhebern genant der Rolfinkische und Schlegelische.

Der Rolfinkische Mediciner Garten ist zusehen im Collegio
568 Academio, neben den Auditoriis der Juristen und Philosophen, gegen Morgen, neben der Stadt-Maur gegen Mittag und Abend, neben des Oeconomi Behausung gegen Mitternacht, hat seinen Namen vom D. Guernero Rolfinken, bürtig von Hamburg, welcher nicht allein das Theatrum Anatomicum eingeführet, sondern auch den Hortum Medicum, daran es Unserer Universität damahls noch mangelte, angerichtet, und A.C. 1631. 11. Jul. mit einer zierlichen Oration de Studii Botanici utilitate eingeweihet, und ist also der erste Præfectus des ersten Medicinischen Gartens worden, wie der erste zu Giesen A.C. 1609. D. Ludovicus Jungerman, zu Leiden A.C. 1600. D. Petrus Pau von Amsterdam, zu Padua A.C. 1533. D. Franciscus Bonafidius Patavinus. Die Beschreibung dieses ersten Medicinischen Gartens auf der Universität wollen wir versparen dem Architecto Jenensi.

Der Schlegelische Medicinische Garten war zu sehen vor der
569 Schloßpforten, beim Fürstenkeller, hat seinen Namen von D. Paulo Marquarto Slegelio, von Hamburg, welcher nach dem

Exempel seines anitzo in Ehren gedachten Herren Landsmans und Lehrmeisters, D. W. R. die vornemsten Universitäten in Deutschland, Frankreich, Welschland besichtiget, von Padua aus zur Profession in Jena beruffen, und nach etzlichen Jahren, nehmlich A.C. 1641. den von Hertzog Wilhelm IV. zu Sachsen der Medicinischen Facultät gewidmeten Garten mit künstlichen Bethen angeleget, mit allerlei Körnern besamet, mit in- und ausländischen Kräutern und Blumen gezieret hat, und ist desselben erster Præfectus worden, und nach Ihm der ander D. Christophorus Schelhammer, von Hamburg. Der dritte und auch letzte D. Joh. Theodorus Schenk von A.C. 1651. biß 1662. den darnach ist er wieder zur Hoffküch angewendet worden.

Als der Kaiserliche Kriegsoberste Mathæus de Moncado in Jehna Commendant war, wurde nicht allein bei Trommelschlag, 570 sondern auch mit anschlagung eines Privilegii die Verletzung dieses Gartens verboten, und dem Verbrecher Leib- und Lebensstraffe gedrohet, A.C. 1642. den 29. April. Suche mein Annales Germano-Thuringo-Jenenses A.C. 1576. 1608.

Dieser andere Medicinische Garten kan und soll billich genennet werden der Wilhelmische Garten? dieweil solchen Herzog Wilhelm IV. zu Sachsen aus sonderlicher Liebe zur Botanica und Pflantzerey, so wol aus sonderlicher Gnade gegen die Medicos, der Medicinischen Facultät A.C. 1640. im Märzen übergeben, und in dem Fall nachgefolget andern grossen Herren. Academus zu Athen hat sein Wald- und Lustgarten in der Vorstadt dem Platoni eingethan, und der Philosophiæ zugeeignet. Cimon hat seinen mit lustigen Wasserläuften und Spatziergängen angerichteten Garten daselbst in der Vorstadt dem Aristoteli und Academiæ eingereumet. König Attalus zu Pergamo hat dem Laidi Cyrenæo eine 571 Schule in einem lustigen Garten bauen lassen. Theophrastus hat in seinem Testament den Medicis und Philosophis sein bei einen Lust-Garten aufgerichtetes Gymnasium zu seinem Gedächtnüß vermachen wollen. Aber hiervon zur andern Zeit, an einem andern Orte, auf eine andere Weise. Weil dieser nicht mehr ein algemeiner Medicinischer, sondern ein absonderlicher Fürsten- und Lustgarten mit der Zeit A.C. 1663. ufs neue wieder worden ist.

Verzeichnüs

Der folgenden Capitel in dem
GEOGRAPHO
JENENSI.

574

Setz- und Drukfehler.

575

Das b. bedeut das Blat und das z. die Zeile.

I. Aus zuleschen

mit: 105. b. 4. z.

Vor alters Löbegeschitz oder Löbschitz: 385. b. 22. z.

II. Hinzusetzen.

Noht und Nutzbarn: 4. b. 22. z.

zweene mehr, nemblich 41. b. 206. z. 23.

gleichen 258. b. 3. z.

und 273. b. 7. z.

sich 281. b. 9. z.

Bruders H. Albrechts und ihres Vetters. b. 413. z. 3.

III. Zu endern.

Cronikke 2. Chronikke.

Wirtzhäusern 6. Wirthshäuser.

Seschikligkeiten 7. Geschikligkeiten.

Antiqua nova 8. Antiquo nova.

Eure und Stad 9. und eure Stad.

Firmæ 13. firma.

Nostre 13. nostræ.

Paratiso 53. Paradiso.

Theologischen 52. Theologen.

reicherne 61. reiseren.

Zu Lathone in 65. zu Latein.

banen 66. bauen.

in Beieru 72. in Beiern.

wechen 72. welchen.

Trtnitatis 78. Trinitatis.

1462 (86) 1462. furen 88. fürer.

Heiiger 90. beiliger

\underline{576} ꓸMerseburg 110. Merseburg.

Jenesses 115. Jenenses.

Radothus 118. Rabodus.

Könge 127. Könige.

Supeperintendens 136. Superintendens.

Sie uff den Reichstag und als zu Speyer desselbe 148. und als sie uff dem Reichstag zu Speyer dasselbe.

Resier 196 Refier.

copis 169. capis.

460. reinische 179. 4000. reinische.

Doruberg. 188. Dornberg.

suffrganens 188. suffraganeus.

Armsdorff 222. Ambsdorff.

John 224. Johan.

Hansten 339. Haufen.

zebrochenen 272. zubrochenen.

Nodenberg 273. Lodenburg.

Cantzler den Räthen 276. Cantzler und Räthen.

Waugenheim 295. Wangenheim.

Eberhardus 308. Erhardus.

zur dictatur das ist von Pflug zur höchsten 322. ist von Pflug, das ist zur höchsten.

311. 313 (339.) 332 332.

Herrwagen 347. Heerwagen.

Maura 418 Maria.

Scheelnburg 551. Schelnberg.

Frankand 454. Frankenland.
Herschfften 466. Herrschafften.
Tibisum 479. Tibiscum.
salites 530. salices.
Concupis 551. Conjugis.
Das zwet und 426. 430. das drei und ꝛc.

Das Andere Register.

Der denkwürdigen Sachen, Länder, Städen,
Schlösser, Dörffern,
So wohl
Der Personen, die darinnen sind beschrieben,
und die davon geschrieben haben.

240

E.

589 Jehne Löbniz 34. 36. 332.
Brisniz 37.
Jehnerthal 542.
Jene, dieser name kömmet zu
einem Flusse 36. Dorfe 36.
Burgwart 37. Stad 37. Ge-
schlechte derer von Jehne
38. 39.
Jena Stad 4. Ihr Alter 78. Art-
acker 531. Au oder Wisen
46. 524. Bäche 439. Brun
oder Born 426. Brücken
468. Berge 497. Erde 97.
Felder 522. Forste 513. Gär-
ten 561. Gegend 97. Gren-
zen 103. etc. Geschoß 149.
Hayn 513. Hölzer 513. Lage
94. 103. Lufft 95. Lob 48.
Namen 31. 34. 40. 45.
Oberkeit 170. Patron 84. 88.
Siegel 88. Schosbuch 70.
Ströme 448. Thale 505. Vr-
sprung 63. Vnfalle 76. Wapen 34. 88. 92. Wasser 425.
Weidicht 521. Wiesen 524.
Winde 96.
Jena ererbet und verkauft 279.
281. 312.
Ilenburg suche Eulenburg

Ilmniz 316.
Insul 511.
Interin 203.
Ingelheim 226.
Johannes 40. 47.
Iring 71.
Isserstet 330. 366.
Eißleben suche Agricola
Juden Gesetz 281. Schaden
66. vertrieben 66. 202.
sollen Jena erbauet haben 63
Judengasse und Mühle 63. 66.
Italia ein Paradis Europæ 98.
Juttenshausen 148.

K.
Kahla 67. 168. 312.
Kanold 23.
Kanneworff 543.
Katzenstein 543.
Kaltenborn 148.
Kamburg 172.
Kaufgung 120. 162.
Kappelndorff 176. 247.
Kambsdorff 263. 369.
Kämmerer 112.
Kampen 166.
Keiser Antonius Phil. 126.
Arnolphus 109. 157. Adol-
phus 119. Albertus 118.
Carolus I. 113.

248

Utenbach 409.

Z.

E N D E.

GOTT Lob und GOTT Danck !
Anno. Christi. 1672. 23. Aug.